国学概论选粹

國學概論

民国二十三年（1934）
上海大华书局排印增订本

杜泽逊 主编

青岛出版集团
青岛出版社

《国学概论选粹》序言

◎杜泽逊

所谓“国学”，即一国之传统学问。中国之所以为中国，在于中国有本国之独特学问。其学问博大精深，主流为经、史、子、集四部，旁支则释、道二家之学，其根基则中国语言文字之学。总结中国固有之学问，模式甚多，清代乾隆修《四库全书总目》二百卷，张之洞誉为“良师”，至今奉为门径。近世有概论之学，分章分节，构建体系，于是有“国学概论”之作，其书甚多，尤以二十世纪二三十年代为盛。其专门机构则清华大学国学研究院、北京大学研究所国学门、无锡国学专修学校、章太炎苏州国学讲习会，皆其显耀者。二十世纪八十年代，国家改革开放，引进西方科学技术、文化教育、生活习俗，倾心者甚至主张全盘西化，而我国固有之学问激发而起，迎来“国学热”。揆文化发展之理，凡一国开放之世，则本国固有之学问必强势而兴，内外交汇激荡，而文化得以进步，故西学、国学皆新文化建设之基础，不可偏废。然则，学习国学实非守旧，乃开新之津要，民族自信之源泉也。青岛出版社吴清波学长有感于斯，邀余择取国学概论之精且易读者重印以飨同好，因约李君振聚讨论而甄选之，本辑计六种：洪北平《国学研究法》、王易《国学概论》、马瀛《国学概论》、陶庸生《国学概要》、曹聚仁《国故学大纲》、甘鹏云《经学源流考》，先行付印，李君略作解题，以为导读。佳者尚夥，宜次第刊传之。

2022 年 5 月 16 日

于山东大学文学院

#《国学概论》

马瀛　编

民国二十三年（1934）
上海大华书局排印增订本

马瀛，原字伯年，后改字涯民，笔名古彦、谛僧，浙江定海人。清光绪九年（1883）生，一九六一年卒。早年就读于宁波储才学堂、上海中西书院。先后任教上海明新中学、宁波效实中学、甬江女中、奉化中学、三一中学等学校。民国五年（1916）至十一年（1922）受聘入上海商务印书馆，参与修订《辞源》。民国二十二年应《鄞县通志》总纂陈训正邀，任通志馆编纂主任，历时十八年始克蒇事，该志以体例新颖，资料翔实著称。一九五一年就职于宁波市古物陈列所。一九五三年受聘为浙江省文史研究馆馆员。著述甚多，与人合编《实用学生字典》，自编《平民字典》《国音学生字汇》《破音字举例》等，创综合检字法；自著有《诗的格式》《唐诗三百首声调谱》《历代文学家年表》《中国语文发展的规律》等；翻译日本长泽龟之助《微分积分学》等。

民国十五年春马瀛任教效实中学国文讲席时，开始编《国学概论》讲义教授诸生，至民国十七年末，初稿完成。民国二十三年由上海大华书局出版，前有民国二十三年元日慈谿陈训正序，民国二十三年一月马瀛作于甬江寓庐自序。次年再版，增附《故实略解》《习题汇录》《勘误表》三种，附录前有民国二十四年一月马瀛识于鄞县通志馆的《增补附录小言》：

《国学概论》出书四阅月，大华书局朱君以初版售罄告，谓各省学校有采为教本者，宜付再版。因忆曩年教授此书时，书中引用故实间有僻见者，亦有习闻而学生不知其详者，时时请益。十七年夏，离甬赴杭，友人为我代庖，亦或以故实不得其解为病。返校重授，即以故实解释识于书眉，授课之际，揭示黑板。惟耗费时间，太不经济耳。今既再版，即选录书末，庶教者读者两获便利。此《故实略解》所以增补也。学生读本科之目的有三：一、以此为管钥，思深入堂奥，进而研究我国固有学术；二、藉书中所有方法及工具，解决国学中种种问题，为文发表之；其三、则目的较小，思得国学常识，以为升学酬世之用。余编是书，即以此三者为标准；试验出题，亦本斯旨。历授七级，积题颇多。窃谓启发初学，容有一助。因亦择要附录于后，名曰《习题汇录》，俾自修者得以演习焉。至全书改订，且俟异日云。中华民国二十四年一月，马瀛识于鄞县通志馆。

《国学概论》共分三编，第一编，先将国学定义、范围、分类等叙明，次述研究国学应抱之态度及其效用。第一章为《国学定义》，第二章为《国学范围及其分类》，第三章为《今人对国学之态度》，第四章为《吾人研究国学之原因》。第二编详列研究国学方法。第一章为《观察》，第二章为《会通》，第三章为《怀疑》，第四章为《辨伪》，第五章为《明诬》，第六章为《勘误》，第七章为《归纳》，第八章为《比较》，第九章为《分类》，第十章为《整理》，第十一章为《辑补》，第十二章为《统计》，第十三章为《调查》，第十四章为《发掘》，第十五章为《评判》。第三编汇集研究国学应具之各种学科，唤起读者自动研究之兴趣。第一章为《文字学》，第二章为《音韵学》，第三章为《训诂学》，第四章为《章句学》，第五章为《版本学》，第六章为《文法学》，第七章为《言语学》，第八章为《考据学》，第九章为《目录学》，第十章为《方法与工具之关系》。

马瀛重视调查工作，在《国学概论》第二编《调查》一章下列《方言》《风俗》二节。马瀛长期任鄞县通志馆编纂主任，《鄞县通志》纂修离不开实地采访、调查，史料多来自亲身踏勘，不同于辗转稗贩，能得其真。于国学方法而言，设立调查一章，这是编者辛苦之言，也是今天治国学者所应取法的。王缁尘撰《国学讲话》多引录马瀛之意见而指陈得失，可见马氏此书在当时影响之一斑。

定海馬瀛編

國學概論

慈谿陳訓慈署耑

·国学概论·

上海大华书局

一九三四年版

國學概論

馬瀛編

上海大華書局出版

·国学概论·

上海大华书局
一九三四年版

國学概論叙

学問之事數学惟半無所謂師法師法
者匠教也匠教不可以辜天下象賢以造
屨而不知足之適懸權以料車而不知軌
之適不適遍非法也雖曰師授獨之乎象賢
懸權無類也尼父之教温故知新此其
功自学者興不憤不啟不悱不發求教
者与為耳雖然不求以攸焉安治且其新
不加以温焉乎極其知教者之責莫尚焉

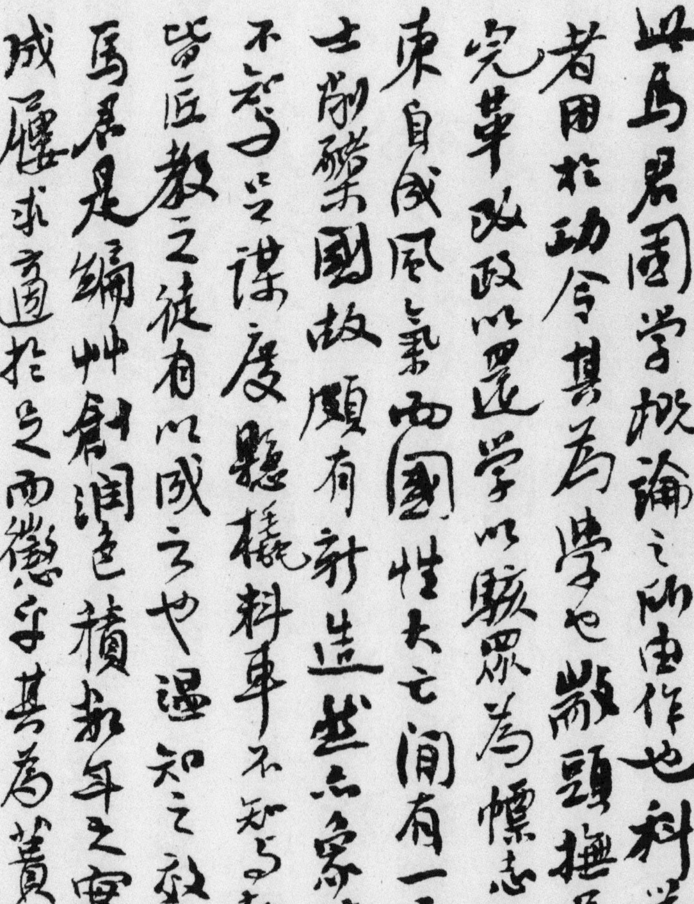

此為君國學概論之所由作也科舉之世士者困於功令其為學也斷頭截尾絕少究革政以還學以驟眾為幟志貿而販東自成風氣而國性大亡間有一二深諳之士掇拾國故頗有新造然亦多貴遠賤不能與謀度懸擬料事不知與執謀徹皆匠教之徒有以成之也遑知之故勘矣屬君是編草創潤色積數年之實驗而始成纂求適於己而徵乎其為貴卑求適

·国学概论·
上海大华书局
一九三四年版

於軌而懲其甚為橈毋不有憤悱者乎
即故以求新是在溫之之功因叙馬君之
書而述為學之方如此
民國二十三年元日慈谿陳訓慈書

·国学概论·

上海大华书局
一九三四年版

自序

自歐西學術流入我國，老師宿儒慮舊有學術日就荒落，立中學幟，與西學抗衡。或美其名曰國粹，或覈其實曰國故。及新學制課程頒行，設國學概論科目，遂爲定名矣。十五年春，忝主寧波效實中學國文講席，時初設是科，倉卒不得書，乃采集典籍，勉自編之。因憶十二三歲時，誦五經四子書甫畢，先君授以張文襄輶軒語、書目答問，曰：『由是求學，猶庫藏之得管鑰也。』復指插架說文、經典釋文、康熙字典、經籍纂詁、禮書通故諸書曰：『此冶卝之爐錘也。』稍長，入學校，守此弗敢失。夫學至廣博，經哲文史而外，何莫非學，豈一帙所能盡？惟授以管鑰，付以爐錘，俾自啓庫冶卝，多若寡，任其量取擕，斯可已。孟子謂大匠能予人以規矩，不能予人巧；孔子謂工欲善其事，必先利其器。規矩者，方法也；利器者，工具也。竊本斯意，掇拾成編。初不過爲學子濟一時飢渴計也。今年夏，大華書局朱君覩講藁，謂可餉初學，促付梓人。越六月，梓成，索序，書此畀之。

中華民國二十三年一月馬瀛作於甬江寓廬

·国学概论·
上海大华书局
一九三四年版

例言

一、本書緒論一編，先將國學定義、範圍、分類等敘明，次述研究國學應抱之態度及其效用；第二編詳列研究國學方法；第三編彙集研究國學應具之各種學科；喚起讀者自動研究之興趣。

一、本書原爲高中文科講義，故可爲高中各級學生教本。一般喜研究國學者，亦可爲自修或參考之用。

一、本書用作教本，每週授二小時，每小時授六七葉，約一學年可以授畢。

一、我國學術上各種名著及各科常識，皆隨論敘所至而分述之，俾讀者不感枯燥乏味，而能獲得豐富知識。

一、本書介紹當世著名學者之學說頗多，俾讀者得由一斑而進窺其全豹。

一、本書參考典籍近三百種，且隨時從各種報章雜誌上采集，不及將引用原文一一注明，書此以表歉忱。

一、本書雖經數次修訂，深恐譌誤尚多，讀者幸爲指正。

·国学概论·
上海大华书局
一九三四年版

國學概論目錄

第一編　緒論

·国学概论·
上海大华书局
一九三四年版

·国学概论·
上海大华书局
一九三四年版

·国学概论·
上海大华书局
一九三四年版

·国学概论·
上海大华书局
一九三四年版

·国学概论·
上海大华书局
一九三四年版

第一編　緒論

第一章　國學定義

第一節　國學名稱之由來

國學之名，何自始乎？秦、漢以前，學術分類，曰『教』、曰『家』，不以學名也。如禮記經解篇之稱六藝爲『詩教』、『書教』、『樂教』、『易教』、『禮教』、『春秋教』；漢書藝文志之稱諸子曰『儒家』、『道家』、『陰陽家』、『法家』、『名家』、『墨家』、『縱橫家』、『雜家』、『農家』、『小說家』，是也。論語云：「文學子游、子夏」，是雖有文學之稱，然解者皆謂指文章與博學言，與今之所謂『文學』者異義，是古之時，不特無『國學』之名，抑亦不稱各種學術曰『學』也。及西漢之末，劉歆作七略，始稱研究文學詁訓之學爲『小學』，於是『學』之名以立。厥後遂有『經學』、『史學』、『理學』、『文學』等之稱。而古之所謂方技、若數、若醫，亦皆綴以學名，曰『算學』、『醫學』矣。迨清儒以考據之學，與宋、明儒者性理之學分道揚鑣，乃有『漢學』、『宋學』之名，然是時猶無『國學』之稱也。

道、咸之間，歐風東漸，於是凡由西方迻譯而來之學術，概稱之曰『西學』；而我國固有之學術，不可無對待之名辭以稱之，『中學』之名，於是應運而生焉。光緒中葉，海內學者，慮中國固有學術，因西學之侵入而式微也，羣起而保存之，於是遂有『國粹』之名。然中國固有之學術，未必盡爲天壤間之精英，則國粹之名，容有不當，於是章太炎特改稱之曰『國故』；國故論衡一書，卽首以『國故』稱中國固有之學術者也。『國故』者，蓋爲中國掌故之簡言。『掌故』二字，始見於史記，本謂一國之文獻，故章氏遂立此名，然國故乃指所研究之對象，不可指研究此對象之科學。於是稱此研究對象之科學者，有『古學』、『中學』、『國故學』、『國學』等歧異之名辭，然『古學』本因

·国学概论·
上海大华书局
一九三四年版

「新學」之名而生，含義混淆，本不適用。『中學』之名，以西人稱我國之學術斯可；若我國人亦自稱其固有學術曰『中學』，實嫌贅廢，且與學校之稱易混，亦未得當。此四名辭之中，自以『國故學』『國學』二名爲宜，顧『國故學』之『故』字限於文獻，未能將固有學術包舉無遺，微嫌含義窄狹，故不如逕稱之曰『國學』爲較宜。

『國學』之名，始自何人，今已無考，然最早出見於光緒末年，可斷言也。當章太炎羈旅日本時，稱其研究中國學術機關曰『國學講習會』，同時劉師培等亦有『國學保存會』設立，國學之名，殆始此歟！

第二節　國學之定義及其解釋

何謂國學？初思之似應聲卽可以解答；及再三考慮，則解答之困難隨之而俱進，五四運動以後，研究國學，整理國故之聲浪，彌漫國中，顧誰爲立詳明適當之定義乎！惟曹聚仁國故學之意義與價值一文，始有比較精確之定義，今節錄於左：

·国学概论·
上海大华书局
一九三四年版

『國學者，中華民族以文字所表達之結晶思想，用合理的、組織的、系統的方式記載其生滅，分析其性質，羅列其表現形式，考察其因果關係者也。簡言之，國學者，以我國固有學術爲研究之對象，而以科學方法處理之，使成爲一種科學者也。』

此定義語句頗長，不易明瞭，今詳解之：

（甲）結晶思想　思想者，謂由經驗與思慮所生意識之現象，頃刻之間可生滅至無量數者也。結晶思想者，不問其以個人或羣衆爲出發點，不問其發之於言語，或見之於篇什；不問其爲一己之創見，或沿襲舊有之思想；但以其思想而通過個人或羣體之生命，作有意識之容納，且滲透於生活之內部，具有時間及空間性者爲準。

（乙）文字表達　結晶思想表達之形式甚多：或以聲音發之，則爲語言；或以文字達之，則爲篇什；或見之於行爲，則爲習慣、風俗與制度等。此則專以文字表達者爲限。

（丙）記載生滅　亘古今而不惑，放四海而皆準之真理，在今日已先後爲吾人所否認；如日月經天江河行地之聖人，亦相繼爲歷史上之殭石，今後吾人惟有以思想爲適應時代特別環境而發生，不承認世間有純粹理想、純粹理論存在之餘地。故國學中所述及之思想，決不憑主觀之取捨，爲片面之記載；亦不拘拘於一二人之成說，目之爲萬世綱常，惟於適應時代而發生之思想，及因時代變化而衰老之思想，皆一一爲之詳述。此國學之第一職務也。

（丁）分析性質　觀察思想，不當求之於其表而於其質。孟軻排斥楊、墨，求之形，則孟之學說，似必與楊、墨相逕庭；考其實，則孟說有爲楊、墨所滲透，而與孔子學說絕違反者。朱熹誹議佛、道，而其學說則自佛學變化而來者甚多。故治國學者，必類比求其同，較量明其異。此國學之第二職務也。

（戊）羅列表現形式　思想不通過民族性，則其思想必自生自滅；其通過民族性者，則必影響於生活、制度及組織。中華民族之藝術、風俗及政治組織，迥然與他民族不同，此卽思想之表現。國學雖不專爲形式表現之記載，而於思想影響所及者，則

·国学概论·
上海大华书局
一九三四年版

必爲之羅列焉。此國學之第三職務也。

（己）考察因果關係　在某種環境中，乃產生某種思想；某種思想產生，其新環境又隨之以造成，此思想與環境之因果關係也。故思想之來，必非空前絕後，無所依據，或以舊有思想爲根據而光大之，或取其局部而另闢一蹊徑以明之，或取否認態度而反對之；要之，彼此皆息息相關，此思想與思想之因果關係也。胡適謂：『老子親見那種時勢，又受了那些思想的影響；故他的思想，完全是那個時代的反動。』梁啓超謂：『墨子少年，也曾學儒者之業，受孔子術；既乃以爲其禮煩擾，傷生害事，靡財貧民，於是自樹一幟。所以墨子創教之動機，直可謂因反抗儒教而起。』皆考察因果關係者也。

（庚）合理的組織的系統的方式　我國先哲之學說，其至理精義，多有可稱者；然而如斯汗牛充棟之典籍，欲賴有涯之人生以赴之，終覺力不從心。且各家學說，常於各種典籍，東鱗西爪，散見分載，讀者如披沙揀金，用力多而呈功鮮。蓋吾國之典籍，罕爲有組織之編次，及有系統之記述，其所抱之主張，亦多隱躍於字裏行間，未嘗以合理的方式明白曉喻之也。如朱熹之哲學思想，卓然有以自異；然其思想，散見於四書集注及語錄中，欲求一可以完全了解其思想之著作，終不可得。戴震清代學術之中心也，學者亦僅能於其各種著作中，窺見其學術之一斑；清代之經學家崇拜戴氏者雖不乏其人，從未聞有彙集戴氏之事實、思想、著作等而成一書者；直至民國十二年冬間，晨報社於戴氏二百年生日紀念，始有戴東原一書之刊行。至若史通、文史通義、國故論衡等書，其立言精警，合乎論理，編次整嚴，頗有組織，然謂之有系統則未也。故識者謂我國五千年來，僅有學術之資料，而無獨立之學術，非讆言也。國學之使命，卽在以合理的、組織的、系統的方式建設一種學術。合理云者，卽謂認客觀性之存在，不爲主觀性之附會也。如崔述著考信錄以經籍中確可依據之資料，次第編錄，絕不厠以一己之私見是也。組織云者，以歸納方法求一斷案，以演繹方法，合之羣義。如王引之經傳釋詞、俞樾古書疑義舉例等是也。系統云者，或以問題爲中心，或以時代爲先後，或以宗派相連續，於凌亂無序之資料中爲之提綱挈領也。如胡適中國哲學史大綱、梁啓超先秦政治思想史等是也。

第二章 國學範圍及其分類

第一節 莊子之分類

國學範圍，廣博無垠；今欲研究國學，不可不先知其範圍及類別。考總論中國學術之類別者，當以莊子天下篇爲最古。其類目如左：

（一）鄒魯之士，縉紳先生之學 詩 書 禮 樂 易 春秋

（二）墨翟，禽滑釐之學

（三）宋鈃，尹文之學

（四）彭蒙田駢，愼到之學

·国学概论·
上海大华书局
一九三四年版

(五)關尹、老聃之學
(六)莊周之學
(七)惠施、桓團、公孫龍之學

按(一)即儒家，(二)即墨家，(三)之尹文及(七)皆名家，(三)之宋鈃爲小說家，(五)及(六)皆道家，(四)之田駢，漢書入道家，慎到入法家，彭蒙無可考矣。此不過莊子略舉其同時最著者言之，實不足概戰國時之學術也。

第二節 荀子之分類

較莊子稍後者，則爲荀子非十二子之論各家學術：

(一)它囂、魏牟之學
(二)陳仲、史鰌之學
(三)墨翟、宋鈃之學

(四)愼到、田駢之學

(五)惠施、鄧析之學

(六)子思、孟軻之學

按據其所列，依類比附，則(一)爲道家，(二)其學說無可考，(三)爲墨家，(四)爲法家，(五)爲名家，(六)爲儒家。然此亦不足以概戰國之學術。

第三節　司馬談之分類

厥後則當推史記，司馬談之論六家要旨：

(一)陰陽家

(二)儒家

(三)墨家

(四)名家

·国学概论·
上海大华书局
一九三四年版

（五）法家

（六）道德家

其疏漏與莊、荀二書同，惟不以個人稱學派而別立抽象的名詞；斯不可不謂進步矣。

第四節　淮南子之分類

漢淮南王劉安與蘇飛、李尙、左吳、田由、雷被、毛被、伍被、晉昌等八人，及諸儒大山、小山之徒，共講論道德，總統仁義，著爲淮南鴻烈二十一篇，卽今之所謂淮南子也。其末篇要略訓亦論及周、秦以來之學術：

（一）太公之謀

（二）文武、周公之業

（三）孔子之學

（四）墨子之學
（五）管子之學
（六）晏子之學
（七）縱橫修短之學
（八）申子之學
（九）商鞅之學
（十）劉氏之學

按漢書藝文志，太公之謀，屬於兵書；孔子、晏子，皆屬儒家；墨子屬於墨家；管子屬於道家；申子、商鞅，皆屬法家；縱橫修短之學，即蘇秦、張儀之縱橫家；文、武、周公之業，蓋爲儒家之宗；劉氏之學，卽淮南子，藝文志所謂雜家也。亦不足以包括戰國之學術。

第五節　劉歆班固之分類

及漢成帝時，劉向、劉歆父子校書祕府，歆總羣書而奏其七略。七略之中，除輯略卽後世之書目提要無關學派外，其餘六藝、諸子、詩賦、兵書、數術、方技六略，已將當時所有之學術，包舉無遺。班固據之而作藝文志。今列表於左，由此可窺見漢世國學之範圍：

（一）六藝略

（甲）易　（乙）書　（丙）詩　（丁）禮　（戊）樂　（己）春秋　（庚）論語

（辛）孝經　（壬）小學

（二）諸子略

（甲）儒家　（乙）道家　（丙）陰陽家　（丁）法家　（戊）名家　（己）墨家

（庚）縱橫家　（辛）雜家　（壬）農家　（癸）小說家

（三）詩賦略

（甲）賦　（乙）雜賦　（丙）歌詩

(四)兵略

(甲)權謀 (乙)形勢 (丙)陰陽 (丁)技巧

(五)數術略

(甲)天文 (乙)曆譜 (丙)五行 (丁)蓍龜 (戊)雜占 (己)形法

(六)方技略

(甲)醫經 (乙)經方 (丙)房中 (丁)神僊

右表所列六藝略，卽後世所謂經部；而後世之史部，則包括於春秋一門中。此可見漢時史學之尙未發達也。諸子略，卽後世之子部；詩賦略，卽後世之集部；兵略，爲後世子部之一家。而是時分爲四門，凡五十三家，七百九十篇，圖四十三卷，亦可見談兵者之多。數術、方技二略，大抵涉於陰陽、五行、星卜、神僊等迷信神祕之學術；而兵略及諸子略之陰陽，亦猶是。綜計是類學說凡占十二門，一百八十二家，三千零十四卷之多，亦可見是時神權之盛，迷信之深矣。

·国学概论·
上海大华书局
一九三四年版

第六節 隋書經籍志之以下分類

漢以後學術愈分，種類愈多，有非藝文志六略所能包括者。於是齊王亮、謝朏又造四部書目。梁有任昉、殷鈞四部目錄。又文德殿目錄，其術數之書，更爲一部。祖暅撰其名，故梁又有五部目錄。隋書經籍志祖述之，乃分爲經、史、子、集四大部，諸家目錄多仍用之，迄今猶有沿襲者。今將清四庫全書目錄所分門類列左：

(一)經部

(甲)易類　(乙)書類　(丙)詩類　(丁)禮類　(戊)春秋類　(己)孝經類　(庚)五經總義類　(辛)四書類　(壬)樂類　(癸)小説類

(二)史部

(甲)正史類　(乙)編年類　(丙)紀事本末類　(丁)別史類　(戊)雜史類　(己)詔令奏議類　(庚)傳記類　(辛)史鈔類　(壬)記載類　(癸)

·国学概论·
上海大华书局
一九三四年版

時令類 （子）地理類 （丑）職官類 （寅）政書類 （卯）目錄類 （辰）史評類

（三）子部

（甲）儒家類 （乙）兵家類 （丙）法家類 （丁）農家類 （戊）醫家類 （己）天文算法類 （庚）術數類 （辛）藝術類 （壬）譜錄類 （癸）雜家類 （子）類書類 （丑）小說家類 （寅）釋家類 （卯）道家類

（四）集部

（甲）楚詞類 （乙）別集類 （丙）總集類 （丁）詩文評類 （戊）詞曲類

右所列爲我國典籍之類別，而猶非學術之類別也。雖學術原以典籍爲淵泉，然其範圍及分類，要非盡同也。

第七節 近人章太炎梁啓超胡適李笠之分類

國學之分類，當以章太炎國故論衡爲嚆矢。論衡分爲（一）小學，（二）文學，（三）諸子學。而章氏之國學概論，則分爲（一）經學，（二）哲學，（三）文學；以小學爲治國學之工具。其中國文學的根源和近代學問的發達一文，則略分爲（一）小學，（二）史學，（三）哲學，頗有出入。梁啓超治國學的兩條大路一文，分爲（一）文獻的學問，（二）德性的學問；其一爲史學，其二爲哲學也。而梁氏爲清華學生所定之國學入門書目（一）修養應用及思想史關係書類，（二）政治史及其他文獻書類，（三）韻文書類，（四）小學及文法書類，（五）隨意涉覽書類；除第四類爲治國學之工具，第五類則包括一二三類之書而有之；第一類卽經學及哲學，第二類卽史學，第三類卽文學。胡適一個最低限度的國學書目分爲（一）工具之部，（二）思想史之部，（三）文學史之部；其二爲哲學，其三爲文學，其一則包括目錄、譜錄、字書、辭典而有之。章、梁、胡三人對於國學之分類及所定範圍，要未免各雜以主觀，故皆偏而未全，惟李笠國學用書擇要文中所定之門類，矯正三氏之失，似比較爲完美矣。今列其國學之類目於左：

·国学概论·
上海大华书局
一九三四年版

(甲)哲學部

(一)羣經哲學　(二)諸子哲學　(三)釋氏哲學　(四)哲學史

(乙)史學部

(一)別史　(二)通史　(三)史志 (子)典制 (丑)地志 (寅)書目 (卯)譜錄　(四)史論

(丙)文學部

(一)總集　(二)專集　(三)小說　(四)文評

(丁)小學部

(一)形義　(二)聲韻

(戊)類書辭典部

第八節　本書之分類

然李氏之分類，爲典籍而設，非爲學術而設也。本書參酌四氏之說，分類如後；至於小學、類書、辭典、書目、譜錄等，則爲研究學術之工具，而非學派所應有，故不列其中。

（一）經學

（二）哲學

（甲）諸子學　（乙）理學　（丙）佛學

（三）史學

（四）文學

（五）其他學術

（甲）神祕學術　（乙）美藝學術　（丙）應用學術　（丁）自然學術

第三章　今人對於國學之態度

吾人何以欲研究國學？又何以當研究國學？欲答此二問題，當先觀察今人對於國學之態度，而批評其當否，然後可定其答案。今人對於國學，要不外迷信、鄙棄、霿鬆，

·国学概论·
上海大华书局
一九三四年版

盲從四種態度，下分節述之：

第一節　迷信的態度

彼迷信國學，以爲有無上之威權，無限之能力；不特可以爲救國之良藥，抑可爲度世之寶筏。蓋自清末外交失敗，倡言改革，始而採取歐人之大礮巨艦，繼而採取歐人之政治制度，繼而採取歐人之倫理思想，終至歐人所有之學說、主義，莫不在我國作一度之接觸，或經一次之試驗，然而政局之跪[illegible]如故，社會之蹇剝如故，人民所受之苦痛，且益甚於前；用是咨嗟歎息，以爲西方文化不足以拯國危，惟有重整國故，方足出民於水火。此迷信國學爲救國之良藥者也。梁啓超歐遊心影錄云：『近代人因科學發達，生出工業革命；外部生活變遷急劇，內部生活隨而動搖。……一百年物質的進步，比從前三千年所得還加幾倍。我們人類不惟沒有得著幸福，反帶來許多災難。歐洲人做了一場科學萬能的大夢。到如今卻叫起科學破產來。』又云：『我在巴黎和幾位社會黨名士開談。我說起孔子的「四海之內皆兄弟」「不患寡而患不均」跟著又講起井田制度，又講起墨子的「兼愛」「寢兵。」他們都跳起說道：「你們家裏有這些寶貝都藏起來，不分點給我們，真是對不起人呵！」……大海對岸那邊，有好幾萬萬人，愁著物質文明破產，哀哀欲絕的喊救命，等著我們去超拔他哩！』自此說風行，國人羣焉以精神文明自豪，欲以國學救物質文明之破產，甚至如陳嘉異東方文化與吾人之大任文中謂：『吾族之傳統道德實世界道德人類道德，而非僅國家道德。故將來世界文化，必爲吾東方文化，實非僅東方國家之文化，乃一未來之世界文化也。』又謂：『吾人今日所以振興東方文化之道，不在存古，乃在存中國，抑且進而存人類。』此迷信國學爲度世之寶筏者也。夫他人不足責，若梁氏者不可不謂博學多聞，而亦作此國學萬能之迷夢，殊可異矣。

第二節　鄙棄的態度

·国学概论·
上海大华书局
一九三四年版

世界之思潮，在羣衆崇奉之下，必有反動派起而排斥之，此自然之趨勢也。方章太炎、梁啓超、胡適等提倡整理國故之際，而他方面乃痛心疾首，去之惟恐不速。若陳獨秀至謂：『整理國故爲牛糞裏尋香水』；吳稚暉箴洋八股文云：『這國故的臭東西，他本同小老婆、吸鴉片相依爲命。國學大盛，政治無不腐敗。』且引張小浦之語以申明其態度云：『倘真正是國粹，何必急急去保？』推闡其意，舉凡我國歷史上之惡因惡果，與夫現時社會之病理狀態，皆由國學所造成；充其量，非將國學根本掃盪淨盡，若秦始皇之焚書坑儒不可。斯可謂國學革命之過激黨矣。

第三節　毀黜的態度

上列迷信、鄙棄二派以外，又有一派人，專喜將古書中一字一句用斷章取義之法，以各科學附會之。彼輩以爲歐西學術皆我國所固有，甚且以爲歐西學術皆摹倣我國而爲之。此何異破落戶之子孫，日日誇大其祖先之門第，於凍餒何補乎！如昔年孫詒讓、鄒伯奇、俞樾等以光學、重學等出於墨子經說上下篇，機械等出於墨子備梯、備突、備穴諸篇。近人如劉古愚以尚書立政篇爲立憲之始祖，康有爲以禮記禮運篇爲社會學說之始祖，皆是也。此派人如以顯微鏡觀物，視梯米若巨輪。故吾名之爲鑿鑿派。

第四節 盲從的態度

一般青年，在學校中所誦讀者，不過數册教本或講義，對於國學本鮮研究。一旦聞章太炎提倡小學，乃取說文爾雅等書翻檢一過；俄而聞梁啓超提倡史學，又取文史通義考信錄等書瀏覽數篇；俄而聞胡適提倡諸子哲學及白話文，又購莊子、老子、水滸、紅樓夢等書數帙；俄而聞陳獨秀、吳稚暉等之言論，乃將六經當薪，三傳束閣。一國三公，吾誰適從。此一派人，實占社會之多數。

總之，此四派人之態度，皆無有是處。以如是之態度對國學，不特無整理發展之

·国学概论·
上海大华书局
一九三四年版

希望，且將如埃及、巴比倫之文化，澌滅殆盡，數百年以後，徒供異族人作考古之資料而已。

第四章　吾人研究國學之原因

既如右列四種人對於國學態度之不正當，今可述吾人對於國學應抱之態度。此意胡適答毛子水論國故學一書言之頗恰當，今節引於左：

『國故學的性質，不外乎要懂得國故，這是人類求知的天性所要求的。若說是應時勢之需，便是古人「通經而致治平」的夢想了！』

又言：

『我以爲我們做學問，不當先存這個狹義的功利觀念。做學問的人，當看自己性之所近，揀選所要做的學問；揀定之後，當存一個「爲真理而求真理」的態度。研究學術史的人，更當用「爲真理而求真理」的標準去批評各家的學術。學問是平等的。發明一個字的古義，與發現一顆恆星，都是一大功績。況且現在整理國故的必要，實在很多，我們應該盡力指導國故家用科學的研究法，去做國故的研究，不當先存一個「有用無用」的成見，致生出許多無謂的意見。』

胡氏此書，如『爲學問不當先存狹義的功利觀念，』『爲真理而求真理，』『學問是平等的』諸語，洵屬至理名言。不獨吾人研究國學，應抱如是態度；卽研究一切科學，亦當抱如是態度。惟對於整理國故之必要，僅言『實在很多』四字，未曾說明何以必要之原因，殊爲欠缺。吾以爲研究國學之原因，當有四大端，下分節述之：

第一節 表現民族精神

我國有五千年之歷史，自有其特異之民族精神，以爲立國之基礎。故中華民族精神，決非希臘民族精神，或希伯來民族精神，或印度民族精神。此種特異之中華民族精神，發生於中華民族之思想，由是演而爲種種習慣、風俗、制度、學術。雖非盡蘊蓄

·国学概论·
上海大华书局
一九三四年版

於書籍之中；且自古迄今之書籍，多半散失毀滅，亦不盡可以考見。然書籍究爲儲藏過去原料之一種寶庫，且可爲現在實測各方面之引線。欲表現民族精神，舍書籍外，無他道也。故國學也者，欲將此數萬萬人民之精神，由此而表著其狀態，且由此而診斷其病證；數千年變遷之成績，由此而分析其年輪，且由此而明白其因果，不可謂之『國粹』，亦不可謂之『國渣』也。

第二節　整理先民遺產

我國古籍，大抵隨意記錄，絕無組織及系統。僅就論語一書言之，大自政治、哲學、倫理、宗教；細至飲食、衣服、言動、疾病，無所不包。其他典籍，亦莫不然。唐、宋以後之書，雖稍稍分別門類，然其雜亂無章，不合邏輯如故也。清代學者，雖漸知整理之方法，尚不過初步功夫。此譬猶世家大族，其遺產至爲豐富，田園宮室，玉帛金錢，器物衣食，牛馬雞犬，下至竹頭木屑，敗絮破衲，無所不有。然珍寶與糞穢齊列，牲畜與器物雜廁，爲子孫者，正宜理而整之，使各得其位置；掃除其汙濁，修葺其敝敗，使盡歸於完整；然後記錄之於簿册，一一詳載其數量、價值、性質、功用，俾世世子孫，永寶用之。如是，方可謂之賢子孫。若或以爲祖先之陳設，堆積本如是，爲子孫者，豈宜移動選擇；又或見鄰家之有新奇器物，欣羨盜竊，而拋棄其祖宗之遺產，以爲不屑一顧，皆我列祖、列宗之不肖子孫也。故吾輩欲爲中華民族之賢子孫，整理國學，非異人任也。

第三節　破除新舊界限

學術有真假是非之別，——然亦不過比較的，非絶對的。決無所謂新舊之分。自歐西學術輸入以後，於是談改革者，立於新幟之下，言保守者，立於舊幟之下。互相詆諆，互相排擠，勝負起伏。至今未已。吾不知彼等所謂新舊者，以學術之品質分乎？抑以學術之時代分乎？如以品質分也，周秦諸子，舊學術也。胡適整理之而著中國哲學史，煥然一新矣；三代制度，亦舊學術也，梁啓超編纂之而爲先秦政治思想史，煥然一新

·国学概论·
上海大华书局
一九三四年版

矣。若近時流行之短篇小說、新體詩、獨幕劇、兩性情書等，滿篇『吾的愛人啊！』『甜蜜蜜的接吻啊！』此種陳腐惡俗之作品，雖爲五四以後之產物，可得謂之新乎！如以時代分也，則一種學術之成立，在其前必有淵源，在其後必有流派，必非突然而起，截然而止，果以何時爲界線，而判別新舊乎？如語體文，一般盲目者皆以爲嶄新文體也，然其源遠始於古世，若殷、周之誥誓，漢、魏之樂府，六朝、三唐之世說傳奇，宋人之語錄平話及詞曲，元、明、清之劇本小說，何一而非當時之語體文？奚待胡適提倡，而世始有語體文哉。吾人以科學方法，整理我國舊有一切學術，使成爲一種嶄新之科學，俾改革者與保守者，兩方皆無所容其喙，此所以破除無謂之新舊觀念也。

第四節　溝通東西文化

東西之學術，雖各有特異之點，亦必有其共同之點。如周代諸子發明名學，而印度則有相當之因明，希臘則有相當之論理學。宋、元疇人發明天元、四元之學，而印度早有相當之借根方法。阿拉伯則有代數學，其明證也。如欲溝通東西文化，必須有好學深思之士，具有綜觀世界各系文明之眼光，袪除影響附會之客氣，且深知近世科學方法、性質、價値，與學術之歷史發達過程，將東西之學術，切實比較研究之，方足使兩系文明融合，而在世界學術上，放燦爛之光明。此實爲研究國學之最大任務，而一般青年，不容不仔肩者也。

·国学概论·

上海大华书局
一九三四年版

第二編 研究方法

古人治學，曰『不求甚解，』曰『略知大義，』無所謂方法也。史記孔子世家載孔子讀易，至韋編三絕，似孔子必有其個人學易之方法；然徧檢典籍，未嘗記孔子治學之方法也。見於論語者，不過曰『學而時習之』而已，曰『學而不厭』而已，曰『學而不思則罔，思而不學則殆』而已；見於中庸者，不過曰『博學之，審問之，愼思之，明辨之，篤行之』而已。荀子首載勸學篇，然不過言學之當治，而未嘗言學之如何治也。惟墨子小取篇專言名學，殆爲古人治學之方法，然亦語焉不詳。漢承暴秦焚坑以後，掇拾羣籍於灰燼之餘，因治學之不易也，於是始稍稍有治學之方。毛亨、毛萇之於詩，鄭玄之於三禮，何休之於公羊，許愼之於小學，確有訓釋之體例；其治學方法，卽寓於訓釋體例之中。然此不過後人就其訓釋而推論其方法，如王筠之作說文釋例、劉師培中國文學教科書之言漢儒訓詁釋例及漢儒音讀釋例等；毛、鄭、何、許諸氏固未曾示人以所用之方法。此元好問詩所謂『鴛鴦繡出從教看，莫把金針度與人』歟？六朝以後，釋家因明論傳入中國，儒家見彼所謂異端者反有治學之方法，而吾歷聖相傳之大道，反無入門之方法，相形見絀，於見宋儒乃於四十九篇小戴禮記之中，獨抉出大學一篇，而以其『致知格物』爲治學之方；且釋之曰：『所謂致知在格物者，言欲致吾之知，在卽物而窮其理也。蓋人心之靈，莫不有知；而天下之物，莫不有理，惟於理有未窮，故其知有未盡也。是以大學始教，必使學者卽凡天下之物，莫不因其已知之理而益窮之，以求至乎其極，至於用力之久，而一旦豁然貫通焉；則衆物之表裏精粗無不到，而吾心之全體大用無不明矣。』此足表示程、朱派理學之治學方法。然同時已見譏於陸象山；而王陽明更爲不滿。洎有清漢學家起，始有精密之治學方法，實不亞於最近之科學方法。胡適論清代漢學家治學之方法，分爲四步，其言曰：『中國舊有的學術，只有清代的「樸學」確有科學的精神。他們的方法根本觀念可以分開來說：(1)

·国学概论·
上海大华书局
一九三四年版

研究古書，並不是不許人有獨立的見解；但是每立一種新見解，必須有物觀的證據。（2）漢學家的證據，完全是「例證」，例證就是舉例爲證。（3）舉例作證，是歸納的方法。倘舉的例不多，便是類推的證法；舉的例多了，便是正當的歸納法了。而類推與歸納，不過是程度的區別；其實他們的性質是根本相同的。（4）漢學家的歸納手續，不是完全被動的，是很能用假設的。他們所以能舉例作證，正因爲他們觀察了一些個體的例之後，腦中已有了一種假設的通則；然後用這通則所包涵的例，來證同類的例。他們實際上是用個體的例，來證個體的例；精神上實在是把這些個體的例所代表的通則演繹出來。故他們的方法，是歸納和演繹並用的科學方法。』胡氏之言，足包舉漢學家治學之方法矣。惟清代漢學家之方法，不過與科學方法暗合，非有意採用之也。迨晚近之整理國故者，則盡用科學方法。其編纂成書者，如陳鍾凡之古書讀校法論文，如梁啓超之國學入門書要目及其讀法與治國學的兩條大路，胡適之研究國故的方法及清代學者的治學方法，宮廷璋之以科學方法整理國故其步驟

·国学概论·
上海大华书局
一九三四年版

若何，皆討論研究國學之方法者，學者不可不一觀者也。今綜舉諸家之說，並參酌己意，分章敍述如左：

第一章　觀察

古人之治典籍也，曰『看書，』曰『讀書，』未有謂之『觀察』者也。今曷爲稱之曰『觀察？』按古人之所謂『看書』者，謂目觀其文字，而心思其義理也。所謂『讀書』者，『讀』之義，說文解爲『籀書，』『籀』與『抽』古字通，謂抽繹其義蘊至於無窮也。曾國藩諭兒子紀澤書云：『看者，如爾去年看史記、漢書、韓文、近思錄，今年看周易折中之類是也。讀者，如四書、詩、書、易、左傳諸經，昭明文選、李、杜、韓、蘇之詩，韓、歐、曾、王之文，非高聲朗誦，不能得其雄偉之概；非密咏恬吟，則不能得其深遠之韻，二者不可偏廢，』此古人讀書看書之精義也。今人則不然，曰讀書，則發聲而已；與讀祭文、讀祝詞、讀告示無異也。曰看書，則涉目而已；與看花、看魚、看戲無異也。初未嘗有得於心，故不如改稱之曰觀察，俾知顧名思義。況吾人之治學也，目治、口治之外，尙有手治者在，固非『看、讀』二字所能包舉，故不如改稱爲當。

第一節　選擇

我國典籍浩如煙海。淸代四庫著錄之書，凡三千四百五十三部，七萬四千九百五十二卷。而存目之書，焚毀之書，不收之書，失收之書及後出之書，不啻一倍，尙不與焉。雖竭畢生之精力，未能徧觀者也。故觀察之先，當知選擇。梁啓超、陳鍾凡、胡適、李笠等，皆定有國學應讀書目，然猶嫌其太繁，非科目繁重之中學學生所能勝任。今參酌梁氏最低限度之必讀書目及陳鍾凡治經史諸子詞章必修之書，別列一表。學者苟能徧觀此數書，則國學當略有門徑矣。

經學

易　書　詩　禮記　左傳　論語　孟子

諸子哲學

老子　莊子　墨子　荀子　韓非子

宋元明清學案	性理哲學
佛學大綱　佛典汎論	佛教哲學
史記　漢書　後漢書　三國志　資治通鑑	史學
文選　古文辭類纂	文學類文辭
楚辭　古詩源　十八家詩鈔	文學類詩歌
詞綜　曲譜	文學類詞曲
元曲選	文學類戲劇
水滸傳　紅樓夢	文學類小說

右列之書，不過三十種，減之無可復減矣。然以學者課餘光陰研究之，要亦非二一三載不克竟全功也。

第二節　瀏覽

·国学概论·
上海大华书局
一九三四年版

學者對於古書，不必篇篇精思熟讀；但當先瀏覽一過，明其大義，知其體例足矣。

第三節 圈點及鉤識

當瀏覽之際，即宜隨手圈點，俾可字字過目，不至如囫圇吞棗。而一書精華之所萃，與夫疑竇之所在，尤當鉤識之，以促注意。

第四節 精讀

瀏覽之後，於鉤識之處，當精思熟讀。熟讀之事，學者必以爲甚難，然此節梁啓超曾先我言之。今錄其言於左：

『熟讀成誦，我想諸君或者以爲甚難，也許反對說我頑舊。但我有我的意思，我並不是獎勵人勉强記憶。我所希望熟讀成誦的有兩種類：一種類是最有價值的文學作品；一種類是有益身心的格言。好文學是涵養情趣的工具，做一個民族的分子，總須對於本民族的好文學十分領略。能熟讀成誦，繞在我們的意識裏頭，得著根柢，不知不覺會發酵。有益身心的聖哲格言，一部分久已在我們全社會上形成共同意識。我既做社會的分子，總要徹底了解他，纔不至和共同意識生隔閡。一方面我們應事接物的時候，常常仗他給我們的光明。要平日觀摩得熟，臨時纔得著用，我所希望熟讀成誦者在此。但亦不過一種格外希望而已；並非謂不如此不可。』

第五節　鈔錄

精讀之後，宜擇其最精要處鈔錄之。如能用活葉本，細分門類鈔錄，異日彙成類書式或辭典式之册子，則尤便稽考。此層功夫，學者往往畏難而不肯爲，不知實事半功倍也。梁啓超亦曾言之，其言曰：

『若問讀書，我想向諸君上一個條陳：這方法是極陳舊的，極笨極麻煩的。然

·国学概论·
上海大华书局
一九三四年版

而實在是極必要的，什麼方法呢？是鈔錄或筆記。

『我們讀一部名著，看見他徵引那麼繁博，分析那麼細密，動輒伸著舌頭道：「這個人不知有多大記憶力，記得這許多東西，這是他特別的天才，我們不能學步了。」其實那裏有這回事。好記心的人不見得便有智慧；有智慧的人，比較的倒是記心不甚好。你所看見者，是他發表出來的成果；不知他這成果，原是從銖積寸累，困知勉行得來。大抵凡一個文學者用功，總是有無數小冊子或單紙片，讀書看見一段資料，覺其有用的，立刻鈔下。（短的鈔全文，長的摘要記書名、卷數、頁數。）資料漸漸積得豐富，再用眼光來整理、分析他，便成一部名著。想看這種痕跡，讀趙甌北的廿二史劄記，陳蘭甫的東塾讀書記最容易看得出來。

『這種工作笨是笨極了，苦是苦極了。但真正做學問的人，總離不了這條路。做動植物的人，懶得採集標本，說他會有新發明，天下怕沒有這種便宜事。

『發明的最初動機在注意，鈔書便是促醒注意及繼續保存注意的最好方

·国学概论·
上海大华书局
一九三四年版

法。當讀一書時，忽然感覺這一段資料可注意，把他鈔下，這件資料，自然有一微微的印象印入腦中，和滑眼看過不同。經過這一番後，過些時碰著第二個資料和這個有關係的，又把他鈔下，那注意便加濃一度，經過幾次之後，每翻一書，遇有這項資料，便活跳在紙上，不必勞神費力去找了。這是我多年經驗得來的實況。諸君試拿一年工夫去試試，當知我不說謊。』

此段之言，梁氏已將其畢生研究學術之方法，披肝瀝膽，陳於衆前。梁氏以其多年之經歷而後得此方法，吾人應用此方法，其獲效不更巨乎！

吾尤有言者，此數百頁之國學概論，不過導諸君以求學之門徑，與言國學之概要，不得指此編爲卽國學。故諸君選此科時，必不可不閱讀國學之書，譬如家庭之財產，國學概論者，財產目錄也，收支清冊也，非卽財產也。財產則大之爲四庫之書，小之則爲前表所列三十種之書。諸君欲享有財產之主權，且果其腹而暖其體者，不可不自讀書。否則縱熟讀此國學概論，不過爲一家之傭奴，爲人司鎖鑰，掌契據而已。

諸君疑吾言乎？試取前表所列之書，擇性之相近者一二種，用前所言之步驟而研究之。半載之後，吾知必有所獲，或且能成立一種有系統有組織之作品，此亦吾頻年經歷之所得者，不敢作欺人之談也。

第二章　會通

咿唔呻吟，所得者不過片段之智識，僅可謂之常識，不得稱爲學術也。吾人欲得有系統之學術，不可不知融會貫通之方法，荀子勸學篇曰：『論類不通，不足謂善學。』禮記學記篇曰：『古之學者，比物醜類。』是故研究學術，必解其紛繁，立之條例，乃能提要鈎玄，以標其綱；遠紹旁搜，以覘其信。非僅尋章摘句，津津於點識評判之末，所能畢事也。國學條例繁密，舉其宏綱，則治經學者，應知羣經源流，傳授之師承派別，諸經通義及各經大義也。治哲學者應知周、秦諸家之流別及其學說大旨，兩漢儒術之興替，六朝以後佛教之概略，及宋、元以來理學之派別也。治史學者，應知歷代政教之隆替，國勢之消長，疆域之廣狹，民族之強弱，及古今社會之情況也。治文學者，應知古今之詞例，文章之法式，文體之流變，歷代文人之事跡及其述作也。學者本此宏綱，整而理之，若網在綱，有條不紊。雖復範圍廣博，亦不慮其散漫無歸。若部次不辨，條理不知，拉雜以求，將日陷於迷惘，終莫得其指歸。譬彼舟流，靡知所屆焉。茲更就經、哲、史、文，分別論之。

第一節 治經學應知家數

六經傳自孔子，本無所謂今古也。秦火以後，博士傳授，漸著竹帛。於是齊魯兩派，並立學官，此所謂今文也。今文者，蓋以漢隸書之。迨魯恭王壞孔子舊宅，發見壁中古文經，而民間亦往往有古文之傳，學者多據此以難今師，劉歆等崇奉之，遂別立古文之幟。此今古文兩大派，不特文字畫然不同；章句訓詁，亦多殊異；即典章制度，亦各立一說。今據廖平古今學考之一例，立表於左：

·国学概论·
上海大华书局
一九三四年版

古文學家	今文學家
封建之制，公方五百里，侯方四百里，伯方三百里，子方二百里，男方百里；凡五等	公侯方百里，伯方七十里，子男方五十里，凡三等
一甸出一車。	十井出一車。
六卿，大夫，士，員無定數。	公，卿，大夫，士皆三，輔一。
畿內不封國。	畿內封國。
世卿無選舉。	無世卿，有選舉。
十二年一巡狩。	五年一巡狩。
天子下聘，不親迎。	天子不下聘，有親迎。
禘天於郊，無祫祭。	禘爲時祭，有祫祭。
天子無太廟，有明堂。	天子有太廟，無明堂。

凡此皆古文典制之異於今文者也。陳鐘凡論之曰：『學者能兼賅古今，區分異同，不相雜廁，固屬上乘。否則篤守一家，不事遷就彌縫，自便私說，亦居其次。若左右采獲，志在溝通，糅合古今，妄矜斷制，則荆棘叢生，適以自擾。下焉者則盡失古今師說，妄逞億談，癡符橫眩，無本之學，更不足語於學術之林矣。』學者知所取法矣。

第二節　治哲學應知流派

古論周、秦諸子流派者，有莊、荀、淮南及司馬氏，而莫詳於劉歆。莊子天下篇陳儒、墨、名、道、法、小說六家。荀子非十二篇去小說而易以陳仲、史鰌，陳、史似與楊朱之學同派者也。史記太史公自序篇去小說而增陰陽。淮南子要略篇則去名、小說，而增雜、縱橫，劉歆七略乃入農家而爲十家（參看國學範圍篇）故推論先秦學派，大抵春秋之世，略別儒道墨三家；戰國中葉，乃分爲道、儒、墨、名、法、陰陽六家；末年乃更分爲九流十家矣。流派既明，當斠異同，考變易。韓非子顯學篇曰：『孔、墨之後，儒分爲八，墨離爲三；

·国学概论·
上海大华书局
一九三四年版

取舍相反不同，而皆自謂眞孔、墨。』是同一師承，其立言未必一致也。然大同之中有不同，大異之中有不異；非抉擇精微，不足以識大同與小異，推知萬物之畢同畢異也。諸子學不純師，其流斯異。禽滑釐受業卜商而流爲墨家。商鞅學於尸佼而流爲法家。子產以儒兼法，其學又出於名家。荀卿之徒有韓非、李斯，又援儒而入法。凡此皆思想變遷，學術沿革之彰著者，又學者所應注意者也。（略本陳鐘凡之說）

宋儒理學，以安定、徂徠、明復之講學爲先導，自是而濂、洛之學，嗣之以起。大抵分爲程朱、象山、浙東三派。二程師事濂溪，朱子宗仰二程，而濂溪之太極圖說，實出自道家陳摶。是程、朱之學，實毗於道家者也。象山專宗心得，則毗於佛家者也。金華、永嘉，肇開浙東學風，則毗於儒家之功利主義者也。康節皇極，橫渠西銘，雖各別立一幟，然未嘗非導源於濂溪也。元代以後，大抵分爲程朱派、陸派、朱陸調和派三者而已。明自姚江崛起，服膺象山，倡良知及知行合一之說，開有明一代學風，於是陸王與程朱並稱矣。下逮乎清，雖異軍蠭起，然大別之要不外乎程朱、陸王及調和派、獨立派四者而已。

·国学概论·
上海大华书局
一九三四年版

佛教派別亦多，在印度時，已有『大乘』、『小乘』二教之判別。所傳乖違，爭論甚烈。小乘至以大乘爲非佛說，大乘之視小乘亦儕於外道。是爲佛教第一大分畫。小乘之中又分『上座』、『大衆』二部，上座部又分爲十一，曰：『有部』、『雪山』、『犢子』、『法上』、『賢胄』、『正量』、『密林山』、『化地』、『法藏』、『飲光』、『經量』。大衆部又分爲九，曰：『大衆』、『一說』、『說出世』、『雞胤』、『多聞』、『說假』、『制多山』、『西山住』、『北山住』。合稱小乘二十部。慈恩嘗判二十部爲六宗，曰：『我法俱有宗』，曰『法有我無宗』，曰『法無去來宗』，曰『現通假實宗』，曰『俗妄眞實宗』，曰『諸法俱名宗』。此皆小乘教之判別也。大乘教自佛滅度後五百餘年，馬鳴菩薩出世，造大乘起信等論，復興大乘，後有堅慧菩薩造法界無差別論，祖述馬鳴之旨，後人謂爲『如來藏緣起宗』。後之分派開宗，皆導源於此，而當時實無異見也。其分宗如下：曰『三論宗』亦名『般若宗』，亦名『性宗』，或『空宗』；曰『唯識宗』、亦名『瑜伽宗』、『法相宗』、『慈恩宗』；曰『攝論宗』，曰『華嚴宗』，亦名『賢首宗』；曰『地論宗』；曰『涅槃宗』；曰『眞言宗』，亦名『密宗』；曰『律宗』曰

『淨土宗』凡此諸宗，流傳中土。而在中土所倡者，則有『天台宗』因智者大師棲息天台山而得名也。其教外別傳，則有『禪宗』又名『佛心宗』以直指本心，不立文字爲尙。自達摩傳至五祖，分爲『南』『北』二派，而南派獨傳，又分『臨濟』、『雲門』、『曹洞』、『潙仰』、『法眼』五宗。唐代以後，攝論宗併入唯識宗，地論宗併入華嚴宗，涅槃宗併入天台宗。而小乘敎之有部，入中土而立『俱舍宗』，經部入中土而立『成實宗』。故中土今日流傳之佛敎，合大小二乘言之，共得十宗。卽『成實宗』、『俱舍宗』、『禪宗』、『律宗』、『天台宗』、『華嚴宗』、『唯識宗』、『三論宗』、『密宗』、『淨土宗』也。

第三節　治史學應辨眞妄

應劭風俗通義皇伯篇曰：『天地剖分，萬物萌繁，非有典藝之文，堅基可據，推當今以覽太古，自昭昭而本冥冥；乃欲審其事而建其論，董其是非而綜其詳，言也實爲難哉！故易紀三皇，書敍唐、虞，自是以來，載籍昭晳。然而立談者人異，綴文者家舛；斯乃

·国学概论·
上海大华书局
一九三四年版

楊朱哭於岐路，墨翟悲於練素者也。』夫五帝、三王之記尚矣。文久而滅，節族久而絕，學者既不可得而詳；卽詩、書所稱述，春秋所紀錄，儒者一家之言，亦豈可盡信哉！王充論衡正說篇曰：『儒者說五經多失其實。前儒不見本末，空聲虛說；後儒信前師之言，隨舊述故，講習辭語。苟名一師之學趨爲師教授；及時蚤仕，汲汲競進。不暇留精用心，考實根核，故虛說傳而不絕，實事沒而不見，五經幷失其實。』此孟軻所以有『盡信書不如無書，吾於武成，取二三策而已』之歎也。後世學者，不愼爲審察，安有不爲僞書所蒙蔽者哉！審察之道奈何？則不外諟正文字，區別文體，考核事實，搜羅證據而已。

第四節　治文學當知變遷

我國最古典籍，其遺留至今而差可信者，不過易、書、詩三者而已。三書實爲我國一切文體之源泉。蓋易爲駢文、韻文之源；書爲散文、語體文之源；詩爲詩歌之源。文體之大別，要亦不過散文、駢文、韻文、詩歌、語體文五者而已。

周代諸子之文，駢語、韻語與散句相間雜，初無文體之區別也。及秦則荀賦屈騷，開韻文之先聲。而頌、贊、銘、箴，亦相繼而起。兩漢以賦稱盛一時，六朝迄唐，韻文未衰。下逮宋、明，此風寢息矣。此韻文變遷之概略也。

三代以前，雖相傳有古謠、諺歌曲，如拾遺記有皇娥、白帝等歌，尚書有五子、喜起等歌，尚書大傳有卿雲歌，然多不足憑信。故詩歌之最古者，自當推三百篇。三百篇雖間雜一言至九言句，而大體則爲四言。西漢以後，五言詩興，而七言詩亦於是時濫觴。六朝崇尚俳儷，研究聲病，始啓五律法門。至初唐而七言律詩之體乃立。中晚唐間，詞體肇興，入宋大盛。元乃變爲南北曲及雜劇，至明而有崑曲。今則詩歌詞曲之音節，久已失傳，所餘者，惟後人摹倣之軀殼已耳。而崑曲、京調、雜劇、小曲，則音節流傳，尚未衰歇云。此詩歌變遷之概略也。

周、秦古籍，間有儷辭；蓋造化賦形，支體必雙。神理爲用，事不孤立，此實宇宙間自然之現象也。易文言傳中，若『水流溼，火就燥，雲從龍，風從虎。』等語，幾不勝枚舉。西

·国学概论· 上海大华书局 一九三四年版

京相如子雲，不無比對；王褒谷永，漸近儷體。東京則崔瑗、蔡邕之倫，幾於非對不發。晉、宋以降，至於永明之間駢文之體，乃集大成。徐庾嗣作，縟藻清聲，遂蔑以復加矣。初唐四傑，仍沿六朝之舊。盛唐以後，厥體衰變。雖韓昌黎慨然復古，然中晚唐以迄五代，駢儷之風未衰歇也。特文體之敝，至五代而極矣。宋初承其餘習，猶多宂濫之詞，及歐、曾、蘇、王起而力振之，而其體乃一變。四六之稱，蓋亦始於是時。逮夫元、明之世，多用虛廓猥淺之詞，以追時諧俗，駢體乃一落而千丈。清代漢學家出，其多聞博識之緒餘，而發爲文章，典雅矞皇，沈博絕麗，其上焉者，率駕唐、宋而追齊、梁，次焉者亦非元、明所能企及。故駢文至是時而大振。然咸、同以後，世變日亟，此風漸息，雖如饒漢祥輩猶有以駢儷文字撰郵電文告者，然幾若空谷之足音矣。此駢文變遷之概略也。

西漢以前，本無駢散之稱，亦無駢散之分。經典、諸子及史籍等，或全以散句行文，或篇中間雜偶句，原無定體也。自東漢下逮陳、隋，儷語盛行，駢體始立。雖姚察父子，振於隋末唐初，一掃膚詞陳語，然終不能革駢儷之風。及韓退之出，厭棄魏、晉、六朝，一反之於六經西漢，以古文相號召，而天下景從，此所謂文起八代之衰也。於是駢散兩體，乃並轡而齊驅。同時如柳宗元、皇甫湜、李翺、孫樵之徒，皆以散文鳴者也，韓、柳與宋之歐陽、三蘇、曾、王，後人稱爲八大家；下及明之高、劉、宋、方、唐、歸，清之侯、魏、汪、姜、方、劉之徒，雖或兼作駢文，然並以散文擅長。自姚姬傳近師海峯，遠宗八家，歸方、管同、姚瑩、梅曾亮、方東樹等依附之，遂有桐城派之稱。而惲子居、張皋文別樹一幟，秦瀛、李兆洛、董士錫、陸繼輅等同聲附和，卽所謂陽湖派也。第桐城深於法，爲儒者之文；陽湖長於才，爲策士之文，其面貌略有不同耳。此散文變遷之概略也。

言文之背馳，蓋自三代已然。尙書中如堯典、皋陶謨、高宗肜日、西伯戡黎、微子、洪範、康誥、無逸、君奭、立政、顧命、文侯之命諸篇，當日對語之文也，大誥、多方、呂刑諸篇，當日告示之文也。甘誓、湯誓、盤庚、牧誓、多士、費誓、秦誓諸篇，當衆演說之辭也。詩經中如十五國風，採自民間歌謠，故皆爲方言俚語。二雅、三頌，則撰自朝廷官吏，多爲文言。是一書之中已言文互見矣。要之尙書、甘誓諸篇，爲後世白話文之始祖，而詩經十五國

·国学概论·
上海大华书局
一九三四年版

風，爲後世白話詩之始祖。惟言語不能不隨時地而變遷，故後人讀而不易通曉，遂覺爲詰屈聱牙耳。爾雅釋詁、釋言、釋訓三篇，是卽以中古以來通用之文言，詮釋詩書之古語者也。自老子著道德經五千言，孔子贊易作文言傳，文言旣興，語體乃寖廢矣。蓋孔子三千弟子，所占國籍不少，當日國語旣未統一，如使人人各操國語，則何以傳授學術耶！孔子曰：『辭達而已。』又曰：『書同文，』又曰：『言之無文，行之不遠。』皆孔子提倡文言之語也。厥後左傳、國語、戰國策諸史，孟、荀、莊、墨諸子，盡用文言，秦、漢以後，惟經典之傳注，樂府之歌詩，及世說新語一書，猶間雜白話而已。六朝以後，印度佛典輸入，譯者以文言不足以達意，故以淺近之文譯之，其體已成白話。其後佛氏講義、語錄，尤多用白話爲之，遂啓語錄體之始。唐人之詩，惟元輕白俗，近於語體，其他則間用方言而已。宋儒講學，以白話爲語錄，遂成講學文字正體。宋、元以後，小說之演義體興，倣於宋之宣和遺事，而水滸、西遊、三國之屬，盛揚其燄，或純以白話爲之，或以近於白話之文言爲之，家絃戶誦，於是白話又爲說部文字正體。元、明、淸之戲曲雜劇，亦多用白話，蓋戲劇所重在唱演，非白話無以喻羣衆，於是白話又爲劇本文字之正體。詩歌則如宋邵雍之擊壤集，不避俗語俗字，遂別成一派。明代陳獻章、莊泉等以講學家自名者，大抵宗之，蓋自宋代而後，我國之文言文與語體文遂中分天下，惟前則爲縉紳所專利，後則普及一般平民而已。自清末科舉廢而白話一盛，普及教育之議起而白話更盛，日報、雜誌，廣載說部劇本，而白話全盛；比五四運動以來，胡適之、錢玄同、陳獨秀、吳稚暉之儔，倡言文學革命之論；於是，白話侵入學校之教科書中，幾欲奪文言之席而代之矣。夫佛典譯而語錄興，歐學播而白話盛，是白話之興盛，必在外國學術侵入時代，殆我國之文言文，有不能曲折敍述異族思想之弊歟！此語體文變遷之概略也。

第三章 懷疑

懷疑爲研究科學之不二法門，亦爲研究國學之入門工夫。牛頓疑蘋果何以墜地，於是有宇宙三定律之發明；瓦特疑壺蓋何以上掀，於是有汽機之發明；達爾文疑創世記上帝造人之說，於是有進化論之著作；愛恩斯頓疑以太之舊說，於是有相對論之著作。故懷疑爲求信之途徑，亦爲啓發真理之祕鑰也。吾人之治國學，何獨不然。顧亭林疑叶韻之說，於是有古音之發明；閻百詩疑今古文尚書文句之不類，於是定梅賾作僞之信讞；崔述疑三皇以來傳說之無稽，於是有考信錄之編纂；康有爲疑古文學之後出，於是有孔子改制之學說，此皆疑而有得者也。故吾人研究學術，決不可不具懷疑之態度；與其信而錯，不如疑而錯，猶爲無流弊也。懷疑之道奈何？當分疑古、疑今兩方面言之：

第一節　疑古

古人之書，有全出僞撰者，如連山、歸藏諸書是；有真僞錯出者，如尚書、管子是；有出於寓言者，如莊子之庚桑楚、徐無鬼是；有言過其實者，如莊子、盜跖、漁父等篇是，凡

·国学概论·
上海大华书局
一九三四年版

可信者不過十二三也。楊朱曰：『太古之事滅矣，孰誌之哉！三皇之事，若存若亡，五帝之事，若覺若夢。三王之事，或隱或顯，億不識一，當身之事，或聞或見，萬不識一。目前之事，或存或廢，千不識一。』誠哉斯言！卽以最切身最近今者之事言之，諸君試自回憶，父祖之事，能識者幾何？曾高以上之事，能識者幾何？卽有家乘，不能悉載；所載亦恐非盡屬眞相。況數百千載以上之事乎？且也一事之發生，同時記載，言各異辭，吾誰適從？今姑舉子貢贖人不受金一事，秦、漢之書載之有四，述孔子之語無一同者，而淮南子前後互見，其說亦詳略不同。是可見古人記事，原無求眞求確之觀念也。

(甲)呂氏春秋察微篇　魯國之法，魯人爲人臣妾於諸侯，有能贖之者，取金於府。子貢贖魯人於諸侯，來而讓，不取其金。孔子曰：『賜失之矣！自今以往，魯人不贖人矣！取其金無損於行；不取其金，則不復贖人矣！』

(乙)淮南子道應訓　魯國之法，魯人爲人妾於諸侯，有能贖之者，取金於府。子貢贖魯人於諸侯，來而辭不受金。孔子曰：『賜失之矣！夫聖人之舉事也，可以

·国学概论·
上海大华书局
一九三四年版

移風易俗；而受敎順可施後世，非獨以適身之行也。今國之富者寡而貧者衆，贖而受金，則不爲不廉；不受金，則不復贖人。自今以來，魯人不復贖於諸侯矣！』

(丙)淮南子齊俗訓　子貢贖人而不受金於府。孔子曰：『魯國不復贖人矣。』

(丁)說苑政理篇　魯國之法，魯人有贖臣妾於諸侯者，取金於府。子貢贖人於諸侯而還其金。孔子聞之曰：『賜失之矣！聖人之舉事也，可以移風易俗，而敎導可施於百姓，非適身之行也。今魯國富者寡而貧者衆，贖而受金，則不爲不廉；不受，則後莫復贖。自今以來，魯人不復贖矣！』

觀此，果何者真出孔子之口乎？則古人以爲聖人之言，一字不可以移易，且議論不敢到者，適見其愚而已。

第二節　疑今

青年經驗缺乏，思想純潔，往往對於近世學者，震於其名，由崇拜而起信仰，由信仰而入迷信。如今日學子對於梁啓超、章太炎之國學，胡適之之文學，幾極端信仰，無懷疑之餘地。不知梁啓超之校釋墨經及論清代學術，儘有錯誤之處；章太炎不信鐘鼎古文及龜甲文字，以爲皆屬古董商人及劉鶚羅振玉輩所僞造，說文以外，無可信之古文，亦太拘泥；胡適之著哲學史大綱，以惠施、公孫龍爲別墨，牽率附會，似不可信。總之，吾人研究學術，當以求眞求是爲歸，決不可稍容心於其間。古昔聖賢之偶像，固當推翻，今日名人博士，詎可奉爲偶像乎。今更錄曹聚仁序章太炎國學概論之說於左，以見彼親炙者尙抱懷疑之態度，況吾輩讀其書者歟！

『歷史給我們底警告：中國學術界最會變奇妙的把戲，就是偶像獨尊。要說明這偶像獨尊，最好用墨子「上之所是，必皆是之；上之所非，必皆非之」兩語。統一的觀念，印在羣衆底腦界，他們總想讓一尊偶像來表率一切，來做至尊無上的主宰。我底推測，或許有人以爲這書底話是很對的，因爲這是太炎先生所講演的。果真如此，便是自誤自累，卻又成爲太炎先生底罪人，太炎先生這次講演，有一種真精神，就是指導我們去懷疑，懷疑他自己懷疑古人尊經，懷疑古人訓詁，懷疑朱子注釋，懷疑……處處昭示治學問不可盲從之點。我們若是含糊地盲從地奉他爲偶像，他不但是要笑，還且是可惡呢！』

故吾甚盼諸君讀此書之時，亦處處抱懷疑態度。錯誤者駁詰之，疏漏者詢問之，則吾與諸君同受其益矣！

第四章　辨僞

研究國學，當以辨僞爲首要。誠以國學資料，汗牛充棟，竹頭木屑，牛溲馬勃，無所不有；其確於學術上有價值者，殆十不一二也。卽就其略有價值者而言，則又如王充論衡正說篇所云：『前儒不見本末，空聲虛說。後儒信前師之言，隨舊述故，講習辭語，苟名一師之學，趨爲師教授，及時蚤仕，汲汲競進，不暇留精用心，考實根核，故虛說傳

·国学概论·
上海大华书局
一九三四年版

而不絶，實事没而不見，五經並失其實。』因此，其確有價值而可爲吾人採取者，實百不一二也。自王充迄今，又二千年矣。二千年中，假託者日多，附會者益衆，日復一日，幾至無一完全可讀之書，無一完全可信之籍。若以此不可讀不可信者，爲研究國學之對象，則將如梁啓超中國歷史研究法所云：『吾國歷史便成怪物；蓋社會進化説全不適用，而原因結果之理法亦將破壞也。』崔述考信錄云：『近世小説有載孔子與采桑女聯句詩者云：「南枝窈窕北枝長，夫子行陳必絶糧。九曲明珠穿不過，回來問我采桑娘。」謂七言詩始此，非柏梁也。夫柏梁之詩，識者已駁其僞；而今且更前於柏梁數百年，而託始於春秋。嗟夫！嗟夫！彼古人者，誠不料後人之博之至於是也！』此即謂依僞書以爲據，則文學進化將失其序，治文學者靡所適從矣。張之洞輶軒語云：『一分真僞，而古書去其半；一分瑕瑜，而列朝書去其十之八九。』吾人一味斯語，則辨僞之切要可知矣。

·国学概论·
上海大华书局
一九三四年版

第一節　作僞之原因

僞書發生之原因，可言者凡八端：

（甲）常人尊古賤今，以黃農堯舜之世爲黃金時代，乃託古以自重。如孔、孟之託堯、舜，墨家之託神禹，許行之託神農，醫家之託黃帝、岐伯。其始不過稱引古說，其後乃變本而加厲，則或專造一書，題爲古人所作，以張其目。此假託古聖以自重者，一也。

（乙）王莽篡漢，劉歆助之，以其事必師古之心理，利用校中祕書之地位，乃贋造或竄亂古書以爲後援。今之所謂古文經，若周禮、左傳之流，多出其手。此作僞以逢君之惡者，二也。

（丙）秦火以後，典籍散亡，漢代搜尋遺書，廣開獻書之路，獻書可以邀賞謀利，僞書由此滋生。有時雖得真本，亦因篇幅過少，夾雜增添以擴充之，如莊子、韓非子之類。此作僞以圖利祿者，三也。

（丁）鄭康成，東漢名儒也，所注諸經，雖不必盡是，然亦未嘗全非；而王肅百計攻之以求勝。然而公道難奪，卒不可勝。於是其徒雜取傳記諸子之文，僞撰孔子家語之類，以欺世人而伸王說。此作僞以爲立異爭名之資者，四也。

（戊）佛教東來，道家起而與之角逐，乃僞造怪誕不經之說，嫁名古人以爲武器，而有所謂道藏者乃出焉。此作僞以立門戶者，五也。

（己）有明中葉以後，學子漸厭空疏之習，有志復古而未得其正道，徒以雜博相尚，於是楊慎、豐坊之流，利用社會心理，造遠古之書以譁世取名。此迎合社會心理而作僞者，六也。

（庚）古代以簡册爲記載之具，得之不易，故罕泐成定本，其出之於門弟子之追敍者，或以己意删改；其出之於後人輾轉鈔錄者，或糅合數種而爲一編；亦間有因書中多涉及其人，卽指爲其人所作。此爲時代所限而發生僞書者，七也。

（辛）東晉偏安，北地士夫舉室南遷，喪亂迭更，墳典狼藉，卷帙作帷，簡策充薪；而南北分裂，聲氣隔絕。於是梅頤之徒，乃得乘機而作僞，於是久經散佚之古文尚書，復赫然出見於當世矣。此爲時勢變遷而發生僞書者，八也。

其他瑣細作僞之因：有憚於自名者，如魏泰東軒筆錄之類。有恥於自名者，如和凝香奩集之類。有假人以自重者，如韓愈論語筆解之類。有恚其人而作僞以陷之者，如牛僧孺周秦行紀之類。有仇其人而作僞以誣之者，如梅聖俞碧雲騢之類。有竊人之作而以爲己有者，如化書本譚峭著，宋齊邱竊而序傳之之類。此又作僞之離奇變幻，不可究詰者也。

第二節　辨僞之巨著

唐代以還，學者疑古者漸多。如劉知幾之疑春秋尚書，李翺、韓愈之疑論語，柳宗元之疑列子、文子、鬼谷子、晏子春秋、鶡冠子，司馬光之疑孟子，鄭樵之疑詩序、左傳，朱熹之疑周禮、古文尚書，皆開後人辨僞之緒。洎夫明代，有宋濂之諸子辨，胡應麟之四

·国学概论·
上海大华书局
一九三四年版

部正僞，則爲大規模之考辨，誠有裨於學術界。所惜者，宋、明學者，多憑一時之衝動，其方法多不精密，故僞書未能定讞。降及清代，漢學家發明辨僞方法而能善於運用，故其成績駕乎宋、明學者之上。其辨僞之巨著，可稱述者凡四：

（甲）閻若璩古文尚書疏證　尚書之僞，自宋朱熹、元吳澄以來，卽有疑之者；然雖積疑，顧有所憚而莫敢斷。自若璩此書出而讞乃大定。夫辨十數篇之僞書，何關輕重；殊不知此一帙僞書者，數千年來，舉國學者人人習之，七八歲便皆上口，心目中恆視爲神聖不可侵犯；歷代帝王，經筵日講，臨軒發策，咸所依據尊尚，毅然悍然辭而闢之，非天下之大勇，固不能矣。

（乙）姚際恆古今僞書考　姚氏此書，專辨僞書。其所認爲全部僞作者六十有八，其所認爲真書而雜以僞者凡十，其所認爲書非僞而撰人名字僞者凡七，其認爲書不僞而書名僞者凡二，其認爲未能定其著書之人者凡四。我國之僞書，經其燭照，所餘者亦僅矣。

（丙）崔述考信錄　考信錄之方法，與乾、嘉學者殊途而同歸。自標界說，條理秩然，復援引證佐，以爲符驗，於一言一事，必鈎稽參互，剖析疑似，以求其真，誠所謂事覈理明，足定千秋之案者也。

（丁）康有爲新學僞經考　此書要點有五：（一）西漢經學，並無所謂古文者，凡古文皆劉歆僞作。（二）秦焚書，並未厄及六經，漢十四博士所傳，皆孔門足本，並無遺缺。（三）孔子時所用字，卽秦、漢間篆書，卽以文論，亦絕無今古之目。（四）劉歆欲彌縫其作僞之跡，故校中祕書時，於一切古書多所羼亂。（五）劉歆所以作僞經之故，因欲佐莽篡漢，先謀湮亂孔子之微言大義。自此書一出，舊日之漢學根本動搖，一切古書，皆須重新估價，誠思想界之颶風也。

四書以外，如萬斯同之羣書疑辨，萬充宗之周禮宗辨非，孫志祖之家語疏證，劉申受之左氏春秋疏證，崔適之史記探源，王國維之今本竹書紀年疏證，皆於辨僞有所表見。惟淸人辨僞，其所用之方法則是，其所抱之態度則非。如崔述、康有爲之流，其

·国学概论·
上海大华书局
一九三四年版

辨僞卽以衞道，於學問仍不忠實。惟近人如章太炎、梁啓超、胡適等，其辨僞之程度，有更進於淸代學者。最近顧頡剛專以考辨僞書爲事，雖間流於武斷，而其方法之精密，有足多者，其所著古史辨一書，頗有學術上之價値，其辨古史事蹟僞造之言曰：

『中國古史由層累造成。時代愈後，傳說的古史期愈早；時代愈後，傳說中的中心人物愈放愈大。我們在這上，卽不能知某一件事的眞確情狀，但可知某一件事在傳說中的最早狀況。』

斯言細察之，實有至理，胡適許其爲史學界一大貢獻，詢非誣也。

第三節 辨僞之方法

明胡應麟，淸崔述及近人梁啓超、胡適，皆有其考辨僞書之方法，今次第述於左方：

(甲)明胡應麟之方法 見四部正僞。其言曰：『凡覈僞書之道，覈之七略以觀

·国学概论·
上海大华书局
一九三四年版

其源，覈之羣志以觀其緒，覈之並世之言以觀其稱，覈之異世之言以觀其過，覈之文以觀其體，覈之事以觀其時，覈之撰者以觀其託，覈之傳者以觀其人。覈茲八者，而古今僞籍亡隱情矣。』

（乙）清崔述之方法　見考信錄提要。其言曰：『傳記之文，有傳聞異詞而致誤者，有記憶失真而致誤者。一人之事，兩人分言之，有不能悉符者矣；一人之言，數人遞傳之，有失其本意者矣。故今爲考信錄，不敢以載於戰國、秦、漢之書者，悉信以爲實事，不敢以東漢、魏、晉諸儒之所注釋者，悉信以爲實言。務皆究其本末，辨其同異，分別其事之虛實而去取之。雖不爲古人之書諱其誤，亦不至爲古人之書增其誤也。』

又曰：『唐虞有唐虞之文，三代有三代之文，春秋有春秋之文，不但其文然也；其引事亦多有不相類者。是故戰國之人稱述三代之事，戰國之風氣也；秦、漢之人，稱述春秋之事，秦、漢之語言也。無他，其平日所聞所見皆如是之，習以爲常而不自覺，則必有自呈露於忽不經意之時者；少留心以察之，甚易知也。余生平不好有成見，於書則就書論之，於事則就事論之，於文則就文論之，皆無人之見存。』

(丙)梁啓超之方法　中國歷史研究法之言曰：『僞書孔多，吾儕宜定出若干條鑑別僞書之公例，作爲自己研究之標準：

(1)其書前代從未著錄或絕無人徵引而忽然出現者，什九皆僞。

(2)其書雖前代有著錄，然久經散佚；乃忽有一異本突出，篇數及內容等與舊本完全不同者，什九皆僞。

(3)其書不問有無舊本，但今本來歷不明者，卽不可輕信。

(4)其書流傳之緒，從他方面可以考見，而因以證明今本題某人舊撰爲不確者。

(5)眞書原本，經前人稱引，確有左證，而與今本歧異，則今本必僞。

(6)其書題某人撰，而書中所載事蹟在本人後者，則其書或全僞或一部分僞。

（7）其書雖真，然一部分經後人竄亂之跡既確鑿有據，則對於書之全體，須慎加鑒別。

（8）書中所言，確與事實相反者，則其書必僞。

（9）兩書同載一事，絕對矛盾者，則必有一僞或兩俱僞。

（10）各時代之文體，蓋有天然界畫，多讀書者自能知之。故後人僞作之書，有不必從字句求枝葉之反證，但一望文體，卽能斷其僞者。

（11）各時代之社會狀態，吾儕據各方面之資料，總可以推見崖略。若某書所言，其時代之狀態，與情理相去懸絕者，卽可斷爲僞。

（12）各時代之思想，其進化階段，自有一定。若某書中所表現之思想與時代不相銜接者，卽可斷爲僞。』

（丁）胡適之方法　中國哲學史大綱之言曰：『凡審定真僞，須要有證據，方能使人心服，大概可分五種：

·国学概论·
上海大华书局
一九三四年版

（1）史事　書中的史事，是否與作書的人的年代相符；如不相符，卽可證那書那一篇是假的。

（2）文字　一時代有一時代的文字，不致亂用，作僞書的人，多不懂這個道理，故往往露出作僞的形迹來。

（3）文體　一個時代有一個時代的文體，一個人也有一個人的文體，後人儘管仿古，古人決不仿今。

（4）思想　凡能著書立說成一家言的人，他的思想學說，總有一個系統可尋，決不致有大相矛盾衝突之處。故看一部書裏的學說，是否能連絡貫串，也可幫助證明那書是否真的，大凡思想進化有一定的次序，一個時代有一個時代的問題，卽有那個時代的思想。大凡一種重要的新學說發生以後，決不會完全沒有影響。

（5）旁證　還有一些證據，是從別書裏尋出的，故名爲旁證。』

·国学概论·
上海大华书局
一九三四年版

（戊）辨僞方法之彙集及其例　今統括胡、崔、梁、胡四氏之說而爲法則，並各舉例以證明之。先列一表於左：

辨僞方法

- （a）人事
  - （1）從著錄傳授上檢查
  - （2）從文字體裁上檢查
  - （3）從事蹟制度上檢查
- （b）時代
  - （4）從時代背景上檢查
  - （5）從進化程序上檢查
- （c）思想
  - （6）從作者主張上檢查
  - （7）從思想淵源上檢查
  - （8）從思想影響上檢查
- （d）旁證
  - （9）從他書徵引上檢查

（1）從著錄傳授上檢查　古書流傳有緒，各史經籍志各有記載；若其書突然出現，必有可疑。

【例一】古三墳、晉乘、楚檮杌，一見於左傳、孟子而外，古人從未稱引。北宋時忽發見此書，其僞必矣。

【例二】東晉古文尙書，與漢書藝文志所載篇數及他書所載篇名不同，故知非原本。

【例三】毛詩小序、史記、漢書，兩儒林傳及漢書藝文志皆未言及，故可決爲西漢前所無。

【例四】隋書經籍志明言魯詩亡。明末忽出現申培詩說，必僞無疑。

（2）從文字體裁上檢查　一時代有一時代之文字，一時代有一時代之體裁，決不相混，作僞者多不自檢點，故考僞者可辨別之。

【例一】素問之言醫理，長篇累幅，不獨三代以前無此文體，卽春秋時亦無此體，用論語、老子可作反證。故決非黃帝之書。

【例二】今文尚書二十八篇佶屈聱牙，而古文尚書二十五篇文從字順，什九用排偶句，全屬晉人文體。

【例三】現行關尹子，全屬唐人翻譯佛經文體。不獨非老子同時人所能作，亦非劉歆校定以前人所能作，甚至非六朝人所能作。

（3）從事蹟制度上檢查　書中文句事實，惟有後人徵引前人，決無前人徵引後人之理，若其書犯此，必僞無疑。

【例一】管子記毛嬙、西施，商君書記長平之役，此管仲、商鞅必不能見事；故兩書必非管、商自作。

【例二】月令有太尉官名，可知非周公所作。

【例三】山海經有漢代郡縣名，可知決非伯益所著。

【例四】易林引左傳，左傳東漢時始傳布，可知非西漢焦延壽著。

·国学概论·
上海大华书局
一九三四年版

（4）從時代背景上檢查　思想之產生，必有其背景，孤懸而出之思想，必不可恃。

【例】管仲時都市未發達，經濟集中，現狀未成，決不能產生如管子中之經濟思想，故其書必僞。

（5）從進化程序上檢查　思想之進化，有一定之程序。若其書與進化程序不合，必僞無疑。

【例】管子一書，於老子之前，忽有心術、白心諸篇，極精密之道家學說；於孟子、荀子之前，忽然有內業篇，極深賾之儒家心理學；於法家之前數百年，忽然有法法、明法、禁藏諸篇極發達之法治主義，皆與進化之程序不合，故其書必僞。

（6）從作者主張上檢查　凡能著書立說自成其一家言者，其思想學說，必有系統可尋，斷不至前後有大相矛盾之處。若大相矛盾，則其書必全僞或部分僞。

【例一】韓非子第一篇勸秦王攻韓，而第二篇勸秦王存韓，兩相矛盾，故知第一篇必僞。

【例二】近人輯黃梨洲遺著，內有鄭成功傳一篇，稱清兵爲大兵，指鄭氏爲叛道，與梨洲思想根本不相容，故知其必僞。

（7）從思想淵源上檢查　各家之思想必有其淵源，不能逾越，若某書紊亂其淵源，則其書必僞。

【例一】管子有駁兼愛、駁寢兵之說，彼時墨翟、宋鈃尚未產生，何由發生此問題，故知必僞。

【例二】列子有西方之聖人等語，其中與佛理相同者甚多，是時佛教未入中國，安得有此思想，故知必非莊子以前之列禦寇所著。

（8）從思想影響上檢查　凡一重要之新學說發生後，決無毫無影響之理，若某書之學說，於其時無絲毫影響，則其書必僞。

·国学概论·
上海大华书局
一九三四年版

【例】關尹子云:『卽吾心中,可爲萬物。』又云:『風雨雷電,皆緣氣而生,而氣緣心生。猶之內想大火,久之覺熱;內想大水,久之覺寒。』此乃極端之萬物唯心論。若關尹子時代已有此種學說,決無毫不發生影響之理。而周、秦諸子,皆未受其影響,其僞可知。

(9)從他書徵引上檢查　已佚之書,後人僞造。若從別書發見所徵引原書佚文爲今本所無,卽可見今本之爲僞。

【例一】晉書束皙、王接、摯虞等傳中言竹書紀年有太甲殺伊尹,武丁殺季歷等事,今本無之,可知必僞。

【例二】司馬遷從孔安國問故史記釋尙書皆用孔義。東晉晚出古文尙書孔傳,文字與釋義,皆與史記不同,故知其僞。

【例三】崔鴻十六國春秋體例,略見魏書及史通,明本不符,故僞。

·国学概论·
上海大华书局
一九三四年版

第四節 前人已考定著名僞書表

先哲已考定之僞書，後學坐受其賜；今爲列表於左，以備檢查。

全書僞確已考定者	全書僞略已考定者	可疑者	部分僞者	部分僞尚未確定者	撰人姓名及時代錯誤者
古文尚書	周禮	尚書百篇序	老子「一夫佳兵不祥」一節	今文尚書之虞夏書	易象傳象傳繫辭文
尚書孔傳	孝經	古本竹書紀年	墨子修身親士所染三篇	左傳釋經語	儀禮
古文孝經孔安國傳	晏子春秋	穆天子傳	莊子外篇雜篇之一部分	論語後五篇	爾雅
孔子家語	列子	逸周書	韓非子初見秦篇	史記一部分	小爾雅
孔叢子	吳子	申子	史記記昭宣元成之文句	荀子一部分	管子
陰符經	司馬法	尸子	楚辭大招	韓非子一部分	商君書
六韜	毛詩序	慎子		禮記一部分	孫子
鬻子		尹文子		大戴禮一部分	尚書大傳
關尹子		公孫龍子			山海經

子華子					緯書
文子					周髀算經
亢倉子					越絕書
鶡冠子					
鬼谷子					
於陵子					
尉繚子					
老子河上公注					
陸賈新語					
賈誼新書					
今本竹書紀年					

第五章 明証

·国学概论·
上海大华书局
一九三四年版

王充論衡書虛篇曰：『世信虛妄之書，以爲載於竹帛上者，皆聖賢所傳，無不然之事；故信而是之，諷而讀之。睹眞是之傳，與虛妄之書相違，則並謂短書不可信用。夫世間傳書，諸子之語，多欲立奇造異，作驚目之論，以駭世俗之人；爲譎詭之書，以著殊異之名。』誠哉斯言！古今記載中虛飾之語，傳譌之事，未容更僕數也。推其致誣之由，可以數節括之。今列陳鐘凡之說如左：

第一節　寓言

詩人立言，大抵託物興感。如屈原作湘君歌，宋玉奏神女賦，意由虛構，詞等無稽。乃湘水、高唐，咸有神祠，詳於方志。習俗相沿，成爲信史。

第二節　支詞

文人屬詞，好爲誇飾。如『民靡孑遺，』見於雲漢，孟子斥爲害詩；『血流漂杵，』載於武成，孟子指爲難信。後世記事之文，儗非其論，至乖實錄，其例尤衆。若漢兵敗績，睢水爲之不流；赤眉納降，積甲高於熊耳。事資虛飾，詞屬誇大。

第三節 誣妄

視其政令，則辛、癸不如；讀其詔書，則勳、華再出。跡實同於莽、卓，言乃類於虞、夏。斧鉞所脅，利祿所餌；阿諛者則歌功頌德，荏弱者則隨聲附和，世間寧有公理乎！

第四節 傳訛

師曠反軒轅並世，公明與方朔同時；堯有八眉，夔唯一足；曾參殺人，不疑盜嫂；以訛傳訛，久而愈甚。

第五節 虛構

劉向以蘇、甘之設言，爲二婦人立傳；嵇康取莊騷之詭語，爲兩漁父合篇；構虛成實，貽誤後人。

第六節　疏忽

杜陵詩史，誤伏勝爲服虔；劍南文雄，誤許渾爲許遠；桓溫與仲文並世，乃庾信之虛詞；九齡賞蕭挺之文，爲容齋所駁正。考證疏忽，致疑來茲。

綜此六誣，苟非精心研覈，不足判別是非。淮南子修務訓曰：『爲學者蔽於論而尊其所聞，相與危坐而稱之，正領而誦之，此見是非之分不明。故有符於中，則貴是而同今古；無以聽其說，則從來者遠而貴之。通人則不然，誦詩書者期於通道略物，而不期於洪範商頌。聖人見是非，若白黑之於目辨，清濁之於耳聽。』是故學貴懷疑，端賴宏通之士玄鑑在心，照物清明，方不爲古今奪意也。

·国学概论·
上海大华书局
一九三四年版

第六章 勘誤

前言鑑別僞書，明辨誣言，固學者讀書之始事；然古代載籍，亦有書確非僞，事亦傳信，而其間文字之譌脫，句讀之舛誤，篇章之錯亂，無一而不足爲吾人之障礙，學者欲剖析章句，瞭解文義，使略無疑誤，則勘誤爲不可忽矣。俞樾札迻敘曰：『校讎之法，出於孔子，子夏讀晉史知三家爲己亥之誤，卽其一事。昭十二年公羊傳曰：「伯于陽者何？公子陽生也。子曰，我乃知之矣。」何劭公謂「公」誤爲「伯」，「子」誤爲「于」，「陽」在「生」滅闕也。是則讀書必逐句校對，亦孔子之家法也。漢儒本此以說經，蓋自杜子春始。杜治周禮，每曰：「字當爲某，」卽校字之權輿。自是以後，諟正文字，遂爲治經之要。至後人以治經者治羣書，而筆鍼墨灸之功，徧及四部矣。』觀此，則校勘一事，雖麻煩瑣屑，洵爲吾人治國學者所必不可忽也。

·国学概论·
上海大华书局
一九三四年版

第一節　校勘之證據

吾人校勘古籍，果以何者爲證據！語其要者，約分八端：

（甲）甲骨　龜甲獸骨之刻詞，爲殷人遺文，其紀錄有足以訂正古經之違失者，故頗爲校讎學家所寶愛。

【例一】卜詞中帝王名號十有七，其大乙蓋卽史記之天乙也。以殷諸王大乙、大甲、大庚、大戊例之，則天乙當爲大乙之譌無疑。

【例二】龜文『易日』二字恆見。其易字作形，皆易之象形字。據此，推知尙書之高宗肜日，其『肜日』二字，當爲易日之形近而誤。『易日』者，儀禮郊特牲饋食禮筮日云：『若不吉，則筮遠日如初，』蓋謂卜日不吉，卽改卜祭日也。

（乙）金石　周、秦彝器款識及漢、魏碑版，校讎學家，亦多有據以補正古籍者。道、咸以後，此風斯盛。

【例一】『叔』字古，敦作。本爲男子之美稱，象人執弓矢，男子生，桑弧蓬矢六以射天地四方，故引申爲長幼之稱。又引申訓爲善，卽後世之『淑』字。而小篆弔字作，形極相似。書大誥君奭之『弗弔天，』多士之『弗弔旻天，』實皆『弗叔』之譌，弗叔不善也。鄭玄箋詩小雅不弔昊天，爲不善乎昊天也。先鄭注周禮太祝引左傳魯哀公誄孔子，作『旻天不淑，』其明證也。

【例二】『嵩高』之『嵩』，漢碑竝作『崇，』可見漢時尚無『嵩』字，說文之不收『嵩』字以此也。漢書地理志有崈高縣。云古以崈高爲外方山。『崈』卽『崇』字。又國語云：『夏之興也，融降於崇山。』韋注：『崇，崇高山也。』據此，可知經典之中有作『嵩』或作『崧』者，皆後人改竄之文也。

(丙)古本　校書宜廣儲副本，以校同異。昔劉向校中祕書，有所謂中書、外書、太常書、太史書臣向書、臣某書，博採官守家藏之本以待質，而古本尤爲重要。蓋魯魚帝虎之譌，以三刻而益增，古本自較翻刻者爲可信也。鄭玄之注儀禮，經從今文，則於注出古文；經從古文，則於注出今文；所以比較衆本，求其同異也。清阮元校勘十三經，盧文弨之羣書拾補，顧廣圻、孫詒讓之校諸子，莫不據唐、宋石經、宋元諸家刻本、鈔本而廣及於道藏，以洎日本、高麗之書。蓋多校一過，卽減損一分謬誤，故不厭若是求詳也。至於古今藏書家紀錄板本，葉德輝書林清話，述之綦詳，可按而知也。

【例一】詩谷風篇云：『昔育恐育鞠。』阮元校勘記云：『鞠字，唐石經、小字本、相臺本、閩本、明監本、毛本皆作「鞫」。今考經中用字，例不畫一，其作「鞠」者，假借字也。以唐石經爲正。』雖一字之微，而比對之本六，可謂縝密矣。

【例二】韓非子喻老篇云：『莊蹊蹻爲盜於境內。』顧廣圻識誤云：『藏本、今本無「蹊」字，按「蹊」字當衍。荀子議兵篇莊蹻起，楚分而爲三四。楊倞

·国学概论·
上海大华书局
一九三四年版

注引此無「蹊」字。史記西南夷傳，始楚威王時，使將軍莊蹻將兵。又曰：莊蹻者，故楚莊王苗裔也。呂氏春秋介立云，莊蹻之暴郢也。異用云，跖與企足。高誘注企足莊蹻也。可知諸書皆不作莊蹊蹻。蓋一本「蹻」誤爲「蹊」，校者旁注，錄者不察，遂連書「蹊蹻」耳。』夫一人名之微，一字之衍，考之通行本，考之道藏本，復考之荀子之注所引韓非子原文，猶以爲不足，而考之荀子者一，史記者二，呂氏春秋者二，以八證而校一誤，其審愼爲何如哉！此清代漢學家校勘之書所以可貴也。

(丁)他書所引用之文　古今類書，如北堂書鈔、藝文類聚、初學記、白孔六帖、太平御覽、山堂考索、玉海等編，引用羣書，多有根據舊本，足爲考鏡之資。卽史記裴駰集解，司馬貞索隱，張守節正義，漢書顏師古注，後漢書李賢注，文選李善注，及諸家著述，羣經注疏中，所引古書，其足以校正原文者，亦往往而有，不可不留意也。

【例】墨子所染篇曰：『子墨子言，見染絲者而歎曰。』孫詒讓閒詁謂『言』

·国学概论·
上海大华书局
一九三四年版

字疑衍，而未得確證。按後漢書黨錮傳注，羣書要治，太平御覽，皆引墨子此文並無『言』字，呂氏春秋亦無『言』字，則『言』字確爲衍文可知。惟黨錮傳注引『而歎』作『泣而歎』，淮南子說林云：『墨子見練絲而泣之。』論衡藝增篇亦云：『墨子哭於練絲，』則墨子舊本『而歎』之上當有『泣』字。

（戊）本書之義例　古籍中之謬誤，往往可根據本書中之上下文通例，而比例以求得之者，此亦勘誤之一證也。

【例一】如老子曰：『愛民治國能無知乎？明白四達，能無爲乎？』按下句當作『無知，』上句當作『無爲。』蓋愛民治國，而能無爲，卽『無爲而治天下』之意；明白四達而能無知，卽『知其白守其黑』之意也。

【例二】逸周書典寶曰：『一孝子畏哉，乃不亂謀。……二悌，悌乃知序。』下疊『悌』字，可知上亦必疊『孝』字。『孝』字之上半，爛脫而成爲『子』字也。

故當作『一孝，孝畏哉，乃不亂謀。……二悌，悌乃知序。』

(己)詁訓 古語流傳，後人不能通曉，以致曲爲解說，而貽誤後人者。則非求諸詁訓，不能知其乖謬也。

【例一】『究度，』古語也。詩皇矣『爰究爰度』是也。或作『鳩度』左傳襄二十五年『度山林，鳩藪澤，』是也。亦作『軌度，』左傳襄二十一年『軌度其信』是也。因『究』『鳩』『軌』皆從九得聲，故可通假。而劉炫曰：『軌，法也，行依法度而言有信也。』則望文生訓矣。

【例二】『婁空，』亦作『屢空，』通達之意，古語也。說文女部，『婁空也』是也。凡物空者無不明，故以人言則曰『離婁』以屋言則曰『麗婁，』皆雙聲字也。論語先進曰：『回也其庶乎屢空！』此言顏回之心通達無滯也。而史記伯夷傳曰：『回也屢空，糟糠不厭，』則解『屢空』爲貧乏，是漢時已有不知此二字之解者矣。

·国学概论·
上海大华书局
一九三四年版

(庚)古注　古書有本文錯誤，而古人注釋則仍根據舊本，有足以諟正今本之失者。

【例】禮記明堂位曰：『夏后氏之四璉，殷之六瑚。』按包咸、鄭玄注論語，賈逵、服虔、杜預注左傳，皆謂夏曰瑚，殷曰璉，與記文不同。又按論語云：『瑚璉也。』漢禮器碑云：『胡輦器用。』『胡輦』卽『瑚璉』，皆先言『瑚』而後言『璉』，則瑚爲夏器，璉爲殷器，明矣。

(辛)古韻　按古書中叶韻之字，或由譌脫，或經妄改，遂失其韻。若以古韻正之，則渙然冰釋矣。

【例一】淮南子說林訓曰：『子弟者金玉，不若尋常之纏。』按『纏』當作『纆，』纆音墨，索也。與上文『佩』『富』叶韻。『纏』誤爲『纆，』後人又於『纏』下加『索』字，則既失其義，又失其韻矣。

【例二】道藏本淮南子泰族訓曰：『天地所包，陰陽所嘔，雨露所以濡生萬物，瑤碧玉珠，翡翠瑇瑁，文彩明朗，潤澤若濡。』當從莊逵吉校本作『天地所包，陰陽所嘔，雨露所濡，以生萬殊，翡翠瑇瑁，瑤碧玉珠，文彩明朗，潤澤若濡。』則『嘔』、『殊』、『珠』、『濡』皆叶韻矣。

第二節 錯誤之由來

往古典籍，經數千年之傳鈔翻印，帝虎魯魚，錯誤滋繁，已變易其本來之面目。後人日讀誤書，馴至作者之本意日就否塞。遂以一字之是非，引起後人嘵嘵之爭辯。故校勘誤書，實治國學者之必須注意者也。校勘之方法，清代經學家言之綦詳；而高郵王氏父子尤爲精密，實足令鄭、朱俛首也。惟校勘一事，似易而實難，似粗而實精，不先明古書致誤之由，即有精密之方法，亦無所施其技。清王念孫讀書雜志中之讀淮南子後序，及兪樾古書疑義舉例之後三卷，於致誤之由，條舉甚晰，今分類引入，俾學者有所遵循。

·国学概论·
上海大华书局
一九三四年版

(甲)誤字；

(1)因難識之字而誤：

【例一】墨子經上：『𢜔，明也。』按『𢜔』卽『智』字，謂有智識方明於事理也。舊本皆誤作『恕』，蓋不識『𢜔』字而妄改，惟道藏本及明吳寬鈔本不誤。

【例二】淮南子原道訓：『先者踰下而後者蹍之。』按『蹍』卽『蹍』字，女展反，故高誘注曰：『蹍，履也。』而各本皆誤爲『蹷』，又誤爲『蹶』矣。

(2)因假借之字而誤：

【例一】淮南子覽冥訓：『蚖蟬著泥百仞之中。』按『蚖蟬』與『黿鼉』同。各本『蚖蟬』誤爲『蛇鱓』，則與下文『蛇鱓』相亂矣。

(3)因古字而誤：

【例一】墨子經上：『同長，以缶相盡也。』按『正』古作『𤴓』，亦作『缶』，見唐大周石刻及岱岳觀碑。蓋幾何之理，凡兩直線，欲知其同長與否，當先令此二直線之一端相交於圓心，而卽以一線之長爲半徑，作一圓形，如二線之彼端皆交於圓周，則此二線同長。故『以正相盡』者，謂一端正交於圓心，彼端各交於圓周，而適相盡也。後人不識『缶』字，往往有誤爲『瓦缶』之『缶』者矣。

【例二】書大誥：『寧王遺我大寶龜。』『予翼以于敉寧武圖功。』『寧王惟卜用克綏受茲命。』『乃寧考圖功。』『予曷其不于前寧人圖功。』凡諸『寧』字，皆爲『文』字之誤。按『文』字，戎都鼎作，師舍敦作，改簋蓋作，旂鼎作皆與小篆『寧』作者相似。漢代經師不識古文之『文』字，遂誤以爲『寧』字。不知『文王』『文考』『文人』，皆周公指其父文王而言。若作『寧王』『寧考』『寧人』，縱曲爲之說，亦不可通矣。

·国学概论·
上海大华书局
一九三四年版

【例三】周易雜卦傳：『噬嗑，食也。賁，无色也。』按『无』當作『其』，蓋古『其』字作亓，學者不識，遂誤以爲『无』字，不知食色相對成文，加『其』字，所以足句也。若作『无』字，則不可通矣。

(4)因隸書而誤：

【例】淮南子時則訓：『其栚曲筥筐。』高注『栚，持也。三輔謂之栚。』按栚音朕，架蠶薄之木也。隸書『栚』字或作[木关]，而各本遂誤爲『撲』矣。不知栚曲筥筐四物，皆蠶桑之具，若作『撲』字，當何解耶！

(5)因草書之誤：

【例】淮南子齊俗訓：『柱不可以摘齒；筳不可以持屋。』高誘注『筳，小簪也。』按筳音廷，言小簪可以剔齒，不可以支屋也。因『筳』之草書𨒍與『筐』之草書𨒍相似，各本遂誤爲筐矣。

(6)因俗字而誤：

【例】淮南子原道訓：『欲宍之心亡於中，則飢虎可尾。』按『宍』本俗『肉』字，道藏本『宍』誤作『寅』，各本又誤改爲『害』矣。

(7)兩字誤爲一字：

【例一】淮南子說林訓：『狂者傷人，莫之怨也；嬰兒詈老，莫之疾也，賊心㞦。』按『㞦』當作『亡也』二字。『也』誤爲『山』，又與『亡』合而爲『㞦』。賊，害也。亡，無也。言狂者與嬰兒皆無害人之心也。

【例二】左傳襄九年：『晉人不得志於鄭，以諸侯復代之。十二月癸亥，門其三門。閏月，戊寅，濟于陰阪，侵鄭，次于陰口而還。』杜預注：『閏月當爲門五日。』蓋『五』字上與『門』字合爲『閏』字，則後人自改『日』爲『月』矣。按古鐘鼎文往往有兩字合書者，如石鼓文『小魚』作『𩵋』，散氏銅盤銘『小子』作『𡭔』是也。古人作字，但取疏密相間，經典傳寫，則遂并爲一字矣。

（8）一字誤爲兩字：

【例一】禮記祭義：『見閒以俠甒』鄭玄注：『見閒當爲覸。』

【例二】禮記緇衣：『信以結之，則民不倍；恭以涖之，則民有孫心。』惠棟九經古義謂：『孫心』當作『愻』。按『愻』與『遜』通。說文：愻，順也。

（乙）脫字：

【例】淮南子原道訓：『此俗世庸民之所公見也，而賢知弗能避，有所屏蔽也。』高誘注：『以渝利欲，故曰有所屏蔽也。』各本正文脫『有所屏蔽』四字，則注文不可通矣。

（丙）衍文：

【例】呂氏春秋侈樂：『遂而不返，制乎嗜欲，「制乎」嗜欲無窮，則必失其天矣。』按下『制乎』二字，涉上『制乎』二字而衍。

（丁）疊字：

·国学概论·
上海大华书局
一九三四年版

【例】逸周書大開武：『天降寤於程，程降因於商。商今生葛，「葛」右有周。維王其明用開和之言，言孰敢不格。』按『程』字不當疊，降寤於程，降因於商，皆天所降也。若作程降因於商，則不可通矣。『葛』字亦不當疊。孔注：『商朝生葛，是祐助周也。』可知孔所據本不疊『葛』字也。『言』字亦不當疊。孔注：『可否相濟曰和，欲其開臣以和，則忠告之言，無不至也。』是孔讀『維王其明用開和之』爲句，『言孰敢不格』爲句。不疊『言』字可知也。一行之中，誤疊之字，纍纍如貫珠，古書豈易讀哉！

（戊）重文：

【例】詩碩鼠：『逝將去女，適被樂土；樂土樂土，爰得我所。』韓詩外傳兩引此文，並作『逝將去女，適彼樂土；適彼樂土，爰得我所。』按此當以韓詩爲是。詩中疊句成文者甚多，如中谷有蓷用『慨其歎矣』兩句，丘中有麻用『彼留子嗟』兩句，皆是也。蓋古人遇重文，止於字下，加二畫以

·国学概论·
上海大华书局
一九三四年版

識之。作『適ニ彼ニ樂ニ土ニ』傳寫誤作『樂土樂土』耳。此觀石鼓文『君子爰ニ邋ニ爰斿』二句，卽可恍然悟矣。

(己)闕字：

(1)闕字作空圍而致誤：

【例】大戴記武王踐阼『机之銘曰：皇皇惟敬，口生㖃，口戕口。』盧注『㖃，恥也。言爲君子榮辱之主，可不愼乎，㖃，㖃詈也。』孔廣森補注：『㖃有兩訓，疑記文本作㖃生㖃，故盧意謂君有㖃恥之言，則致人之㖃詈也。』按此說是也。惟其由㖃生㖃，故謂之口戕口。今作『口生㖃』者，蓋傳寫脫落上㖃字，校者不敢憶補，乃作空圍（卽口形）以補之。

(2)本無闕文而誤加空圍：

【例】逸周書寤儆：『欲與無□，則欲攻無庸，以王不足。』按此三句，本無闕文，『欲與無則，欲攻無庸，以王不足。』皆四字成句。下文『奉若稽古維王，克明三德維則，戚和遠人維庸。』正對此三句而言，淺人不知『無則』與『無庸』相對成文，而以『則』字屬下句讀，因疑『欲與無』下當有闕文，乃以口識之耳。

（庚）偏旁：

【例】周禮大宗伯：『以禬禮哀圍敗。』鄭注曰：『同盟者，會合財貨以更其所喪。』按周禮原文本作『會禮』，故鄭玄直以會合財貨說之。後人因涉下之『禮』字，遂誤加『示』旁矣。

（辛）錯簡：

【例】易繫辭下傳：『神農氏沒，黃帝、堯、舜氏作，通其變使民不倦，神而化之，使民宜之。易窮則變，變則通，通則久，是以自天祐之，吉无不利。黃帝、堯、舜垂衣裳而天下治，蓋取之乾坤。』按『易窮則變』至『吉无不利』二十字，以上下文法言之，殊爲不倫。疑此二十字爲上篇『動則觀其變而玩其占』以下之脫簡。『是以自天祐之，吉无不利，』乃文之重出者也。幸此文重出而爛脫之形迹，猶未盡泯，可以校正。

(壬)顚倒：

【例】淮南子俶眞訓：『勢利不能誘也，辯者不能說也，聲色不能淫也，美者不能濫也，智者不能動也，勇者不能恐也。』按聲色句當在辯者句前，則勢利聲色，以類相從；辯、美、智、勇，亦以類相從矣。文子九守篇正如此，可據以訂正也。

(癸)混淆：

(1)正文誤作注文：

【例】淮南子主術訓：『故善建者不拔，言建之無形也。』此引老子而釋其義也。各本以『言建之無形也』六字，誤作注文。

(2)注文誤作正文：

·国学概论·
上海大华书局
一九三四年版

1 2 3

【例】詩丘中有麻:『將其來施。』傳曰:『施施,難進之貌。』按經文本止一『施』字,而傳以『施施』釋之者,蓋古人傳注,自有以重言釋單言之例也。今本作『將其來施施,』涉傳而誤衍一『施』字。顏氏家訓書證篇曰:『江南舊本悉單爲施。』

(子)妄加:

【例】淮南子本經訓:『異貴賤,差賢不肖,經誹譽,行賞罰。』按『差賢不肖』當作『差賢不,』『不』卽『否』之假字。淺人不知假借,遂於『不』下加一『肖』字。不知此處皆以三字成句也。

(丑)妄刪:

【例】淮南子道應訓:『敖幼而好遊,至長不渝解。』按『渝解』二字,相連成文,猶懈怠也。後人不知『渝解』爲古語,遂作『至長不渝』矣。

(寅)誤改:

【例】淮南子原道訓：『乘雷車六雲蜺。』謂以雲蜺爲六馬也。後人不知『六』字之義，遂改『六雲蜺』爲『入雲蜺』矣。

（卯）誤讀：

【例】論語子罕：『未之思也夫！何遠之有！』此『夫』字爲感歎助詞，本屬上句讀。後人不知，乃誤連下文，讀作『夫何遠之有，』失古人語氣矣。

左列十四端，不過勘誤方法之一斑；所以導學者致功之先路，俾知一隅而反三隅也。欲觀其詳，則有宋鄭樵校讎略，清章學誠校讎通義，阮元十三經注疏校勘記，王念孫讀書雜志，王引之經義述聞，俞樾羣經平議，諸子平議，古書疑義舉例，姚維銳古書疑義舉例補，（見東方雜誌第二十二卷第八號）及陳鐘凡古書讀校法，等書在。

校勘之術，瑣屑煩苦極矣。然不知此術，則日讀誤書，以僞爲眞，以誤爲正；安得整理古籍，歸納條例，評判學說也哉！科學方法，以錯誤之免除與減少爲必要條件；研究國學，奚獨不然！況校勘之術足以練習敏捷之眼光，縝密之心思，於研究各種學術，皆

·国学概论·
上海大华书局
一九三四年版

大有裨補，吾人安可厭其煩瑣而不治歟?昔希臘哲學家柏拉圖講學雅典，於其阿加登梅Academy書院之門首大書特書曰：『不諳幾何學者，不許列入門牆。』蓋以幾何學雖煩瑣，而於學者之求知求真，至爲有益，不可不習也。余於校勘學亦云。

第七章　歸納

科學方法之最重要者有二：一曰歸納，一曰演繹，嚴又陵譯爲內籀與外籀。由歸納以立假設，由演繹以求證驗，相互爲用也。歸納之方法，培根創之於前，穆勒擴而充之，凡此皆學者所稔知，不待贅言。我國學派雖多，然欲求其符合科學方法者，惟清代之樸學家，顧炎武、黃宗羲、萬斯同、閻百詩諸人創之於清初；至中葉，戴震、段玉裁、錢大昕、王念孫父子擴而大之；逮其末造，俞樾、孫詒讓等所用方法，尤爲緻密。然清人所用之方法，猶非純科學的，故尚未盡善。至乎晚近，羅振玉、王國維之於甲骨金石學，章太炎之於經學、小學，胡適之於諸子學，梁啓超、顧頡剛之於史學，其所用之方法，則皆爲純科學的，故遠駕清代諸家而上之。蓋現代之科學方法，非以僅得證據爲完事，必一切證據、十分準確，十分詳盡，然後整理之，使納於一系統，以統計學處理之，於是乃可得一斷案；其所得之斷案，又須其真實性限於所根據之範圍中，固非一知半解者所能學步也。

茲更引黎錦熙創作國語文法自述之言，以見歸納方法之不易，且可爲學者治學之先型：見黎錦熙新著國語文法：

『我在北京師範大學，女高師，北京師範，國語講習所，小學教員講習所，戲劇學校及各地的暑期學校，講授國語文法，使我不能不隨時隨地研討文法，而且不能不隨時改良，隨地變換敎授法。於是慢慢地積成了許多片段的講義，零碎的筆記，繁複的長篇。有時拿一篇國語文，分別歸納，成立一些假設，有時權把西文法當作借來的假設，去找自家的例證；有時忽然發見了例子，便將假設或修改，或增補，或推翻。茶餘飯後，朋友聚談，或家人對話，無意之間，獲得新例，於是字簏中底包煙

·国学概论·
上海大华书局
一九三四年版

紙，牆壁上底月份牌，都變成了講義的簽條。像這樣彌縫張皇，拾遺補闕，一直到去年歲首，方算成功了一個長編。一年以來，再根據教學上底經驗，揣摩心理，簡練篇章，到了歲終，全書方纔脫稿。』

今復舉錢大昕、王引之、俞樾、胡適四人用歸納方法而得之定理各一則，以爲法式；俾學者如吾人苟用此法而研究國學，則我國鑛藏之富有，正不勝其採掘也。

第一節　錢大昕考古音

(1)假設：

古有舌頭音而無舌上音。

【解釋】舌頭音如北方讀『端』『透』『定』三母之字，卽西文以**d t**兩母冠首之音；舌上音如『知』『徹』『澄』三母之字，卽西文以**ts dz**冠首之音。

(2)例證：

·国学概论·
上海大华书局
一九三四年版

【例證一】古音『蟲』如『同』亦如『東』 詩：『蘊隆蟲蟲。』釋文：『蟲，徒冬反。』爾雅作『爞爞』郭注『爞，都冬反。』韓詩作『烔烔』音徒冬反。

【例證二】古音『中』如『得』 史記封禪書：『康后與王不相中。』周勃列傳：『子勝之尚公主，不相中。』索隱並訓『中』爲『得』。

【例證三】古音『陟』如『得』 周禮：『太卜掌三夢之法……三曰咸陟。』注：『陟之言得也，讀如王德翟人之德。』

【例證四】古音『趙』如『掉』 詩：『其鎛斯趙。』釋文：『趙，徒了反。』荀子楊倞注：『趙，讀爲掉。』

【例證五】古音『直』如『持』 詩：『實維我持。』釋文：『韓詩作直，云相當値也。』

【例證六】古音『竺』如『篤』亦如『毒』 論語：『君子篤於親。』汗簡云：『本又作竺。』爾雅：『竺，厚也。』釋文：『本又作篤。』漢書張騫傳：『吾賈人轉市之身毒國。』鄧展曰：『毒音督。』李奇曰：『一名天竺。』

【例證七】古音『豬』如『都』書:『大野旣豬。』史記引此『豬』作『都』。

【例證八】古音『追』如『堆』禮記郊特牲:『毋追。』釋文:『追,多雷反。』

【例證九】古音『池』如『沱』詩:『滮池北流。』說文:『引作滮沱。』

【例證十】古音『陳』如『田』說文:『陳,田也。』陳完奔齊以國爲氏,而史記謂之田氏,是可見『陳』『田』本同音。

第二節 王引之考古詞

(1)假設:

古用『焉』字爲接續詞,作『於是』或『乃』或『則』解釋。

【解釋】學者皆知『焉』字爲助詞,必用於句末;其讀若燕者,作何解方可位於句首。而不知古人有位『焉』於句首或句中,用爲接續詞,其意與『於是』或『乃』或『則』相同者。

(2)例證:

【例證一】禮記月令:『尺子焉(於是)始乘舟。』

【例證二】墨子魯問:『公輸子自魯南遊楚焉(於是)始爲舟戰之器。』

【例證三】山海經大荒西經:『夏后開焉(於是)始得歌九招。』

【例證四】老子:『信不足焉(於是)有不信。』

【例證五】楚辭九章:『焉(於是)洋洋而爲客。』

【例證六】禮記三年問:『故先王焉(乃)爲之立中制節。』

【例證七】墨子親士:『焉(乃)可以長生保國。』

【例證八】荀子議兵:『凡人之動也,爲賞慶爲之,則見害傷焉(乃)止矣。』

【例證九】楚辭遠遊:『焉(乃)遊以徘徊。』

【例證十】荀子議兵:『若赴水火,入焉(則)焦沒耳。』

【例證十一】左傳僖十五年:『晉於是乎作爰田,晉於是乎作州兵。』國語作『焉

·国学概论·
上海大华书局
一九三四年版

作州田,焉作州兵。』是『焉』與『於是』同義。

【例證十二】荀子禮論:『三者偏亡,焉無安人。』史記禮書用此文,『焉』作『則』。又老子:『故貴以身爲天下,則可寄天下。』淮南子道應訓引此『則』作『焉』。是『焉』與『則』同義。

第三節 兪樾考詞品

(1)假設:

凡名詞古多轉爲動詞。

【解釋】此條見古書疑義舉例,謂之『實字活用例。』

(2)例證:

【例證一】公羊傳宣六年:『勇士入其大門,則無人門焉者。』上『門』字,名詞也;下『門』字作守門解,則動詞矣。

·国学概论· 上海大华书局 一九三四年版

【例證二】左傳襄九年：『門其三門。』下『門』字，名詞也；上『門』字作攻門解，則動詞矣。

【例證三】爾雅釋山：『大山宮小山，霍。』『宮』本名詞；此作圍繞解，則動詞。

【例證四】左傳宣十二年『屈蕩戶之』『戶』本名詞；此作阻止入門解，則動詞矣。

【例證五】國語周語：『其母夢神規其臀以墨。』考工記：『必矩其陰陽。』『規』『矩』本名詞；此『規』作畫圓解，『矩』作雕刻解，則爲動詞矣。

【例證六】公羊傳莊十二年：『手劍而叱之。』『手』本名詞；此作執持於手解，則動詞矣。

【例證七】詩蓼莪：『出入腹我。』『腹』本名詞；此作懷抱於腹解，則動詞矣。

【例證八】史記司馬相如傳：『手熊羆，足野羊。』『手』『足』本名詞；此『手』作以手拍殺解，『足』作以足蹋殺解，則動詞矣。

【例證九】史記張釋之馮唐列傳：『五日一椎牛。』『椎』爲木棒，本名詞也；此作以椎殺之解，則動詞矣。

【例證十】左傳僖十六年：『且旌善人。』『旌』爲旗幟，本名詞也；此作以旗表章之解，則動詞矣。

第四節　胡適考詞格

假設：

古人用『爾』『汝』二字之區別。

【解釋】此條見胡適藏暉室讀書筆記。今全錄其言如左：

『爾』『汝』兩字，今人用之，已無分別可言；惟古人用此兩字，頗有分別。

今先舉檀弓一則，以證明之：

『子夏喪其子而喪其明，曾子弔之；……曾子哭，子夏亦哭，曰：『天乎！予之無罪也！』曾子怒曰：『商！汝何無罪也！吾與汝事夫子於洙、泗之間，退而老於西河

·国学概论·
上海大华书局
一九三四年版

之上，使西河之民疑汝子夫子，爾罪一也；喪爾親，使民未有聞焉，爾罪二也；喪爾子，喪爾明，爾罪三也；——而曰汝無罪與？』

此一節之內，凡五用『汝』六用『爾』。其用爾之處，爾之下皆爲名詞。卽此一節之內，其區別之點已有三：

（一）爾爲偏次，（英文之**Possessive Case**）猶今言「你的」也。皆位於名詞之前。

【例】爾罪　爾親　爾子　爾明

（二）汝爲主次，（英文之**Nominative Case**）猶今言「你」也。位於句中動詞之前。

【例】吾與汝事夫子於洙、泗之間。

汝退而老於西河之上。

而曰汝無罪與？

汝何無罪也?

(三)汝爲賓次(英文之 Objective Case)今亦言『你』位於動詞之後,爲其止詞。

【例】使西河之民,疑汝於夫子。

若此二字果無分別,則何以一節之中,忽用『爾』忽用『汝』如此乎?

此一節已足證古人用『汝』『爾』二字,非無分別,然此一節尙有未盡者,今更總括研究所得之結果,擬爲通則若干條如下:

第一,汝爲單數對稱代名詞。

【例】論語:『汝勿能救與?』(主次)

論語:『汝與回也孰愈?』(主次)

論語:『居,吾語汝!』(賓次)

檀弓:『汝何無罪也?』(主次)

·国学概论·
上海大华书局
一九三四年版

以上諸例，『汝』字皆指一人而言，故曰單數，今言『你』是也，用於主次皆然。

第二，爾爲衆數對稱代名詞。

【例】論語：『子路、曾晳、冉有、公西華侍坐。子曰：以吾一日長乎爾，毋吾以也！居則曰，不吾知也。如或知爾，則何以哉？』（賓次）

檀弓：『孔子先反，門人後至。孔子問焉，曰：爾來何遲也？』（主次）

以上所舉兩例『爾』字所代，不止一人，而爲衆數之人，猶今人言『你們』也。用於主次賓次。

第三，爾爲偏次，位於名詞之前，單數衆數通用。

【例】檀弓：『喪爾子，喪爾明。』（單數）

檀弓：『反哭於爾次。』（單數）

論語：『毋以與爾鄰里鄉黨乎？』（單數）

論語：『顏淵、季路侍。子曰：盍各言爾志？』（衆數）

以上所舉四例，『爾』字所代爲單數者，猶今人言『你的』；『爾』字所代爲衆數者，猶今人言『你們的』也。

第四，爾爲偏次，位於代名詞『所』字之前。

【例】論語：『非爾所及也。』

論語：『舉爾所知。爾所不知，人其舍諸？』

以上所舉之例，『爾』字在『所』字之前，此種用法，於文法上最可玩味，蓋『所』字爲關係代名詞，（英文之Relative Pronoun）凡有『所』字之讀，皆爲名詞之讀，其用與名詞同等，故其前之代名詞，當用偏次也。此亦古人謹嚴之一證。

第五，爾汝兩字，同爲上稱下及同輩至親相稱之詞。

按其間不無分別。用『汝』之時，所稱必爲一人而稱一人不必卽用『汝』，有時亦用『爾』。稱一人而用『爾』，蓋有二意：一以略示敬意，一以略示疏遠之情。——皆不如汝之親切也。

【例】論語：『陽貨謂孔子曰：來！予與爾言！』

論語：『賜也，爾愛其羊，我愛其禮。』

論語：『求！爾何如？——赤！爾何如？——點！爾何如？』

檀弓：『是以不與爾言。』

凡以衆數之對稱代名詞用作單數者，其始皆以示禮貌，或以示疏遠。此在歐文，蓋莫不皆然。其後乃並廢單數代名詞不用，其衆數之代名詞，遂並用於單、衆兩數。如英文之thou當吾國古代之『汝』，其you當吾國古代之『爾』。今英文中已絕少用thou者矣。德文法文，今尚存此區別。其在吾國，則論語、檀弓兩書作時，『爾』『汝』兩字之區別，尚謹嚴如上所云；（兩書之作，皆在孔子死後）至戰國時，則『爾』『汝』同爲親狎之稱，或輕賤之稱。孟子全書中不用『汝』字，亦少用『爾』字。孟子對於弟子亦皆稱『子』，不復如孔子之稱爾汝矣。論語則弟子稱孔子爲子。孟子曰：『人能充無受爾汝之實，無所往而不爲義也。』此可見其時人之以爾汝爲相輕賤之稱，故皆避

·国学概论·
上海大华书局
一九三四年版

而不用矣。此亦可以考見時代風尚之變遷也。

以上所述諸通則，若以否定語意表示之，則更爲明顯。其式如下：

第一，凡用『汝』之時，『汝』字所指定是一人，決非衆數。

第二，稱一人雖可用『爾』，而一人以上決不用『汝』。

第三，凡『爾』作你的或你們的解時，決不可用『汝』代之。

尙書大禹謨曰：『天之歷數在汝躬。』論語堯曰篇引此語，乃作『在爾躬，』此可見尙書之不可靠，又可見此則之嚴也。

學者觀前四人歸納之法，當知此法之有益於學術矣。吾人既不能起古人於九原，而問其當時之訓詁、聲音、文法，則惟有藉此歸納之一法，窺古人之真意於萬一，然則歸納之法，不特大有造於歐洲之科學，實亦有益於吾國之學術也。顧不重哉？今更引梁啓超論此法之說，以爲本節之殿。

『第一曰注意；凡常人容易滑眼看過之處，彼善能注意觀察，發現其應特別

·国学概论·
上海大华书局
一九三四年版

研究之點；所謂讀書得間也。

第二曰虛己；考證家先空明其心，絕不許有一毫先人之見存；惟取客觀的資料，爲極忠實的研究。

第三曰立說；研究非散漫無紀也。先立一假定之說以爲標準焉。

第四曰搜證；既立一說，絕不遽以爲定論；乃廣集證據，務求按諸同類之事實而皆合。

第五曰斷案；經數番歸納研究之後，則可得正確之歸納斷案矣。

第六曰推論；既得斷案，則可以推論於同類之事項而無閡也。』

吾於此甚盼學者依梁氏所述步驟，而自演一假設，庶得古人坐而言者起而行之旨也。

第八章　比較

吾人研究國學，既以觀察而得對象，（本編第一章）會通而知源流，（本編第二章）又抱懷疑之態度、（本編第三章）辨其贋僞（本編第四章）明其虛誣，（本編第五章）勘其譌誤，（本編第六章）於是所得之對象，精且確矣。更加之以歸納之功夫，（本編第七章）集得種種攧撲不破之定理。研究國學之工，已過半矣。雖然，三千年來，若思想、若理論、若學說、若傳注、若文辭、若事蹟，千變萬化，即隸首不能窮其數；苟非綜合而比較之，何以知其思想之疏密，理論之短長，學說之異同，傳注之得失，文辭之優劣，事蹟之真僞耶？故比較之法尚矣。

吾國古籍，罕有論及比較方法者。雖宋倪思、劉辰翁有班馬異同評，清趙紹祖有新舊唐書互證諸書；然要不過並列兩種之材料，以著其互有異同耳。於比較之方法，固無人言及也。即近時如章、梁、胡諸子之書，亦從未一提及之。不知此法固研究國學之必不可少，不容不注意者也。今即以前段所舉類目，分別論之。

·国学概论·
上海大华书局
一九三四年版

第一節　思想疏密之比較

【例】本體論　西洋及印度哲學，以本體論爲首要。我國之本體論，倡自周易。稍晚，則有周、秦諸子及秦、漢之五行家，下逮宋、元、明、清之理學家，聚訟紛紜，至今莫決，綜合言之，則可分爲一元論二元論及多元論，列敍於左：

（甲）一元論　本體之一元論，始於老子。老子之論本體也，歸終於道。道德經曰：『有物混成，先天地生，寂兮寥兮，獨立而不解，周行而不殆，可以爲天下之母，吾不知其名，字之曰道，强名之曰大。』又曰：『道沖而用之不盈；淵兮，似萬物之宗；……湛兮，似或存；吾不知誰之子，象帝之先。』又曰：『視之不見，名曰夷；聽之不聞，名曰希；搏之不得，名曰微；此三者不可以致詰，故混而爲一。繩繩不可名，復歸於無物；是謂無狀之狀，無物之象，是謂恍惚。』又曰：『道之爲物，惟恍惟惚；惚兮恍兮，其中有象；恍兮惚兮，其中有物；窈兮冥兮，其中有精；其精甚眞，其中有信。』老子初言有物混成，明言道爲實有，然恐人誤認道成具體，故卽續言不見，不聞，不得傳，不可名也。然又恐人當作無是物，於是又益之以無狀之狀，無物之象，及其中有象，其中有物等語。然則老子心目中之道，果有耶？果無耶？老子亦未嘗斷言。蓋所以如是者，恐落邊際耳。

莊子哲學，源出老子，故論本體，亦頗相似。或釋老子之道，或自創哲理，要足互相發明也。大宗師曰：『夫道，有情，有信，無爲，無形；可傳而不可受，可得而不可見；自本自根，未有天地，自古以固存。神鬼神帝，生天生地，在太極之先，而不爲高；在六極之下，而不爲深；先天地而不爲久；長於上古而不爲老。』此論道體與老子頗有出入。天地篇曰：『夫道，覆載萬物者也。洋洋乎大哉！』天道篇曰：『道大於不終，小於不遺；故萬物備。廣乎，其無不容也；深乎，其不可測也！』觀此，可見莊子之所謂道，蓋大而至於無外，久則先天地而存，小則至於不遺，量則無所不容。道體獨自存在，無有意志，天地緣之而生，因之而存，道雖無形，然其大經小法，實眞然常存，無時或亂。吾人類者，乃滄海之一粟，如朝菌之晨生夕死耳。測且不能，況欲支配之乎！顧此猶論道之體，未及道之用

·国学概论·
上海大华书局
一九三四年版

也。大宗師論道之用，曰：『狶韋氏得之以挈天地；伏羲氏得之以襲氣母。維斗得之，終古不忒；日月得之，終古不息；堪坏得之，以襲崑崙；馮夷得之，以遊大川；肩吾得之，以處太山；黃帝得之，以登雲天；顓頊得之，以處玄宮；禺强得之，立乎北極；西王母得之，坐乎少廣，莫知其始，莫知其終；彭祖得之，上及有虞，下及五伯；傅說得之，以相武丁，乘東維，騎箕尾，而比於列星。』事雖寓言，要足以示道者，所以維持宇宙間之一切自然現象及人類社會之動作焉。故風雨晦明，山崩地坼，皆道之大經大法之表現；卽世之治亂興衰，人之生老病死，亦此自然律之支配也。至莊子論人之於道，當按宇宙自然律以進行；於大宗師所設言子輿有病之寓言，以大冶鑄金比造物之生人者，甚著明也。老莊之論本體，皆甚合乎邏輯；不但在中國哲學中所占之地位極高；卽置之世界哲學之中，夫豈有愧色哉！老、莊形上哲學之所以永久照耀於中夏者，要非無故焉。

宋儒周濂溪受太極圖於陳摶，而理學於是乎開端。周子太極圖說曰：『無極而太極，太極動而生陽；動極而靜，靜而生陰，靜極復動，一動一靜，互爲其根；分陰分陽，兩儀立焉。陽變陰合，而生金、木、水、火、土，五行順布，四時行焉。陰陽一太極也。太極本無極也。五行之生也，各一其性，無極之真，二五之精，妙合而凝。乾道成男，坤道成女，二氣交感，化生萬物，萬物生生，而變化無窮焉！』朱子近思錄解之曰：『上天之載，無聲無臭；而實造化之樞紐，品彙之根柢也。故曰無極而太極。非太極之外，更有無極也。』又曰：『太極卽是天地萬物之理。在天地，則天地中有太極；在萬物，則萬物中有太極。』又曰：『太極非有以離乎陰陽，卽陰陽而指其體。』吾人讀太極圖說，參閱近思錄之解說，則宋儒本體論之大觀，可得而窺焉。蓋周、朱皆認太極爲宇宙惟一之本體；所謂陰陽，不過太極之兩屬性。此兩屬性者，互相消長，互相形成，而森羅萬象於是乎備焉。元、明、清三代之理學家，其所立之本體論，要不能盡出此範圍也。然吾人更一細察濂溪新安之說，則太極之名，已見莊子大宗師，無極之說，與老子無狀之狀，無物之象何異；無聲無臭之說，卽老子不見不聞之意；造化樞紐，品彙根柢之說，卽老子先天地生，萬物之宗之意。至陰陽之說，出自周易，五行之說，出自秦、漢方士。是宋儒之本體論，不過糅合道家、儒家、陰陽家之說而整理之，自立一說耳。故理學家名雖宗儒而斥老、莊，實則攘竊老、莊之精義爲儒家裝門面耳。非有所創獲也。（宋儒之採取佛理處，當詳別篇。）

（乙）二元論　吾國哲學，原始於易，然易之所示，顯爲二元。宋儒於陰陽之外，益以太極，謂太極爲陰陽之所從出；於是認易爲一元論。然細按之，實與易之哲學不符，蓋統觀易之全書，皆爲陰陽二元之變化，初無太極之名羼於其間。周濂溪之太極圖說，實張冠而李戴，與易不相干也。考易以⚊⚋兩種符號代表宇宙萬有之本體，⚊者，陽也；三疊而成☰，六疊而成䷀，皆爲乾卦；乾者，健也，動也，陽之義也。⚋者，陰也；三疊而成☷，六疊而成䷁，皆爲坤卦；坤者，順也，靜也，陰之義也。⚊⚋爲兩儀，兩儀生四象，四象生八卦，八卦再變而爲六十四卦。宇宙萬有，於是乎備矣。易象傳曰：『大哉乾元，萬物資始，乃統天，雲行雨施，品物流形，大明終始。』此釋乾

·国学概论·
上海大华书局
一九三四年版

爲宇宙本體之一也。又曰：『至哉坤元，萬物資生，乃順承天，坤厚載物，德合無疆。』此述坤亦爲宇宙本體之一也。程頤易傳解乾卦曰：『乾者，萬物之始，故爲天，爲陽，爲君，爲父。』解坤卦曰：『坤，乾之對也。』又曰：『陰，從陽者也，待倡而和；陰而先陽，爲迷錯；居後，乃得其常也，主利萬物。』此明言乾坤爲宇宙兩大本體；雖曰陽倡陰和，而要不失爲宇宙之二元也。此二元者，互相衝突，互相調和；森羅萬象，以之而成。然萬有並非常存而不變，乃時時在變易之歷程中；故易者，猶言變易也。孔子在川上，歎逝者之如斯，不舍晝夜；蓋深得易之宇宙觀者也。故易之哲學，實與德之哲學家黑格爾 **Hegel** 正反調一致者也。然易雖二元，與法之哲學家笛卡兒 **Descartes** 所主張之心物二元說，迥然不同，此又學者所不可不辨也。

（丙）多元論　吾國五行之說，實爲多元論之一也。後人多以爲起於箕子之陳洪範九疇。然書洪範曰：『初一曰五行；次二曰敬用五事；次三曰農用八政；次四曰協用五紀；次五曰建用皇極；次六曰乂用三德；次七曰明用稽疑；次八曰念用庶徵；次九

·国学概论·
上海大华书局
一九三四年版

曰享用五福，威用六極。』箕子所謂彝倫，卽常倫，猶言事之次敍，初無神祕色彩。至秦漢之間，燕、齊方士，始以五行推論帝王之德運。及西漢末年，劉歆父子始謂洪範出於雒書，後世隨聲附和之，浸假以五行附會人事天象，於人則貌、言、視、聽、思，於天則雨、暘、燠、寒、風，皆與五行相印證矣。洪範五行傳所列五行與休徵、咎徵相印證，尤屬怪誕不經。而歷朝正史，居然以五行列爲一志，更覺可嗤。由此以後，凡丹鼎、星命、相人、堪輿之術，莫不依附五行；甚至國家存亡所繫之軍機，人生性命所繫之醫藥，亦悉根據五行而成其說，上至學士大夫，下至愚夫愚婦，莫不深中其毒，亘數千年而其流未息，其爲害非淺尠矣！白虎通五行篇論五行甚備，其言曰：『五行者，何謂也？謂金、木、水、火、土也。』又曰：『水位於北方，北方者，陰氣在黃泉之下，任養萬物；水之爲言准也，養物平均，有准則也。木在東方，東方者，陽氣始動，萬物始生；木之爲言觸也，陽氣動躍，觸地而出也。火在南方，南方者，陽在上，萬物垂枝；火之爲言委隨也，言萬物布施；火之爲言化也，陽氣用事，萬物變化也。金在西方，西方者，陰始起，萬物禁止，金之爲言禁也。土在中央，中央者土，土主吐含萬物，土之爲言吐也。』又曰：『水味鹹；木味酸；火味苦；金味辛；土味甘。』又曰：『東方其臭羶南方其臭焦中央其臭香西方其臭腥北方其臭朽。』以五行配合五方、五味、五臭，已覺無理取鬧；又以配合四時，十二律，十干，十二支，五帝五神，星精等，更支離而不可究詰矣。然實足證明秦、漢時之五行，與歐洲古世哲學之宇宙本體地、風、水、火四元素及印度外道哲學之地、水、火、風四大，無以異也。故五行者，實我國秦、漢以後之多元論也。第所謂金、木、水、火、土者，不知果爲具體者與？抑爲抽象者與？則立說各有異同，未可概論也。

總之，我國本體論，自當以老、莊之一元論爲最上乘；周易之二元論次之，宋儒雖持論較爲精密，然無所發明，五行之說，則最無價値，蓋多元論本難立足也。學者細觀此節，可知比較方法之重要。不比較，不足以知老、莊之周密，五行之疏陋，不比較，更不足以知宋儒無極太極說之由來也。

·国学概论·
上海大华书局
一九三四年版

第二節　理論長短之比較

【例】性說　自周、秦迄漢，儒家之言性者多矣。雖同屬一家，同研心理，而是非相反，判若緇素，惟比較而觀之，方足知其持論之短長。

(甲)孔子曰：『性相近也；習相遠也。』又曰：『唯上知與下愚不移。』(論語陽貨)此主人性相去不遠；且除上下二等人，餘皆可變遷。

(乙)孟子曰：『人性之善也，猶水之就下也；人無有不善，水無有不下。』(孟子告子)此主性善者也。

(丙)荀子曰：『人之性惡，其善者僞也。今人之性，生而有好利焉，順是故爭奪生而辭讓亡焉；生而有疾惡焉，順是故殘賊生而忠信亡焉；生而有耳目之欲，有好聲色焉，順是故淫亂生而禮義文理亡焉。』(荀子性惡)此主性惡者也。

(丁)告子曰：『性猶湍水也，決諸東方則東流，決諸西方則西流；人性之無分於善不善也，猶水之無分於東西也。』（孟子告子）此主性無善無不善也。

（戊）公都子引或說曰：『性可以爲善，可以爲不善。是故文、武興，則民好善；幽、厲興，則民好暴。』（孟子告子）此主性可善可不善者也。

（己）公都子又引或說曰：『有性善，有性不善。是故以堯爲君，而有象；以瞽瞍爲父，而有舜；以紂爲兄之子，且以爲君，而有微子啓、王子比干。』（孟子告子）此主性有善有惡者也。

（庚）揚雄曰：『人之性，善惡混。修其善，則爲善人；修其惡，則爲惡人。氣也者，所以適善惡之馬也。』（法言修身）此主性善惡混者也。

（辛）王充曰：『論人之性，定有善有惡。其善者固自善矣；其惡者，故可教告率勉，使之爲善。凡人君父，審觀臣子之性，善則養育勸率，無令近惡。近惡，則輔保禁防，令漸於善，善漸於惡，惡化於善，成爲性行。』又曰：『初生意於善，終以善；初生意於惡，終以惡。』又曰：『人之性，善可變惡，惡可變善。』（論語率性）此亦主性有善有惡，惟善者可使之惡，惡者可使之善。

（壬）王充曰：『夫中人之性，在所習焉。習善而爲善，習惡而爲惡也。至於極善極惡，非復在習。』又曰：『余固以孟軻言人性善者，中人以上者也；荀卿言人性惡者，中人以下者也；揚雄言人性善惡混者，中人也。』（論衡本性）此又以性分爲善、惡、中三等，爲韓愈性三品說之所自昉也。蓋調和孟、荀、揚三家之說。

（癸）陸賈曰：『天地生人也，以禮義之性，人能察己所以受命，則順；順之謂道。』（論衡本性）此主性善，與孟子說同。

（子）董仲舒曰：『天之大經，一陰一陽。人之大經，一情一性。情本於陽，性生於陰，陰氣鄙，陽氣仁。曰性善者，是見其陽也；謂惡者，是見其陰者也。』（論衡本性）此以善者爲性，惡者爲情。

（丑）劉向曰：『性，生而然者也，在於身而不發；情，接於物而然者也，出形於外，形外，則謂之陽；不發者，則謂之陰。』（論衡本性）此蓋謂性無善惡，而情則有善有惡也。

·国学概论·
上海大华书局
一九三四年版

綜觀諸家之說，差池紛紜，實未有一當者也。夫吾人欲言性之善惡，當先知人性何自而來，與善惡果以何者爲標準。性本於遺傳者也，匪特稟受數千萬世祖宗及外家之祖宗所遺傳，各以其比例，糅合而融化之；即原始動物以至哺乳動物，亦吾人類億萬年以前之祖宗，何嘗不稟受其億萬分之一之遺傳？是則性也者，千變而萬殊，無人或同者，安得以善、惡、善惡混、無善惡等極簡單數種包舉之耶？至於善惡之標準，更無定矣！昔人以忠君爲美德者，共和國不許有君，安得有忠？文明國以殺人爲大惡，必受法律之制裁；非、澳之蠻人則以殺人爲勇敢，受羣衆之尊禮矣。即以文明國而論，殺一人則謂之惡；戰事起時，一礮而殺數百千人，不謂惡也。甚至以毒氣、死光之烈，謂爲弭戰之仁術者有之。則善惡果有標準乎？人事之善惡既無標準，則人性曷爲善，曷爲惡耶？吾人既知性所由來，又知善惡隨時代及環境而不同，絕無標準之可言；而後可比較諸子之學說而判別其短長。孟善荀惡，固偏於一端；告子之無善不善，揚雄之善惡混，亦覺囫圇。惟孔子謂性相近而不言善惡，出辭不落邊際，庶幾近之。惟謂上知與下愚不移，則未善也。彼所以不移者，非性之果不能移也。一則富於理性，遇事知自裁制，故不爲外物所移；一則爲低能，爲白癡，不知所以移也。世豈真有生知者與木偶人耶？至於王充之有善有惡，及分爲善、惡、中三種，妄思調和，不過騎牆之見。若董、劉以陰陽比附性情，更等諸自檜以下矣。

第三節　學說異同之比較

【例】六經次第　六經先後之次序，初學者常以爲絕無關係。不知在經學中，卻以此爲一大問題；今文家與古文家，卽由此而區別也。今文家之次第爲：一詩；二書；三禮；四樂；五易；六春秋。古文家之次第爲：一易；二書；三詩；四禮；五樂；六春秋。兩家皆嚴守其次第，除爲行文便利起見，偶爾顛倒外，決無錯亂者。故吾人觀其書，卽可知其所研習者爲今文學或古文學也。今列舉左證如下：

（甲）今文家：

·国学概论·
上海大华书局
一九三四年版

(1)春秋繁露玉杯:『詩、書序其志,禮、樂純其養,易、春秋明其知。』

(2)莊子天下:『詩以道志,書以道事,禮以道行,樂以道和,易以道陰陽,春秋以道明分。』

(3)莊子天運:『丘治詩、書、禮、樂、易、春秋。』

(4)史記儒林傳:『自是之後,言詩於魯則申培公,於齊則轅固生,於燕則韓太傅;言尚書,自濟南伏生;言禮,自魯高堂生;言易,則淄川田生;言春秋,於齊、魯自胡毋生;於趙自董仲舒。』(按樂本無經,故缺。)

(5)荀子儒效:『詩言是其志也,書言是其事也,禮言是其行也,樂言是其和也,春秋言是其微也。』(缺易而次序仍不亂。)

(6)商君書農戰:『詩、書、禮、樂、春秋。』(同前。)

(7)禮記經解:『其爲人也溫柔敦厚,詩教也;疏通知遠,書教也;絜靜精微,易教也;恭儉莊敬,禮教也;廣博易良,樂教也;屬辭比事,春秋教也。』(按此處易之次序

·国学概论·
上海大华书局
一九三四年版

偶亂。）

（8）禮記王制：『順先王詩、書、禮、樂以造士。』（缺易、春秋，而次序仍不亂。）

（9）莊子徐無鬼：『橫說之則以詩、書、禮、樂。』（同前。）

（10）荀子儒效：『故詩、書、禮、樂之歸是矣。』（同前。）

（11）論語述而：『詩、書、執禮，皆雅言也。』（缺樂、易、春秋，而次序仍不亂。）

（12）論語泰伯：『興於詩，立於禮，成於樂。』（缺書、易、春秋，而次序仍不亂。）

（乙）古文家：

（1）漢書藝文志序六經次第：首易，次書，次詩，次禮，次樂，次春秋。蓋藝文志根據劉歆七略，歆本古文家也。

（2）漢書儒林傳：『漢興，言易，自淄川田生；言書，自濟南伏生；言詩，於魯則申培公，於齊則轅固生，燕則韓太傅；言禮，則魯高堂生；言春秋，於齊則胡母生，於趙則董仲舒。』其次序與史記儒林傳全異矣。

今古文家對於六經次第之排列，是有意識而非盲目的，蓋古文家依六經產生之次第而排列，今文家依六經內容之淺深而排列。古文家以易之八卦，畫自伏羲，故居前。書始堯典，故次之。詩有商頌，故次書後。禮、樂皆周公所作，在商之後，故次書後。春秋爲魯史而經孔子刪改者，故居最後也。今文家則以爲六經乃孔子託古改制所作，非僅整理古籍，故不依時代而排列。其首詩、書者，以此爲名物政事之教育，學者所當先習也。次禮、樂者，以此爲道德陶冶之教育，稍長方能習之。易、春秋則爲哲學，理最深賾，故位於末也。吾人觀其所列之次第而推較之，則於今古文家之學說不同，可略知之矣。

第四節　傳注得失之比較

【例】五霸考　五霸亦作五伯，傳注所述之五霸有二：一、三代之五霸，即夏昆吾、商大彭、豕韋、周齊桓、晉文。一、春秋之五霸，即齊桓、晉文、宋襄、秦穆、楚莊。孟子所言五霸，

·国学概论·
上海大华书局
一九三四年版

注家各執一辭，究以何者爲是，吾人可比較而評判其得失。

孟子告子：『五霸者，三王之罪人也。……五霸者，摟諸侯以伐諸侯者也。……五霸，齊桓爲盛。』

(甲)趙歧注爲春秋之五霸。

(乙)丁氏釋爲三代之五霸。

(丙)朱子注則並存二義。

按朱子並列二義，無所折衷，此騎牆之見，無價值可言者也。趙、丁二說，則有得失矣。古『霸』亦作『伯』者，所謂侯伯也。侯伯受命於天子，得專征伐。而孟子乃以伐諸侯爲罪，於此可證此五霸爲春秋時之五霸。蓋夏昆吾、商大彭、豕韋，皆受王命而爲侯伯，其征伐諸侯，不得謂爲有罪也。竹書紀年云：『夏帝仲康六年，錫昆吾作伯。』又云：『商祖乙元年，命彭伯、韋伯。』可爲昆吾、大彭、豕韋作伯之證。至齊桓、晉文雖亦受王命爲伯，然齊未受命之前，已先滅譚、滅遂、伐宋、伐鄭，晉未受命之前，已先入曹伐衛，戰楚城濮，至宋襄王者之後，例不爲伯，秦穆、楚莊，僻在戎蠻，並無王命；莫不連兵侵伐，以爭雄長。此孟子所以爲罪也。觀乎此，可知趙注得而丁釋失矣。

第五節　文辭優劣之比較

【例一】辭之繁簡：

（甲）穀梁傳敍驪姬譖晉公子申生事曰：『世子之傅里克謂世子曰：入自明。入自明，則可以生；不入自明，則不可以生。世子曰：吾君已老矣！已昏矣！吾若此而入自明，則驪姬必死；驪姬死，則君不安。』凡用五十九字。

（乙）左傳敍此事曰：『或謂太子，子辭，君必歸焉。太子曰：君非姬氏，寢不安，食不飽。我辭，姬必有罪。君老矣！吾又不樂！』凡用三十六字。

（丙）禮記檀弓敍此事曰：『子盍言子之志於公乎？世子曰：不可，君安驪姬，是我傷公之心也。』凡用二十五字。

將前三書比較之，檀弓最簡，左傳次之，穀梁傳最繁。然檀弓未嘗不能達意也。於此而修辭之工拙可見焉。

【例二】辭之疏密：

（甲）論語：『在邦必達；在家必達。』

（乙）史記：『在邦在家必達。』

觀右所列，論語字句嚴密，意亦明顯。史記則辭雖約而意疏矣。

【例三】辭之純疵：

（甲）易說卦傳：『雨以潤之。』

（乙）易繫辭傳：『潤之以風雨。』

『雨以潤之，』純句也。若以『潤』字兼攝『風』字，則句有疵矣。

【例四】辭之潔滯：

（甲）書大禹謨：『予懋乃德，嘉乃丕績。天之曆數在汝躬，汝終陟元后。人心惟危，

·国学概论·
上海大华书局
一九三四年版

道心惟微，惟精惟一，允執厥中。無稽之言勿聽；弗詢之謀勿庸。可愛非君？可畏非民？衆非元后，何戴？后非衆，罔與守邦。欽哉！愼乃有位，敬修其可願。四海困窮，天祿永終！惟口出好興戎，朕言不再！』

論語：『堯曰：「咨爾舜，天之曆數在爾躬，允執厥中。四海困窮，天祿永終！」舜亦以命禹。』

同敍一事，而論語祇用二十九字，將堯命舜，舜命禹兩代之事，敍述無遺，亦可見此優於彼矣。

第六節　事蹟眞僞之比較

【例一】秦始皇築長城　今任執一人而問之曰：『今之萬里長城，爲何時物？』其人必不假思索而答之曰：『秦始皇時。』殊不知此答案最少有一大部分謬誤，或竟全部謬誤也。秦始皇以前，有燕之長城，趙之長城，齊之長城；秦始皇之後，有北魏之

·国学概论·
上海大华书局
一九三四年版

長城，北齊之長城，明之長城，俱見各史。其他各時代小小增築尚多。試一一按其道里細校之，將見秦時城線所占乃僅一小部分，安能舉全城以付諸秦，況此小部分是否卽秦故墟，尙屬問題。欲解此問題，其關鍵在考證秦時築城是否用磚，抑用版築？此事雖未得確證，然終疑用版築爲近。果爾，則現存之城，或竟無一尺一寸爲秦時遺蹟，亦未可知耳。

【例二】漢明帝求佛法　向言中國佛敎起源者，皆云漢明帝永平七年遣使臣經西域三十六國，入印度求得佛經佛像。但據後漢書西域傳及他書，確知西域諸國，自王莽時已與中國絕，凡絕六十五年，至明帝永平十六年始復通。永平七年，正西域與匈奴連結入寇之時，安能遣使通過其國耶？故吾人鑑別事蹟之真僞，苟得一有力之反證而比較之，則真僞不難立判也。

【例三】殷周之始祖世系　殷之始祖契，周之始祖后稷，舊史皆謂爲帝嚳之子，帝堯之異母弟，同爲帝舜之臣。吾人今日無從得一反證以明其決不然也。雖然，苟據舊史所載之年代而比較之，則亦不難明也。史載堯在位七十年乃舉舜爲相，舜相堯又二十八年。堯即位必當在嚳崩後，假令契、稷皆嚳遺腹子，至舜即位時，亦當皆百歲，安能復任事？且堯有此聖弟而不知，又何以爲堯？且據詩經所載，殷人之頌契也，曰：『天命玄鳥，降而生商；』周人之頌稷也，曰『厥初生民，時維姜嫄。』彼二詩者，皆所以鋪揚祖德，倘稷、契而系出帝嚳，豈有不引以爲重之理？故吾人雖無積極的反證以明稷、契爲別一人之子，然最少可以消極的認其非嚳子堯弟也。

【例四】周公代成王攝政　舊史稱周武王崩後繼立者爲成王；成王尚幼，周公攝政。吾人今日亦無從直接得一反證以明其不然也。然一比較其年齡及行次，則其事固大可懷疑也。史載武王九十三而終，藉令武王七十而生成王，則成王即位時已二十三，不可謂幼。七八十歲得子，生理上非必不可能；然實爲稀有，況據左傳確知成王尚有邘、晉、應、韓之四弟，成王居嫡長，下有諸弟，嗣九十三歲老父之位而猶在沖齡，豈合情理？且猶有極不可解者，書經康誥一篇，爲康叔封衞時之策命，其發端云：『王

·国学概论·
上海大华书局
一九三四年版

若曰：『孟侯，朕其弟，小子封。』此所謂王者誰耶？謂武王耶？衛之建國，確非在武王時；謂成王耶？康叔爲成王叔父，何得稱爲弟而呼以小子？然則繼武王而踐祚者，是否爲成王？周公是否攝政？抑更有進於攝政？吾人不能不疑。

右列四條，皆見梁啓超中國歷史研究法。觀此，可知查考事蹟之真僞，亦以各方參互比較爲首要也。

第九章　分類

何謂分類？蓋依事實或對象之同點，在心理上集合之方法也。故由分類而得之類，吾人可推論事實或對象之有一定同點者，皆歸屬於此類。例如人爲動物中之一類，卽吾人所從未見過之阿富汗人、古巴人，凡能利用自然製造器物之動物，莫不可歸屬人類也。然則分類也者，能於繁複雜亂之中，置一對象於適宜之地位者也。此所以分類爲研究科學之必要，亦爲研究國學之必要也。

分類之方法，約可分爲演繹的及歸納的二種。凡自總共分至個別者，謂之演繹的分類；自個別彙至總共者，謂之歸納的分類。

第一節 演繹的分類

亦謂之理想的分類，或謂之形式的分類。卽在一羣之中，取其一重要之性質，爲分類之標準，其一類爲有此性質者，其一類爲無此性質者，然後用兩枝法，逐層前進。每進一層，卽分一大類爲二小類，其被分之大類謂之屬，分出之小類謂之種。然屬與種要不過爲對待之名詞，屬對於其上之大類則爲種，種對於其下之小類，則又爲屬，初無定稱也。

演繹的分類，在實際上，其功用較歸納的分類爲少。然吾人苟不知其方法，往往有陷於十字式分類之弊，故不可不注意者也。今更舉我國文辭之演繹的分類法於左以爲例：

- 文辭
  - 非韻文
  - 韻文
    - 非詩
    - 詩
      - 非五言詩
      - 五言詩
        - 非五言近體
        - 五言近體
          - 非五言律
          - 五言律
            - 非五言正律
            - 五言正律

第二節 歸納的分類

亦謂之實在的分類，爲吾人研究學術所最習用者也。當吾人研究事物性質而類別之時，若能盡得事物之性質，則逐層前進，固非難事。然吾人所知事物之性質，常

·国学概论·
上海大华书局
一九三四年版

由比較或經驗而來，不過事物性質之一部分，而非其全也。若謂以重要之性質作分類之標準，而重要二字，究作何解，尙無確切之定義。且天然界中之事物，往往有介於二類中之過渡，事物發見，既不能屬之甲類，而又不能屬之乙類。學術愈進步，則此種過渡之事物亦愈滋生，於是演繹的分類之兩枝法，至此而幾窮於應付矣。蓋天然界中之事物，形如一樹，吾人所得接觸而研究者，不過樹之平剖面而已。若夫退而求其根柢，而求其杪末，則僅見其漸次變遷，漸次推廣，漸次分衍，由始至終，互相蟬聯，既無界限之可言，又安得分割爲類耶？例如以詩言之，漢、魏之古詩，唐、宋之律詩，似是不同之類；然六朝之詩，非古非律，且晉、宋近古，齊、梁近律，陳、隋更近於律，介在古律二者之間，而又各有其遠近之次第，則非僅用兩枝法所能了事，故歸納的分類法，卽應此要求而產生。

夫天然界之事物，既由漸變而互相聯絡，凡不同之事物，皆各有過渡者介乎其間。且各種事物之性質，又繁重而紛亂。故吾人分類之方法，宜將被分事物之性質，一一記錄而比較之。其同點多者，置之距離最近之處；其異點多者，置之距離較遠之處。此爲歸納的分類所必由之途也。

歸納的分類法，概括言之，可分爲下列三層：

(1)將所有彙集之各別事物取其同點多者，同歸於一類。

(2)同點愈多者，置之愈近；異點愈多者，置之愈遠。

(3)有同點者，既歸於一類，然後取他類之與此類異點少而同點多者，又歸爲一大類。如此上進，至最初之總類而止。

由前所述觀之，則分類之定義，可修正之如下：

『凡事物之分類，爲實在的或理想的排列，集其同者，離其異者，第一爲表出彼此系統之關係；第二爲表出彼此同存之性質；第三爲輔助吾人之思想，使領會及記憶此等事物之性質也。』

今更舉文辭之歸納的分類法於左以爲例：

·国学概论·
上海大华书局
一九三四年版

- 有韻文
  - 賦頌—無韻之頌卽入符命類述序類中
  - 哀誄—祭文附此
  - 箴銘—無韻之銘卽入款識類中
  - 占繇—如周易易林太玄靈棋之屬
  - 詩歌
  - 詞曲—戲曲彈詞皆屬此
- 學說
  - 諸子—凡諸子學說及論學術之文皆屬此
  - 疏證—凡隨文解義及著書考古者皆屬此
  - 評議—如史通文心雕龍及一切文評史評之屬
-
  - 紀傳—尙書帝典之類皆屬此
  - 編年
  - 紀事本末
  - 國別史—如國語之類
  - 地志

·国学概论·
上海大华书局
一九三四年版

- 文辭
  - 無韻文
    - 歷史
      - 姓氏書
      - 行狀
      - 別傳
      - 雜事—報章中記事亦屬此
      - 款識—如鼎彝碑誌之屬
      - 目錄—指書目之有提要者
      - 學案
    - 公牘
      - 詔誥—尙書酒誥康誥之屬亦屬此
      - 奏議—尙書謨訓之屬亦屬此
      - 文移
      - 批判
      - 告示—一切教令皆屬此
      - 訴狀
      - 錄供

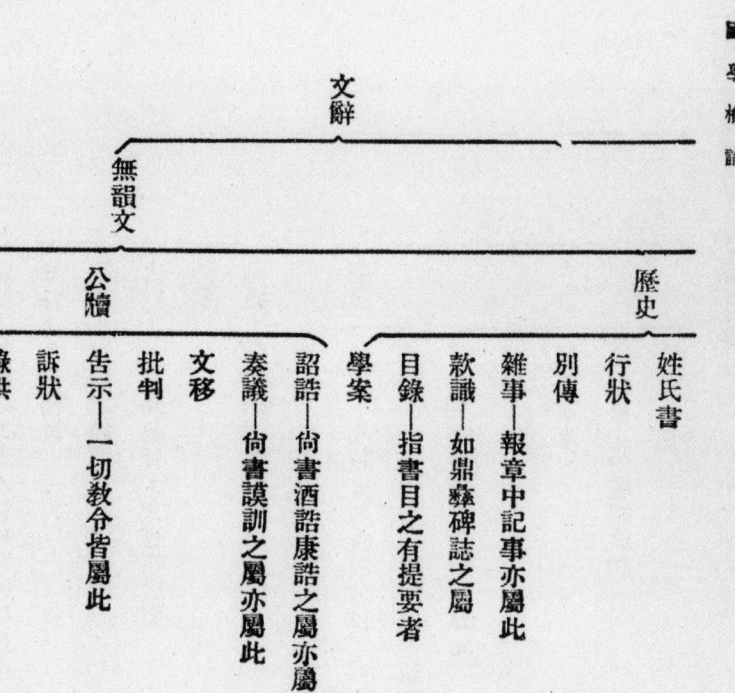

- 履歷
- 契約—如條約地契引帖之屬
- 典章
  - 書志—如正史各志及通考通典之屬
  - 官禮—如周禮六典會典之屬
  - 律例
  - 公法
  - 儀注—如儀禮之屬
- 雜文
  - 符命—如封禪告天劇秦典引之屬
  - 論說—連珠之屬亦屬此
  - 對策
  - 雜記
  - 述序
  - 書札
- 小說—凡文言俗語諸體皆屬之

·国学概论·
上海大华书局
一九三四年版

第十章　整理

整理國故，原非永久之業務；然在今日，則研究國學者，非戡心以從事於此不可。蓋辨僞、勘誤、考證等功夫，清代樸學家已盡心力而爲之。然人自爲說，漫無歸束。每使學者望洋興歎。故居今日而不言整理，後學者不知將虛靡時間於胡底。然則今日國學之新建設，舍整理其誰屬。

整理國故，當分四途：一曰索引式之整理，二曰圖表式之整理，三曰總帳式之整理，四曰專史式之整理，分述於後：

第一節　索引式之整理

未曾整理之材料，絕無條理，不易檢尋，銷磨學者有用之精神才力，最足阻礙學術之進步。故欲增進學力之速率，必須設法使學者之精力用於最經濟方面。例如說文解字一書，其部首有五百四十之多；而一部中各字之次第，常以義類爲歸，學者欲檢一字，卒不易得。自有說文檢字及說文易檢等書，一舉手之勞，卽得其字矣。二十四史之人物，無慮數千，欲盡記憶之，勢非可能，自有史姓韻編，則不難檢韻而得其人矣。歷代訓詁，苟能依韻編纂，其節省學者之精力爲何如？清代學者，如朱筠、戴震、章學誠等，皆早見及此，顧以事不易爲而未告厥成。〔二〕至阮元始集合全浙學者編纂經籍纂詁一書，集唐以前詁訓之大成，實爲大規模的索引式之整理，然此不過詁訓之一端也。其他材料，有待學者之整理者，當百千倍於此。約而言之，則詁訓、人名、書目、官階，及一切名物皆是也。至其方式，則可分爲五種：一，依韻目者；二，依部首者；三，依筆畫者；四，依號碼者；五，依性質者；各有其長，亦各有其短也。

(甲)依韻目者　此式清代最盛行，除前述經籍纂詁、史姓韻編而外，他如佩文韻府、說文通訓定聲、尚友錄、萬姓通譜、歷代地理韻編、清代輿地韻編諸書，皆最通行之著作也。其韻目有依古韻者，有依廣韻者，有依今韻者，亦各不同。然音韻之學，今已鮮研究者，故此式亦失其時效矣。

(乙)依部首者　部首之分，創自許慎說文解字，然分部至五百四十之多，不便學者記憶。顧野王之玉篇雖略有删併，然繁重不減於說文。至梅鼎祚之字彙，始省併爲二百十四部。正字通、康熙字典等因之。近人所編字典辭書，亦多仍其舊。然猶病其分部太多，余常擬合併爲六十四部。著有改革字典部首議一篇，就正當世。將來擬依此編一字典，以節省學者記憶之勞。

(丙)依畫筆者　廢去部首，專分筆畫，其法較依部首者爲便。然每畫之中，常苦收字太多，檢查頗爲困難。故惟收字較少之專門辭典適用之。近年出版，如人名大辭典、植物大辭典、動物大辭典、哲學辭典、中外地名辭典等，皆依此式者也。

(丁)依號碼者　漢字部首，不易檢查，而筆畫多寡，殊難計算。故近人研究漢字排列之法者，實繁有徒。我國人外，英、法、日、俄之學者，皆著有成書。至用號碼檢查者，則始自王雲五氏。初以全字之筆法分列五類號碼，見東方雜誌二十二卷十二號；後又

·国学概论·
上海大华书局
一九三四年版

以字之四角筆畫分列號碼，見東方雜誌二十三卷三號。近且試用於東方圖書館之書目。雖研究功夫，猶未成熟，然頗足資吾人之參考也。

（戊）依性質者　依性質而分類者，最古爲爾雅，方言、釋名、廣雅等踵行之。後世之類書、叢書、百科全書等，亦皆用此式者也。

第二節　圖表式之整理

以千頭萬緒之事物，歸納之於一圖一表之中，使現象如指諸掌，而彼此間之關係，亦於其間見之者也。自史記創立十表，開著作家無量法門，歷代之史，皆遵用之。清代學者，如胡渭之禹貢錐指，戴震之考工記圖，顧棟高之春秋大事表，其中之卓卓者也。近人之歷代疆域圖、中國大事表、世界大事表、名人生卒年月考等，亦皆用此式。自歐洲學術輸入以後，圖表之用愈廣，而其式樣亦愈多，幾乎無物不圖，無事不表，其裨益於學者，洵非淺鮮也。

·国学概论·
上海大华书局
一九三四年版

第三節　總帳式之整理

商人至歲終，必須結帳一次；學術至一時期終了，亦必總結一次，使片段之材料，盡歸納於一處。學術上結帳之用有二：一將其中已解決之部分整理之，以供社會之閱覽；二將其中未解決之部分提出之，以供學者之研究。使一般學者，皆知何者有隙可乘，何者有功可立，何者有困難可征服也。故總帳式之整理者，結束從前之成績，亦預備將來努力之新方向，前者俾歷史上之知識，普及於一般人民；後者俾專門研究者，得繼長增高學術之程度也。

古時結帳之書，如李鼎祚之周易集解，陸德明之經典釋文，唐、宋之十三經注疏，朱熹之四書集注、詩集傳易本義等，所以能在後世發生極大之影響者，職是故也。清代學者，多不喜作此種功夫，以其勞而不易沽名也。卽如二千四百餘卷之清經解，除最少數者外，皆若無條理、無系統之流水帳，又何怪學者之茫然不得其要領乎？觀夫清末書肆肯費數年財力，編皇清經解編目一書，卽可知索引式整理之必要；又觀其編皇清經解彙纂一書，卽可知總帳式整理之必要矣。況以今日學科之繁多，什伯於昔時，則學者之時間精力，更有經濟之必要乎！

今更舉一例言之，如詩經一書，經二千餘年學者研究之結果，至今究有何等程度，實無一人能言之。蓋宋儒駁漢儒，而清儒又駁宋儒，幾如聚訟。然至今詩經之研究，音韻自音韻，詁訓自詁訓，異文自異文，序說自序說，各不相關，如一堆爛帳，能不令人望而卻步哉！故吾人今日欲研究詩經，必先將此爛帳清理之，而成立一種總帳簿，方可著手研究也。詩經整理之方法，約可分列四項：

(1)異文之校勘　此總結王應麟以來，直至陳喬樅、李富孫等校勘異文之帳。

(2)古韻之考究　此總結吳棫、朱熹、陳第、顧炎武以來考證古音之帳。

(3)詁訓之彙集　此總結毛公、鄭玄以來，直至胡承珙、馬瑞辰、陳奐等注釋之帳。

（4）序說之判別　此總結詩序、詩辨妄、詩集傳、僞詩傳及姚際恆、崔述、龔橙、方玉潤等辨駁之帳。

如此，則大多數之學者，方可入研究詩經之門，此之謂普及知識。入門之後，自有一般學者，繼續研究其未曾解決之懸案，此之謂繼長增高學術之程度也。詩經如此，一切國學亦莫不如此。吾人觀清儒經解，汗牛充棟，而終鮮流傳於社會；獨墨子閒詁、荀子集解、莊子集釋數種總帳式之書，迄今流傳最廣，其故可深長思矣。

第四節　專史式之整理

吾國提倡國學之使命，其最重要者，爲欲使一般羣衆瞭解過去五千年之文化，然後對於政治、經濟、學術習俗，方能著手改革。故研究國學之方法，當用歷史的眼光整理過去文化的歷史；研究國學之目的，卽以編纂最繁重、最確切之中國文化史爲歸宿。故吾人理想中之國學研究，至少有下列一種系統：

·国学概论·
上海大华书局
一九三四年版

中國文化史:

(1)民族史　(2)語言文字史
(3)經濟史　(4)政治史
(5)國際交通史　(6)思想學術史
(7)宗教史　(8)文藝史
(9)風俗史　(10)制度史

然我國幅員廣大,歷史悠久,材料繁重,故欲達此大目的,非多數學者通力合作,必無成功之日。通力合作奈何?卽學者各就性之所近,才之所長,著作各種專史而已。

著作專史之步驟,可分兩級:

(1)就今日所能搜集考定之資料,因陋就簡,先編成各種專史,如經濟史、文學史、哲學史、數學史、宗教史等等,使粗具規模,庶將來繼續所獲之資料,有所附麗。

(2)專史之中,仍可分列各種子目而治之。如經濟史可分時代,又可分區域;文學史、哲學史可分時代，又可分宗派，又可專治一人；宗教史可分時代，又可專治一教，或一宗派，或一派中之一人。

此種功夫，當代學者已漸次爲之。其範圍最廣而材料最少者，如顧康伯之中國文化史；專治一種學術者，如胡適中國哲學史大綱，謝无量中國哲學史，張之純、王夢曾、謝无量、曾毅諸人之中國文學史，蔡元培之中國倫理學史，滕固之中國美術史，凌獨見之國語文學史，新潮社之中國小說史，潘天授之中國繪畫史，江恒源之中國先哲人性論等；其就一時代中之一種學術而爲之者，如梁啓超之先秦政治思想史，清代學術概論，甘乃光之先秦經濟思想史，王國維之宋元戲曲史等；其就一人而爲之者，如梁啓超之墨學微，近時出版之戴東原、陶淵明、屈原諸書，皆是也。然專史應編者甚多，諸人所已爲者，不過滄海之一粟耳。今甚盼研究國學諸君將來源源爲之，庶幾我國之學術，皆有系統可尋也。

·国学概论·
上海大华书局
一九三四年版

第十一章 輯補

本章可分二項言之：一曰輯佚，二曰補作。輯佚，爲四部通有之事；補作，則以史籍爲多。今依梁啓超、陳鐘凡諸家之說，略述於左：

第一節 輯佚

自秦火以還，迄於隋、唐，歷代收藏，凡經五厄，故以漢志之書，求之隋志，而十闕二三；隋志著錄之書，求之唐志，而十無七八。陵夷以逮晚近，往古載籍之墜簡殘編，凋零磨滅，殆已百不存一。學者欲讀書稽古於千百載以前，非遠紹旁搜，廣徵博引，何以存舊學之梗概，窺古人之厓略哉？於是乎輯佚之業興焉。最初從事於此者，爲宋之王應麟，輯有三家詩考、周易鄭氏注各一卷，附刻玉海中，傳至於今。明中葉後，文士喜摭拾僻書奇字以炫博，至有造僞書以欺人者。是時有孫瑴輯古微書，專搜羅緯書佚文；然而範圍既隘，體例亦復未善。入清而此學遂成專門之業。

輯佚之舉，本起於漢學家之治經。惠棟不喜王、韓易注，而從事漢易，於是有易漢學八卷之作。後又擴充爲九經古義十六卷。其弟子余蕭客用其師法，輯古經解鈎沈三十卷。此實輯佚之嚆矢。然未嘗別標原書之名，體例仍近自著。

永樂大典一書，明成祖命胡廣、王洪等所編，凡二萬二千八百七十七卷，并目錄六十卷，裝成一萬一千零九十五册。（此書清乾、嘉間存九千八百八十一册，直至清末猶存翰林院，義和團之亂，爲八國聯軍瓜分以盡。現存歐、美、日本各國圖書館者，自百數十册至一二册不等。）其書以洪武正韻按字分編，每一字下，往往將古書中凡用此字作書名之第一字者，全部錄入。而各書之一部分，亦常分隸人名地名等各字之下。其體例固極蕪雜可笑，然古書賴以保存者頗不少。雍、乾之交，李紱、全祖望同在翰林院，發見其中祕籍甚多，相約鈔輯。至乾隆三十八年，朱筠奏請開四庫館，即以輯永樂大典中之佚書爲言。先後從此輯得之書，計經部六十六種，史部四十一種，子部

·国学概论·
上海大华书局
一九三四年版

一百零三種，集部一百七十五種，合計四千九百二十六卷，亦可謂洋洋大觀矣。其中最宏博者，如李燾資治通鑑長編五百二十卷，薛居正五代史百五十卷，郝經續後漢書九十卷，王珪華陽集七十卷，宋祁景文集六十五卷。他如班固、劉珍等東觀漢記及九章算術、孫子算經，晉劉徽海島算經、五曹算經、夏侯陽算經，北周甄鸞五經算術，宋秦九韶數學九章，元李冶益古演段等，亦皆從此輯出。雖非巨籍，實爲古今之名著。故此事洵爲輯佚史中之最大成績也。

嗣後輯佚之風，廣被藝林，如任大椿之小學鉤沈，沈壽祺之三家詩遺説考，尚書大傳輯校，洪亮吉之左傳詁，嚴可均之愼子、商子，章宗源之尸子、燕丹子，皆其中之卓卓者。他若孫星衍、茆泮林、汪文臺、湯球等，莫不輯有數十種。而尤以馬國翰之玉函山房叢書及黃奭漢學堂叢書爲巨觀。馬書凡輯經部四百四十四種，史部八種，子部一百七十八種。黃書凡輯經解八十六種，緯書五十六種，子史七十四種，可謂極輯佚之能事矣。

·国学概论·
上海大华书局
一九三四年版

古書之亡佚者，雖經清儒歷次蒐輯，然學者若欲從事於此，則可輯者猶屬不鮮。其可憑藉之重要之資料，則有如下列諸類：

（1）以唐、宋間之類書爲總資料——例如北堂書鈔、藝文類聚初學記白孔六帖、太平御覽、太平廣記、册府元龜山堂考索玉海等。

（2）以漢人子史書及漢人經注爲輯周秦古書之資料——例如史記、漢書、春秋繁露、論衡等所引古子家說，鄭玄諸經注及韋昭國語注，所引緯書及古系譜等。

（3）以唐人義疏等書爲輯漢人經說之資料——例如從周易集解輯漢諸家易注，從孔、賈諸疏輯漢諸家經注等。

（4）以六朝唐人史注爲輯逸史之資料——例如裴松之三國志注，裴駰以下史記注，顏師古漢書注，李賢後漢書注，李善文選注等。

第二節　補作

表志爲史之筋幹，而諸史多缺，或雖有而其目不備。如藝文志僅漢、隋、唐、宋、明五史有之，餘皆闕如。三國、六朝海宇分裂，疆域離合，最難整理，而諸史無一注意及此者，甚可怪也。宋陳子文有補漢兵志一卷，熊方有補後漢書年表若干卷，實爲補表志之祖。清儒從事於此者頗多，其書皆極有價值。如侯康之補後漢書、三國志、晉書及宋齊梁陳魏北齊北周各書之藝文志，顧櫰三之補五代史藝文志，倪燦之補宋遼金元各史藝文志，劉文淇之補楚漢諸侯疆域志，洪亮吉之補三國東晉十六國疆域志；吳卓信之三國志補志及補表，周嘉猷之南北史表，汪士鐸之南北史補志；與萬斯同之歷代史表，陳芳績之歷代地理沿革表，洪飴孫之史目表，沈炳震之廿一史四譜，皆負盛名者也。

學者勿以爲表志之補足，清儒已竟其功；苟能立志而爲此，則是中固大有供人開闢之疆土也。姑就舊史所無之表，可認爲有創作之必要者，約有三類，今舉於此，以供學者他日之努力。

（1）外族交涉年表　諸外族侵入，於吾族舊史關係至鉅，非用表分列之，不能得其興衰之真相。例如匈奴年表，從冒頓起，至劉淵赫連之滅亡表之。鮮卑年表，從樹機能始，至北齊、北周之滅亡表之。突厥年表，從初成部落起，至西突厥滅亡表之。契丹年表，從初成部落起，至西遼滅亡表之。女真年表，從金初立國，至清人入關表之。蒙古年表，從成吉思汗後，歷元亡，及明、清兩代之叛服，乃至今日役屬於蘇維埃俄國表之。其餘各小種族之興仆，則或以總表表之。凡此皆斷代史所不能容，故舊史未有行之者。然實爲全史極重要脈絡，得此則助興味與省精力甚多，而爲之亦並不難。學者可致力焉。

（2）文化年表　舊史皆詳於政事，而略於文化，故此方面之表絕無。今宜補者，例如學者生卒年表，文學家生卒年表，美術家生卒年表，佛教年表，重要書籍著作及存佚年表，重要建築物成立及破壞年表等。此類之表若成，爲治國史者之助實不細，創作雖不甚易，然以清儒補表志之精神及方法赴之，資料尚非甚缺乏也。

·国学概论·
上海大华书局
一九三四年版

（3）大事月表　史記之表以年代遠近爲疏密。三代則以世表，十二諸侯及六國，漢之侯王將相，則以年表，秦、楚之際，則以月表。蓋當歷史起大變化之時，事蹟所涉方面極多，非分月表之不能見其眞相。漢書以下二十三史無復表月者矣。今對舊史欲補此類之表，資料甚爲難得，且太遠亦不必甚詳。至於近代大事，例如明清之際月表，咸豐軍與月表，中日戰爭月表，義和團事件月表，辛亥革命月表，民國以來內爭月表等，皆因情形極複雜，方面極多，非分月且分部表之，不能明晰。吾人在今日，資料尚易搜集，爲之尙非甚難，苟失此不爲，徒受後人責備而已。

第十二章　統計

何謂統計？卽搜集同類之人物事實，以時代、籍貫、等次、學派、經歷、發見等分別之，綜合爲種種數目，而觀其大較，俾知興衰變化之績也。簡言之，卽觀察各種事物之平均狀況而已。晚近此種方法應用最廣，無論何種學術，何種事實，莫不列爲種種統計

·国学概论·
上海大华书局
一九三四年版

表，吾人欲研究此種學術，或欲考察此種事實，祇須觀其統計表，則其本來之面目，無不了然於心目中。如欲考察現代社會之狀況，則一檢統計年鑑，卽可知之矣。此統計方法，所以爲學術界所重視也。

研究國學，應用統計方法者，最早當推漢之班固。班氏於漢書中列有古今人表，自太昊宓羲氏起，至嬴秦滅亡止，凡見於典籍中之人物，分列九等，比較而觀察之。雖其分別等次，全用主觀，本不足爲憑；又上上以至下下，其界限本難區別，聖仁智愚之標準，亦隨時代環境而轉移，毫不足依據。然吾人觀察此表，可以見儒家品評人物之一般；至少亦可窺見孟堅一人之學識。

數年前提倡平民教育之時，教育家如陶知行、晏陽初等，皆主張平民課本中所用之字，應有一定之限度。於是搜集小學教本、通俗小說、報章、尺牘等最習見之字，統計各字發見之次數，最後選得發見次數多者千餘字，編成課本。此亦應用統計方法之一也。厥後余編纂平民字典之時，亦應用此方法，而選得習見者四千餘字，列入平民字典之中。後余閱讀各種淺近書籍之時，又時時檢查書中之字，曾否收入字典之中，則已收入者實在百分之九十以上，於是益信統計之方法，對於吾人研究學術，爲至有功效也。

第一節　前人已作之統計

統計方法雖可應用於國學全部；然究以應用於史學方面爲最有效，且有無窮之意味。清初顧棟高應用此法，撰春秋大事表五十卷。以全部左傳之事蹟，分類歸納而統計之；爲時令、朔閏、長歷拾遺、疆域、爵姓存滅、列國地理犬牙相錯、都邑、山川、險要、官制、姓氏、世系、刑賞、田賦、吉禮、凶禮、賓禮、軍禮、嘉禮、王迹拾遺、魯政下逮、晉中軍、楚令尹、宋執政、鄭執政、爭盟、交兵、城築、四裔、天文、五行、三傳異同、闕文、吞滅、亂賊、兵謀、引據、杜注正僞、人物、列女四十表。旁行斜上，經緯成文，使參伍錯綜者盡歸於條貫，學者一檢其表，而春秋時之現狀，燦若列眉，瞭如指掌矣。

近時丁文江、梁啓超應用此法而統計歷史上人物之籍貫及古世探求佛學之人物，頗有趣味。今介紹丁氏之說於左，以爲學者統計方法之參考：

丁氏將漢書、後漢書、新唐書、宋史、明史中有傳之人物，調查其籍貫，分配之於現今之各省；再將列傳之總數，按照各省之人數，列成百分率。例如兩漢書共傳六百六十五篇，計河南人二百零九，得百分之三一•四三。山東人一百十八，得百分之一七•七五。湖南僅二人，得百分之•三。福建僅一人，得百分之•一五。廣東、雲南、貴州等則幷一人而無之。全表皆用此方法推算。於此表中，可得數條最後之原則：

（1）凡帝都所在之地，人物往往特多。例如後漢之河南，得百分之三十七而强，唐之陝西，得百分之二十一而强。北宋之河南，得百分之二十三而强。南宋之浙江，得百分之二十二而强。但其中有兩例外，卽前漢之陝西，僅得百分之十，居第四位。明之直隸，僅得百分之七，居第五位。此蓋開國之初，功臣卿相，大抵豐、沛故人，非異地人所得而擬也。

·国学概论·
上海大华书局
一九三四年版

（2）南北升降之迹甚爲顯著。如山東、陝西、直隸、山西等省，漢、唐時平均比例，皆在百分之十以上，多者至百分之二三十以上。宋、明以後，皆降至百分之十以下，平均不過百分之五六。中惟河南尚得保持平度，然亦有降下之趨勢；反之，如江蘇、安徽、江西、浙江等省，漢、唐時百分比例甚少，以次漸升，至明則皆升至百分之十以上。此種現象，蓋與宋南渡後，南方之人工開發；及蒙古侵入後，北方之鐵蹄蹂躪皆有關係也。然人民之自身猛進及退萎之精神，要亦不容忽視。

（3）原則上升降之數，皆由漸變，然其間亦有突進者。例如四川在前漢不及百分之二，後漢忽升至百分之六。浙江在唐以前不過百分之二三，北宋忽升至百分之八，南宋忽升至百分之二十三。江西在唐以前不滿百分之一，北宋忽升至百分之五以上，南宋忽升至百分之十三以上。福建情形，與江西略同。此種現象，蓋因上列諸省，其初本離文化中心點遼遠，不易被及。然經數千年之醞釀，已有勃發之勢；故一經文化接觸，遂突然而前進也。美國近年之勃興，亦此之故。

（4）此外尚有一顯著之現象，卽各省人物之分配，有漸入平均之趨勢。前漢時，山東得百分之三十而弱，河南得百分之十二而弱。後漢時河南得百分之三十七而强，山東得百分之十二而强。僅此兩省，占漢史人物之半數。其餘長江流域各省，未有能達百分之五者。湖南、福建、兩廣、雲、貴諸省，皆在零度。唐、宋之時，則各省皆漸有列傳之人，已較漢代爲均勻矣。至明則益普徧，幾無一省無列傳之人；除廣西、雲南、貴州三省不滿百分之一外，其餘各省，最高者不過百分之十三四；最低者亦得百分之一二；十八省中，其九省皆在百分之三至百分之七間。可見我國文化普及之程度，漸有進步。苟將清史中之人物比較之，恐不平均之現象，尚有減少之勢也。

吾人於此疏略之統計表中，已可發見此四條原則，且能一一求得其所以然之故。然則統計之法，其有裨於吾人之觀察力與判斷力，誠非淺鮮矣。

梁啓超之尋求佛經者之統計表，名曰千五百年前留學生，曾載改造雜誌中。其統計之方法，較丁氏更爲精密。惟篇幅太長，不列。

·国学概论·
上海大华书局
一九三四年版

第二節　吾人可作之統計

今更略舉吾人可用統計方法而列表者數種，俾學者他日得由此而致力焉。

（1）歷代文字統計表　我國之文字由少而多，各字之筆畫，亦由簡而繁。例如漢許慎說文解字九千五百五十三字，魏張揖廣雅一萬八千一百五十一字，梁顧野王玉篇二萬二千七百二十六字，宋重修廣韻二萬六千一百九十四字，明張自烈正字通三萬三千四百四十餘字，清康熙字典四萬二千一百七十四字，其由少增多之跡，顯然可見。又如說文之字以三十六畫之⿱麤土，三十七畫之麤，鬻，三十八畫之⿱龖衣，[illegible]，三十九畫之讋爲最多，未有至四十畫者。玉篇則有四十畫以上之字。康熙字典則有四十八畫之龘，及五十二畫之䨻矣。此筆畫由簡趨繁之跡也，然此不過僅舉一二著名字書言之。若彙集列朝字書、韻書、訓詁書等而統計之，必大有可觀者。又如字形之依六書，字義之依門類，字音之依韻母，皆可統計之，而觀漢字進化之迹。此事對於未來漢字改革之大計畫，實至有關係者也。

（2）歷代人物統計表　丁氏統計之人物，不過統一朝代；梁氏統計之人物，不過釋家一類，皆偏而未全。學者若將二十四史中之人物，分爲政治家、文學家、哲學家、軍閥、大盜、烈女等，以地域爲緯而統計之，則當更有可觀者矣。

（3）遺傳性質統計表　我國素重宗法制度，凡中流社會以上，莫不各有家譜。余嘗懷一妄想，以爲苟能彙集全國家譜而置之一處，可建築一家譜陳列館。由此而統計其男女之多寡，年壽之短長，及德性天才等之遺傳，則所得之成績，必可超越英之戈爾敦Galton奧之曼兌爾Mendel而上之也。

（4）各地人物統計表　梁丁二氏之法，皆以二十四史爲根據。然我國各地皆有地方志，綜計全國古今之地方志，當不下五千種。其中所載之人物，多出二十四史之外，若更以第一條所列之方法而統計之，則各地文化之隆替，更昭然若揭矣。

（5）歷代戰亂統計表　將戰亂所起之年月，所經過之年月，所起之地域，所波

·国学概论·
上海大华书局
一九三四年版

及之地域，爲何事起，起於某種性質之人；爲敵國相攻，抑人民反動；爲自相殘殺，抑對外防衞；諸如此類，預定若干標題，一一塡列。此不必採用各種書籍，僅以正續資治通鑑中之事蹟，羅列之已足。依據此表，研究其遠因近因，必可得如許之原則。

（6）異族同化人物表　先查各史有傳之人，凡其姓氏譜系來歷，發見有特異之處，如長孫、宇文之類，一一研究之。先考定某姓出於某族，次將各史傳中明言某人本屬某族者，如金日磾本籍匈奴，王思禮本籍高麗之類，復一一列出之。其族別可分爲匈奴、鮮卑、氏、羌、蠻詔、高麗、女真、蒙古、滿洲等，以觀察某種人數若干，某朝人數若干，某地人數若干。此表若成，對於各外族之同化程度及現今中華民族所包含之血統，皆略可明白矣。

（7）地方統治離合表　凡各地在本族主權者統治之下不計；北魏、元、清三朝，雖屬外族，其勢力統一全國或中原之半者，亦可不計。其餘各地，可以舊制各道爲區域。每一區域，先記其未隸屬中國之年代，既隸屬中國之後，或本地異族據而自立，或

·国学概论·
上海大华书局
一九三四年版

外來異族侵佔，皆記之，可不必詳載事跡，僅記其分立侵據之年代及年數。有此一表，則各地進化退化之跡，必有如許發明。

（8）地方建築統計表　此可根據各地之志書，將各種之建築物，如祠廟、橋梁、城郭、寺觀、亭臺、浮屠、學校、衙署、河渠、營壘之屬。一一分別種類，又於同類之中，分列細目，如祠廟之財神廟、文昌殿、關羽廟、岳飛廟等，更將其建立之年代、數目等一一統計之，列成一表。於此必可發見各地之風俗、習慣、迷信、文化、險夷、肥瘠等之現象。

（9）歷代著述統計表　根據各史之藝文志，清代漢學家之補作各代藝文志，將其書名，部數、卷數列出；再將書之性質分類；又將著書人之年代、籍貫分類。於是求出某時、某地之人，關於某種學術之著述有若干部、若干卷。從此表卽可知某時某種學術之發達衰落現象，與某地文化程度高低及其進化退化之現象。

（10）歷代水旱統計表　中國歷代史官對於此種災異，極爲注意。試以各史之本紀及五行志爲藍本，參以各地方志，以年代地域爲別，列成一表，卽可觀察每經若千年發見一次。何時最多，何時最少；何地最多，何地最少。如此，舉凡氣象地質之變化，政治之修明廢弛，皆可由此窺見一斑矣。

以上所舉各種統計，不過就吾思想所及與梁啓超歷史統計學中所列，約略言之。其實國學中之可統計者，當倍蓰於此，學者舉一反三可也。

第十三章　調查

吾人研究學術，當不以閱讀書籍爲已盡其能事。蓋書籍經著作者草創討論潤色種種功夫，已多半失其本來面目。且古人道德觀念極深，凡事非舊道德所許可者，皆屏諸不論不議之列，而吾國之文辭，又以簡潔高古爲尙，不能委婉曲折，敍述一事眞相。故吾以爲敍述事實之眞相，駢文不如散文，散文不如白話，白話不如民間之傳說歌謠也。流傳於民衆言語行爲間之材料，誠不免譌謬虛誣之弊，然至少亦可窺見社會之現象與羣衆之心理，故調查尙矣。調查材料，約可分爲方言、風俗，兩大類言之：

·国学概论·
上海大华书局
一九三四年版

第一節　方言

古音古語，往往遺留於民衆口耳之間。其方言愈支離佶倔者，其遺留之古音古語愈多。揚子雲之方言，章太炎之新方言，研究古今方言之總匯也。余昔日編纂定海縣志之時，曾調查四明方言，其音韻符合古音而其字爲古字書所收入者，凡得五六百條。故全國人士，苟能盡力於此，各就其本土所有語音，爬梳剔抉，注以通行之注音符號，國音不足，則以閏音副之，他日彙集而成方言辭典，其有裨於國學之功，決不在研究小學之下也。

第二節　風俗

調查風俗之事，北京大學已於數年前進行。惜應命者不多，不能蔚成大觀。吾人苟能各就其本鄉而調查之，則其裨益於歷史、社會、心理、倫理、法律、政治、經濟等學，當逾於迻繹歐美書籍倍蓰，固不特於個人之學識得以增進也。今列北京大學風俗調查表之項目於左，以供學者之參考：

(甲)環境——(1)地名(2)人口(3)職業(4)氣候(5)地理(6)出產(7)經濟狀況(8)生活程度(9)交通(10)民族(11)地方特殊組織(12)家畜

(乙)思想——(1)語言(2)歌謠(3)本地半歷史的故事(4)戲劇(5)格言和俗語(6)小說(7)宗教和信仰(8)教育(9)美感(10)普通觀念與判斷

(丙)習慣——(1)衣(2)食(3)住(4)婚姻(5)喪禮(6)墳墓(7)祭禮(8)家禮(9)客禮(10)公共集會的習慣(11)遊神和賽會(12)娶妾和納婢(13)守節(14)養子(15)再醮(16)修飾(17)爭鬬和訴訟(18)嫖(19)賭(20)盜(21)娼(22)男女社交(23)清潔或骯髒(24)年節的習俗和商人的討帳(25)勤惰(26)玩耍(27)雜技(28)乞丐(29)貨聲(30)奴僕的情狀

(31)慈善事業(32)遺棄子女

第十四章 發掘

研究社會之狀況，以圖將來國學之發展，在乎調查。考察文化之遺蹟，以證過去國學之情僞，則在乎發掘。我國古物最初之發見，爲漢魯恭王壞孔子舊宅而有壁中經傳之出，於是遂開兩漢古文學家之門。是時郡國山川，亦往往得鼎彝，其銘卽三代之古文。然嚮搨之術尙未發明，流傳不廣，故許慎說文未曾採入，於學術界毫無影響。次之則汲冢竹簡之發見逸周書、竹書紀年、穆天子傳等，皆冢中之出品，然旋遭永嘉之亂，於學術上亦無甚結果。至唐而有石鼓之發見，雖屬周屬秦，迄無定論，然其殘字，要皆籀文之遺，爲金石學家之所重視。至宋而鼎彝出土者日多，遂有古文字古器物之學，王黼等之宣和博古圖，呂大防之考古圖，薛尙功之鐘鼎款識，其大成也。有淸一代，鼎彝之發見益多，旁及陶瓦、印璽、錢幣、兵器，金石學遂成專門之業。彙集金石款識

·国学概论·
上海大华书局
一九三四年版

之古文而成一字書者。則有吳大澂之說文古籀補，而最近二十年來，尤爲古物出世之黃金時代。數其最大者，則有殷墟之甲骨文字，敦煌及西域諸城之晉、宋木簡，敦煌千佛洞之六朝，唐人所書古籀，河南新鄭之彝器，河南澠池之石器。今一一分述於左：

第一節　甲骨文字

商代文字，昔人惟於古彝器中偶一見之，然猶難判斷其果屬殷、商與否。至清光緒戊戌、己亥間，河南安陽縣西北之小屯洹水厓岸爲水所齧，土人得龜甲牛骨，其上有古文字。其面積凡數十畝，洹水三周環之。史記項羽本紀，所謂洹水南殷墟上者是也。估客攜甲骨至京師，爲福山王文敏公懿榮所得。庚子秋，文敏殉難，其所藏悉歸劉鐵雲鶚。而洹水之墟，土人於農隙掘地，歲皆有得，亦歸劉氏。光、宣間所出，則大半歸於上虞羅叔言振玉。文敏所藏凡一千餘片，劉氏所藏凡三千餘片，羅氏所藏凡二三萬片。其餘散在諸家者，當以萬計，而駐彰德之某國牧師，所藏亦近萬片。其搨墨影印成

·国学概论·
上海大华书局
一九三四年版

書者；有劉氏之鐵雲藏龜十冊，（光緒壬寅癸卯間印）羅氏之殷墟書契前編八卷（甲寅印）後編二卷，（丙辰印）殷墟書契菁華一卷，（甲寅印）鐵雲藏龜之餘一卷，（甲寅印）後英籍猶太人哈同氏，復得劉氏所藏之一部八百片，印行戩壽堂所藏殷墟文字一卷。（乙卯印）按甲骨所刻，皆殷王室所卜祭祀、征伐、遊幸、田獵之事。故殷先公先王及土地之名，所見甚衆。又其文字之數，比彝器尤多且古，故裨益於文學者尤大。惟事類多同，故文字亦有重複。劉氏所印，未及編類，但取文字精緻者印之。羅氏則分別部居，去其重複，故其選印者，實三萬片中之精粹，此古今最大之發見也。

第二節　漢晉木簡

此實英國印度政府官吏，匈牙利人斯坦因博士之所發掘也。博士於光緒壬寅、癸卯間，曾遊我國新疆天山南路，於和闐之南，發掘古寺廢址，得唐以前遺物甚夥。復於尼雅河之下流，獲魏、晉間人所書木簡，約四十枚，博士所著于闐之故蹟中，曾揭其影本，法國沙畹教授爲之箋釋，又於丁未、戊申間，復遊新疆全土及甘肅西部，於敦煌西北長城遺址，發掘兩漢人所書木簡約近千枚。復於尼雅河下流故址，得後漢人所書木簡十餘枚。於羅布淖爾東北海頭故城，得魏、晉間木簡百餘枚。簡中所書，皆當時公牘文字及屯戍簿籍等。厥後日本大谷伯爵光瑞前後所派遣之西域探險隊，僅於吐魯番左近，得魏、晉間木簡三四枚而已。故木簡之發見，殆可謂斯坦因氏一人之功。斯氏戊申年所得之木簡，沙畹教授復爲之考釋，影印成書。羅振玉復與海寧王靜安國維重加考訂，於甲寅之春，印以行世，爲流沙墜簡三卷，考釋一卷，補遺一卷，附錄二卷。此亦考古者之資也。

第三節　敦煌古書

敦煌千佛洞石室之開，蓋在光緒己亥、庚子之交；然至光緒季年，猶未大顯。至戊申歲斯坦因與法國伯希和先後至此，得六朝及隋、唐人所寫卷子本書各數千卷，及古梵文，古波斯文及突厥，回鶻諸古國文字無算，始爲我國人所知。其留在石室者，尙近萬卷。後取歸學部所立之京師圖書館。前後復經盜竊，散歸私家者亦數千卷。其中佛典居百之九五。其四部書爲我國宋以後所久佚者；經部則有未經天寶改字之古文尙書孔氏傳，陸德明尙書釋文，麋信春秋，穀梁傳解釋，鄭氏論語注，陸法言切韻；史部則有孔衍春秋復語，唐時西州、沙州諸圖經，慧超往天竺國傳；（以上並伯氏所得。）子部則有老子化胡經，（英、法俱有之。）摩尼教經，（京師圖書館藏一卷，法國一卷，英國亦有殘卷書於佛經之背。）景教經，（德化李氏藏志玄安樂經，宣元至本經各一卷，日本富岡氏藏壹神論一卷，法國國民圖書館藏景教三威蒙度讚一卷。）集部則有玄謠集雜曲子及唐人通俗詩、小說各若干種；（玄謠集藏倫敦博物館，通俗詩及小說，英、法皆有之，德化李氏亦藏有二種。）而已逸四部書之不重要者，及大藏經論尙不在此數。皆宋、元以後所未見也。己酉冬，羅振玉卽就伯氏所寄之影本，寫爲敦煌石室遺書，排印行世；越一年，復印行其影本爲石室祕寶十五種，癸丑，復印行鳴沙

·国学概论·
上海大华书局
一九三四年版

石室逸書十八種；戊午，刊行鳴沙石室古籍叢殘三十種，及鳴沙石室佚書續編四種；辛酉，伯氏復以陸法言切韻三種影本寄羅氏，未及精印，王國維先臨寫一本，石印以行世。故巴黎所藏要書，略已印行。又京師圖書館所藏之摩尼教經一卷，亦由羅氏印入國學叢刊中。至倫敦博物館及巴黎圖書館所藏敦煌石室書目錄，亦由羅振玉子福萇錄得，印於國學季刊第一卷第一號及第四號中。

第四節　新鄭彝器

民國十二年八月二十五日，河南新鄭縣城內東南隅邑紳李銳，於其宅旁園圃中，鑿井爲灌園之用。鑿地深至三丈，發見鼎、甗等數器，以三鼎售諸許昌縣知事姚廷錦。聞之，出而干涉，彼此爭執。時適靳雲鶚巡防至此，聞其事，以爲鐘、鼎重器，文化所關，亟宜歸公保存，垂諸久遠。商諸李氏，派員駐其地，監視繼續發掘，先後開井四口，略有所得；其後畫定範圍，層層發掘，深至三丈，所有古器遂悉呈露。除李氏售去者外，其餘保存於開封第一學生圖書館。所得之古器，爲鼎二十、鑑一、方甗一、大壺四、罍三、盤三、匜二、兕觥一、尊二、敦八、簠六、凵盧一、鬲九、舟五、盦一、瓦豆一、戈一、矛一、鐓二、車轄一、馬勒四、皃一、玉三、中惟凵盧脣內有文字七。以諸器之形製及凵盧之文字考之，確爲東周之器。新鄭在春秋時，爲鄭都，蓋鄭伯殉葬之器也。

第五節　澠池石器

民國十二年四月，我國政府鑛政顧問安特生在河南澠池縣發掘而得。其石器：有石鐮、石鏟、石鑿、石圜、石矢、石斧等；骨器：有骨針、骨圜、骨玦等；陶器：有鼎、鬲、甕、碗等。皆爲石器時代之遺蹟。以前地質學家，皆謂中國從未發見石器時代，經此次之發見，始知中國亦歷此一時代，於中國文化史上，至有關係者也。

觀前之所述，可見發掘古物，與研究國學，至有關係。學者此時雖不能從事於此，然異日遇有機會，決不可交臂失之；俾歐、美、日本人捆載而去，陳列於其國之博物館

·国学概论·
上海大华书局
一九三四年版

也。發掘古物，雖可冒昧爲之；但必先有古物學、金石學之知識，然後知何者爲何代之物，何者爲贋造之物；亦必先有古史學、古地理學之知識，然後知何地爲何代何國之都會，何地爲何代之宮殿，何人之塚墓也。且發掘之時，又必集合專家作有計畫之發掘，雖破銅爛鐵，殘磚斷甓，亦必記其方位，纖悉靡遺。如此，則地點不致謬誤，可藉以知爲古時之某地；器物之種類、方位、數量，不致混淆，可以明各器物之關係，及其時之風尙制度；建築物不致毀壞，可以覘其時之工藝美術；凡此種種，胥於學術上有所貢獻，其價值視尋常之無意識發見，不啻百倍也。

第十五章 評判

本編自第一章至第十二章，皆指導學者於書籍中研究國學之方法；第十三十四兩章，則指導學者於書籍以外研究國學之方法。然知識雖豐富，材料雖正確，方法雖周密，而無精密之判斷力，則如庖人烹饔，徒供人之一飽，於己之口腹，仍無與也。故以評判爲本編之結束。

評判常隨學者個人之學識才力而爲轉移，非有方法之可言者，孟子所謂梓匠輪輿能與人規矩，不能與人巧也。今惟言評判之範式而已。評判範式，約分主觀的評判及客觀的評判兩種：

第一節　主觀的評判

以個人之眼光，評判古人學說之是非得失者也。此種方法，在學術上無大價值。惟我國古書之涉及評判者，大抵屬於此種，學者亦不可不知。今分經、哲、史、文四部述之：

（甲）經學評判　清代以前之士夫，皆視孔、孟爲萬世師表，於是對於孔、孟述作之經籍，亦視爲神聖不可侵犯，罕有敢加以評論者。其所評論者，大抵關於經說、經註而已。今節引四庫全書總目提要之經部總敍於左，可窺見前人對於歷代經說、經註

·国学概论·
上海大华书局
一九三四年版

批評之一斑。

『經稟聖裁，垂型萬世，删定之旨，如日中天，無所容其贊述。所論次者，詁經之說而已。自漢京之後，垂二千年，儒者沿波，學凡六變：其初專門授受，遞稟師承，非惟詁訓相傳，莫敢同異，卽篇章字句，亦恪守所聞，其學篤實謹嚴，及其弊也拘。王弼、王肅，稍持異議，流風所扇，或信或疑；越孔、賈、啖、趙，以及北宋孫復、劉敞等，各有論說，不相統攝，及其弊也雜。洛、閩繼起，道學大昌，擺落漢、唐，獨研義理；凡經師舊說，俱排斥以爲不足信，其學務別是非，及其弊也悍。學派旁分，攀援日衆，驅除異己，務定一尊；自宋以逮明初，其學見異不遷，及其弊也黨。主持太過，勢有所偏，材辨聰明，激而橫決；自明正德、嘉靖以後，其學各抒心得，及其弊也肆。空談臆斷，考證必疏，於是博雅之儒，引古義以抵其隙；國初諸家，其學徵實不誣，及其弊也瑣。要其歸束，則不過漢學、宋學互爲勝負；夫漢學具有根柢，講學者以淺陋輕之，不足服漢儒也；宋學具有精微，讀書者以空疏薄之，亦不足服宋儒也。消融門戶之見，而各取所長，則私心祛

·国学概论·
上海大华书局
一九三四年版

而公理出，公理出而經義明矣。……』

儒者敢大膽評判經典者，則當以清末爲嚆矢。如皮錫瑞之經學通論，今文學家評判經典之總匯也。章太炎國故論衡之原經，古文學家評判經典之代表也。原書具在，學者可取而觀之。

（乙）哲學評判　評判諸子，早見於周、秦之書。如孟子之闢楊、墨，莊子之論同時治學術者，荀子之非十二子，淮南子之評儒、釋、管、墨、申、商。史記太史公自序之論六家要旨，皆是也。而以漢之王充論衡所評隲者爲最。至近人之作，如江瑔之讀子卮言，陳鐘凡之諸子通議等，則多作客觀之評判者也。至宋儒哲學及佛教哲學，雖自立門戶，互相排擠，然入主出奴，是素非緇，罕有綜覈各派學說，而作持平之論者，故不足稱焉。

（丙）史學評判　評判史籍，當以唐劉知幾爲最早，而所造亦最深。其貫穿古今，洞悉利弊，實有非後人所能企及者。如疑古惑經諸篇，其識力之卓，超軼羣倫。他如六家篇，譏尚書爲例不純；載言篇，譏左傳不遵古法，雖昧於時代背景，然其膽量之大，當使小儒口呿而舌撟也。他如鄭樵通志總敍之抑揚班、馬，亦有獨到之識。至於清章學誠文史通議之史德、史釋、史注、傳記諸篇，其所論有出於劉、鄭二氏之外者。近時梁啓超中國歷史研究法，顧頡剛古史辨，則多客觀的評論史材之真僞，非主觀的評論史籍之良楛也。

（丁）文學評判　評判學術之書，以文學爲最多，清四庫全書著錄詩文評之書七百三十一卷，其存目者五百二十四卷，而清以前亡佚者，及乾隆以後所出者，尚不與焉。蓋自建安黃初以後，文體漸備，故論文之說出焉。典論其首也。其勒爲成書傳至於今者，則斷自梁劉勰文心雕龍及鍾嶸詩品。勰究文體之源而評其工拙，嶸第作者之甲乙而溯厥師承，爲例各殊。至皎然詩式，備陳法律，孟棨本事詩，旁採故實；劉攽中山詩話，歐陽修六一詩話，又體兼說部。後所論著，雖車載斗量，然終不出此五例中。宋、明兩代，皆好爲議論，所撰尤爲蕪雜；蓋宋人務求深解，多穿鑿之詞；明人喜作高談，多虛憍之論。然如汰除糟粕，採擷菁英，每足以考證舊聞，觸發新意，要亦有裨於文學者

·国学概论·
上海大华书局
一九三四年版

也。

第二節　客觀的評判

此種評判方法，卽綜觀一家學說之主張，考察其同時或後來之社會，而表示其發生之效果，俾學者知其學說之價値也。其發生之效果，約可分爲三種：

(1)考察其學說在同時或後來之思想上，發生何種影響。

(2)考察其學說在風俗政治發生何種影響。

(3)考察其學說之結果，可製造何種人格及社會。

姑舉一例言之，如人生哲學中之『命定主義，』言之最痛切者，莫如莊子。莊子以天道爲無所不在，無所不包；故其言曰：『庸詎知吾所謂天之非人乎？所謂人之非天乎？』由此，則人類不得不『乘化以待盡』矣。此種學說，在當時曾發生一種反動力，如荀子評莊子曰：『莊子蔽於天而不知人』是也。故荀子之天論，極力主張征服天行，以利人事。然莊子此種學說，影響於後世社會頗大，遂養成一種樂天安命之思想，深中人心，牢不可破。在後世社會上，所獲之良效果，卽隨遇而安之達觀主義；其所獲之不良效果，則爲偷安苟活之頹廢主義，其造成之人格，高尚者則爲陶淵明、蘇東坡，其放任者則爲嵇叔夜、劉伯倫也。

凡古今之學術，苟能卓然自立者，無不可做此而考察之，以評判其結果。古者如孔、孟、荀、韓，近時如孫中山、康有爲、梁啓超、陳獨秀等；卽文藝末技，如嚴復、林紓、胡適、章太炎輩，今日社會之一部分，莫不受其影響。觀此，可知評判之必要，而吾人立言之不可不愼也。

·国学概论·

上海大华书局
一九三四年版

第三編　研究工具

孔子曰：『工欲善其事，必先利其器。』吾人之研究國學，雖有種種之方法，然苟無工具，則方法亦將無所施矣。研究國學之工具何歟？曰：『各種根本學術及其書籍而已。』換言之，卽研究國學之參考書也。國學之工具，雖頗繁多，然其要者爲下列九種：

(1)文字學　研究文字之形體者也。

(2)音韻學　研究文字之聲音者也。

(3)訓詁學　研究文字之意義者也。

以上三種，通稱之則曰小學。

(4)章句學　研究經籍之句讀者也。

·国学概论·
上海大华书局
一九三四年版

(5)板本學　研究經籍之制度者也。
(6)文法學　研究文句之結構者也。
(7)言語學　研究古今之方言者也。
(8)考據學　研究古今之名物制度者也。
(9)目錄學　研究古今經籍之類別及其存佚者也。

此九種學術，爲吾人研究國學之入門工夫。由此而入，則國學之癥結，不難迎刃而解。否則徒讀他人討論國學之書，雖多無益也。

第一章　文字學

我國文字，始於何時？創自何人？創始之時，其形體何若？決無一人能斷言之。許慎說文解字敍曰：『古者庖犧氏之王天下也，仰則觀象於天，俯則觀法於地；近取諸身，遠取諸物；於是始畫八卦，以垂憲象。及神農氏，結繩爲治而統其事，庶業其繁，飾僞萌生。黃帝之史倉頡，見鳥獸蹏迒之迹，知分理之可相別異也，初造書契，百工以乂，萬品以察，』此不過根據易繫辭傳及漢世纖緯之說而立言，非有鐵證也。易緯乾坤鑿度附會之，以爲乾之卦象☰卽『天』字，坤☷卽『地』字，巽☴卽『風』字，艮☶卽『山』字，坎☵卽『水』字，離☲卽『火』字，震☳卽『雷』字，兌☱卽『澤』字。劉師培又以爲橫一直丨點丶撇丿曲折ㄱㄏㄴ」方圓口〇等，爲神農時代結繩之字。不知庖犧、神農果有其人與否，尙在不可知之數，何況所作之字耶？故其可靠之程度，幾等於零。要之，處今日而研究古世之文字，舍殷商以外，實更無再早者矣。

第一節 甲骨文

此卽殷商之文字，今人得見其遺跡者也。其發見之歷史及近人關於甲骨文字之著作，已見發掘節，不復贅述。今惟述其研究之經過及應用於研究國學之效果而已。

·国学概论·
上海大华书局
一九三四年版

自殷墟文字出世，瑞安孫詒讓即就鐵雲藏龜考其文字，成契文舉例三卷，書成於光緒甲辰，越十三年丁巳，羅振玉得其手稿，始獲印行。雖創獲無多，而殷墟文字之研究，實以此爲嚆矢。嗣是羅振玉之殷商貞卜文字考於淸宣統庚戌出書，殷墟書契考釋於民國甲寅出書。殷墟書契待問編於民國丙辰出書，王國維之戩壽堂所藏殷墟文字考釋於民國戊午出書。厥後商承祚又有殷墟文字類編之輯。葉玉森又有殷契鉤沈之作。至於東鱗西爪見於雜誌者，則容庚有甲骨文字之發見及其考釋一文，載於國學季刊第一卷第四號；余永梁有殷墟文字考一文，載於國學論叢第一卷第一號。其於殷人文字，蓋已十得五六矣。羅氏考釋一書，兼及書契中所見之人名、地名及制度典禮，王氏復纂其業，成殷卜辭中所見先公先王考續考及殷周制度論各一卷，於民國丁巳出書。就經傳之舊文與新出之史料，爲深邃綿密之研究，其於經史二學，裨益尤多。如殷周制度論從殷之祀典世系，以證嫡庶之制，始於周之初葉；由是對周之宗法、喪服及封子弟、尊王室之制，爲有系統之說明。其書雖寥寥二十頁，實近世經史二學上第一篇大文字。此皆殷墟文字研究之經過也。至其應用於研究國學之效果，則有如左述：

(甲)關於小學者：

(1)象形文字　古人象形文字，皆象形示意，並不拘拘於點畫之間。今觀甲骨文之象形文字，羊角象其曲，鹿角象其歧，象象其長鼻，豕象其蝎尾，犬象其修體，虎象其巨口，馬象其豐尾長鬣，兔象其長耳厥尾，虫象其博首宛身，魚象其枝尾細鱗，燕象其籥口布翅，龜象其昂首而被甲；且也或立或臥，或左或右，或正視，或橫視，因物賦形，恍若與圖畫無異。又如彔象桔槔汲水之形，泉象水出於澗之形，果象果生於木，箙象矢納於器，卜象龜兆縱橫，米象米粒瑣碎，非如小篆之一字一形，易惑難曉也。今選列數字於左，俾學者窺見一斑；欲得其詳，可檢羅、王諸氏原書。

(a)天象　　月　　月或左向或右向象上弦下弦月形　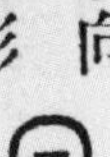　日　　明　明或日在東而月在西或

·国学概论·
上海大华书局
一九三四年版

日在西而月在東　風　風　風象鳥在斜風細雨
象日月並照之形　中側飛之形或以凡
爲　雨　雨　雨皆象雨點　雪　雪象人兩
聲　下降之形　手承雪形

(b)地理

泉　泉象泉　洲象水　水象川河　田
出谷形　中土形　長流之形　象
田畝分　疇象田畝有　阜象山阜　陵　陵
界之形　水環流之形　重疊之形　象
人舉足高升　谷象水半　野象土上　圃象蔬果植
山陵之形　出谷之形　有林形　於田圃之形
囿象苑囿
衆木之形

（c）動物

牛象牛曲角之形

馬馬馬馬馬皆象馬豐尾修騌長顱之形

羊象羊曲角垂耳之形

羊此象曲角足尾之形

雞雞象手持繩縛雞之形

豕象豕長鼻竭尾碩腹形

彘古蓋以彘爲野豕故象豕中矢之形

鹿鹿鹿象鹿歧角短尾回首愕顧之形

兔象兔長耳圜目囓齒厥尾之形

虎象虎巨口長尾斑文之形

燕燕燕燕皆象籋口布翅𦐇尾之形惟口或啓或閉爲異耳

魚魚魚皆象枝尾細鱗縮項鬐鬛之形

·国学概论·
上海大华书局
一九三四年版

(d)植物 林象喬木叢生之形 禾象禾穗倒垂之形 黍 黍 黍

黍皆象水中種禾形 穡 穡皆象禾在田上之形 桑象桑枝歧出及根之形

(e)器物 尊 尊 尊 尊皆象兩手奉尊之形 彝

彝皆象兩手奉彝之形 俎 俎象肉在俎上之形 酒 酒象酒從尊中涓滴

流注之形 羞卽饈象手持羊形 樂象樂器在架上形 巾象巾在椸上形

帚象帚倒植架上古以爲歸字 箕 箕 箕皆象箕張口形 畢 畢象捕鳥

有柄小
網之形

彔同漉瀌  象桔槔○
象汲水具 川 外溢水滴

衣象衣衿
交义之形

裘

裘象裘表出
毛下垂之形

冊象簡策
韋編之形

朋古以五貝爲朋
象貝貫串之形

弓象弓
未張形

矢象矢
一枚形

舟

舟象
舟形

車

車

車

車

車皆象車輪
箱輈軸之形

輿象兩人
舁車之形

(f)宮室

宮

宮象宮
室形

門

門象戶扇及
樞機之形

位
象

人在位
上之形

·国学概论·
上海大华书局
一九三四年版

(g)動作 出 出 出 出皆象人足自戶出外也足或左或右∪或∩皆象戶也

之象足至其地之形

各古以爲格字象足及戶之形

陟 降按陟象兩足登山之形降象兩足下山之形

步兩足一前一後象人行步之形

征象兩足至國界之形

韋古以爲違字兩人足各外向象分離形

洗象濯足水中之形

見象人觀物形

爲 爲象人手牽獸之形

采象人手采木之形

貯象貝藏匣中之形

糞象兩手推箕棄木之形

埽象人持帚埽地之形

逐象人逐豕之形

射矢加於弓所以射也

漁象手持網捕魚形  牧象手持鞭牧牛形  益古以爲溢字象水氾溢於器之形

（2）會意文字　甲骨文中之會意文字，其不拘拘於點畫，亦與象形相同。如從又持｜以撥火，盡之意也。從又持以滌器，盡之意也。逐象獸走壙而人追之，或從豕，或從犬，即無論何獸，皆可示逐之意，而不限於從豕。牢爲養牛馬之圈，或從牛，或從羊，即無論從何獸，皆可示牢之意，而不限於從牛。牝牡二字，牝從牛從匕，匕乃妣之古文，是畜母也；牡從牛從士，士乃丈夫之稱，是畜父也；或從犬，或從羊，或從豕，或從馬，或從鹿，亦不限於從牛。以上諸文，增減移易，變化雖多，皆可一望而知其意。不有卜辭，僅觀說文，固不足以語此矣。

（3）斠正說文　說文至今千八百年，屢經傳寫，譌誤不少；且亦有爲許叔重誤解者。如說文中字，小篆作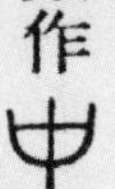，古文作，籀文作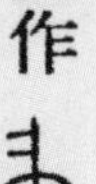；今甲骨文伯仲字皆作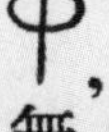，無作者，作則與象簡冊形史字事字所從之混；又中正之

·国学概论·
上海大华书局
一九三四年版

中，甲骨文作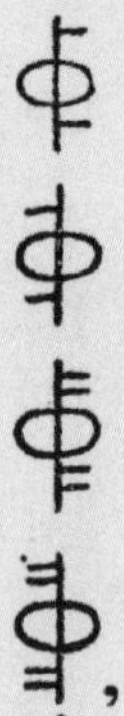，金文亦然，蓋上下斿因風而偃，不能同時上偃於左，下偃於右，而古文之作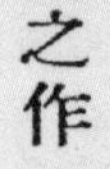亦譌。說文得小篆作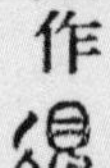，古文作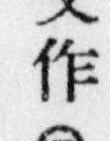，今甲骨文作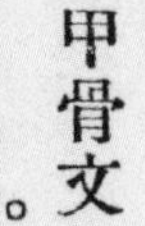，從又持貝，金文作，從手持貝，皆得之義也。說文從見，蓋從貝之譌。說文羞作，從羊從丑，羊所進也，丑亦聲；今甲骨文作，金文作，皆從羊從又，蓋以手持羊，進獻之意；說文誤又爲丑，並誤會意爲形聲矣。

（4）斠正經文　羅振玉及王國維嘗據甲骨文斝字以證詩禮作散之譌，其說極精。按斝說文作，謂從吅，從斗冂，象形，與爵同意。斝從吅，不見與爵同意之狀，從冂，亦不能象斝形。今卜辭作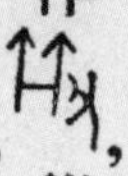，從者，上象柱，下象足，似爵而腹加碩，甚得斝狀，知說文從吅者，乃由而譌。卜辭從，象手持之。說文從斗，殆由從而譌。韓詩說古飲器有散無斝，今傳世古飲器有斝無散。故諸經中散字，疑皆斝字之譌。寶雞所出銅禁，實諸飲器，有爵一、觚一、觶二、角一、斝一，與儀禮少牢饋食

禮所言之實二爵、二觚、四觶、一角、一散，數雖不同，而器則相若。則散斝信爲一物。蓋古散字作，與斝字作形極相似，後人不識，誤認爲散字也。

（乙）關於歷史者　吾人治殷商之史，祇取材於尙書中七篇，及史記之殷本紀及三代世表。雖諸子中不無紀殷商之事；然迷離惝怳，近於神話，固不足徵。今甲骨文字之發見，於都邑、帝王及其制度、卜法、皆可推求。其於史學之貢獻爲何如？

（1）都邑　殷之都邑屢徙，不常厥居。史記殷本紀云：『自契至湯八遷。』書盤庚傳云：『自湯至盤庚五遷。』而武乙復去亳至河北。其地卽今出甲骨之所，當洹水之陰，今安陽縣西北五里者是也。卜辭所載地名至多，可考得者，凡二百三十有二。其可定者凡二：曰商，周之宋國，而今之河南商丘縣也。曰亳，卽漢書地理志山陽郡之薄縣，而今之山東曹縣南也。其略可定者凡七：曰龔，卽今之河南輝縣。曰盂，卽今之河南沁陽縣。曰雝，卽今之河南修武縣西。曰曹，卽今之山東定陶縣。曰杞，卽今之河南杞縣。曰截，卽今之河南考城縣。曰雇，卽今之河南原武縣。

·国学概论·
上海大华书局
一九三四年版

（2）帝王　殷商一代帝王，凡三十有一。見於卜辭者，二十有三。按之史記殷本紀，其名號略有異同。今舉其異者如左.

三代世表『主癸生天乙，是爲殷湯。』今卜辭湯作唐，天乙作大乙。按說文『唐，古作暘，』與湯字形相近。齊侯鐘銘曰：『虩虩成唐，』成唐卽成湯，故知唐卽湯矣。天大形近，周書之天邑商，卜辭作大邑商，故知天又爲大之譌矣。

史記庚丁，卜辭作康丁，亦作康祖丁。按商人以日爲名，無一人兼用兩日者，故知庚爲康之譌。

（3）繼統　商之繼統，非如周之父子相承，而爲兄終弟及之制。無弟而後傳子。故商三十帝中，傳弟者實居其半，卽兄弟之未立而殂者，亦祀以先王典禮。故兄弟無貴賤之分，亦無分封子弟之禮。疑我國在商時尙係一夫一妻之制，故無嫡庶之分，此可於卜辭考見者也。周太王之立王季，文王之立武王，周公之稱王，（見前章第八節周公代成王攝政節）皆沿商制。而泰伯之後，吳王壽夢欲立季札，諸子以次相傳，殷商之後，宋宣公舍太子與夷而立弟和，此又傳弟之風，至周猶未泯也。

(4)名號　有商一代帝王，皆以天干爲名；以甲名者六，以乙名者五，以丁名者六，以庚辛名者各四，以壬名者二，以丙戊己名者各一，不特男子如此，卽婦女亦以天干稱。如卜辭之稱先妣，皆以妣甲妣乙稱也。

(5)祭祀　商之祭祀極繁，凡卜祭日，皆以所祭之祖生日爲卜日，如示壬則以壬日，大乙則以乙日。又祭妣亦皆以妣之生日爲卜日，而不從祖之生日爲卜日。其祭時牢鬯之數無定制，一以卜定之，此皆從卜辭可考知者也。

(6)卜法　古時卜筮，用蓍用龜，莫知其以骨卜者，經此次發見，始知卜用龜甲，亦用獸骨。龜甲用腹甲而棄背甲，獸骨用肩胛及脛骨。卜時削治甲骨，於其裏鑿一橢圓之渠，上博而下狹，復於圓旁鑿一小窪，如形。以火在窪處灼之，則坼縱橫見於表，如形，所謂兆也。其兆側刻卜辭，有兩面刻者，有未卜而刻卜辭者。凡卜祭祀則以龜，餘皆以骨。脛骨多用於田獵，胛骨多用於征伐。故殷墟所

出，獸骨什九，龜甲什一而已。

（7）卜事　商人尚鬼，無事不以卜。除祭祀外，征伐則卜，田漁則卜，出入則卜，年則以卜，風雨則以卜。其卜征伐者，並卜其克與不克，利與不利。出師之人數，最多。爲五千，可知周書紂億萬人之語，爲不可信。又田獵所獲之獸，雖有馬、羊、豕、鹿、雉、兔之分，然以鹿爲最多，有至二百餘者，可知彼時鹿之滋生頗繁盛也。

以上七事，已可略見三千五百年前我國風俗政治之一般矣。

第二節　鐘鼎古文

呂氏春秋求人篇曰：『陶（卽皋陶）化益（卽伯益）真窺橫革之交五人佐禹，功績銘乎金石，著於盤盂。』而小戴禮記大學篇，引湯之盤銘，大戴禮記武王踐阼篇，引武王之銘辭，是周、秦之際，三代遺器，多有存者。惜漢以後，皆失其傳。漢許慎說文解字敍曰：『郡國亦往往於山川得鼎彝，其銘卽前代之古文，皆自相似。』然自言其所

·国学概论·
上海大华书局
一九三四年版

採古文，皆屬孔壁之書，未曾言博採鼎彝文字者，殆許氏未之見，故闕而不錄歟？至梁陶宏景刀劍錄歷記三代劍銘，古文篆書云何，於六朝之時，三代遺器亦有出土者，故陶氏云然。自宋以來，鐘鼎古文，始見於著錄，然呂、薛之書，傳寫覆刻，多失本真。且薛書所錄夏器，如琱戈、鉤、帶皆爲蟲書，當出六國詭文，或由後人僞造，非真夏后氏之器也。其所錄商以後之文字，始較可憑信矣。清乾隆以後，士大夫詁經之學，兼及鐘鼎彝器款識，考文辨俗，引義博聞。二百年來，古金文字，日出不窮。而阮元積古齋鐘鼎彝器款識十卷，尤爲集其大成。計所錄商器款識一百七十餘，周器款識二百六十餘，可謂富矣。雖間亦有以贋亂真及時代錯誤之弊，然大致可信也。又薛、阮二氏之書，多以款識中取名十干者，屬諸商器。今考商之先公、先王，自契至該，無一取名於十干者。自夏之末造，帝胤甲、帝孔甲、帝履癸始取名於十干。而殷之先公，亦自上甲微始，至商有天下，無一君一王不以十干名矣。是十干取名之風，起於夏之末年，而殷人效之。則今存金文之取名十干者，容有夏末之器存乎其中，未可知也。至集鐘鼎古文而編次成書者，

·国学概论·
上海大华书局
一九三四年版

雖始於宋夏竦之古文四聲韻及郭忠恕之汗簡，然蕪雜滋疑，不可依據。惟清末吳大澂之說文古籀補，則鑑別精確，考據詳明，始爲完書矣。

鐘鼎古文，字體變化綦繁，如子孫壽彝等字，有一字作三四十體者，蓋周代列國，各自爲政，實未嘗臻書同文之盛軌也。今錄天干十字於左，以見一斑：

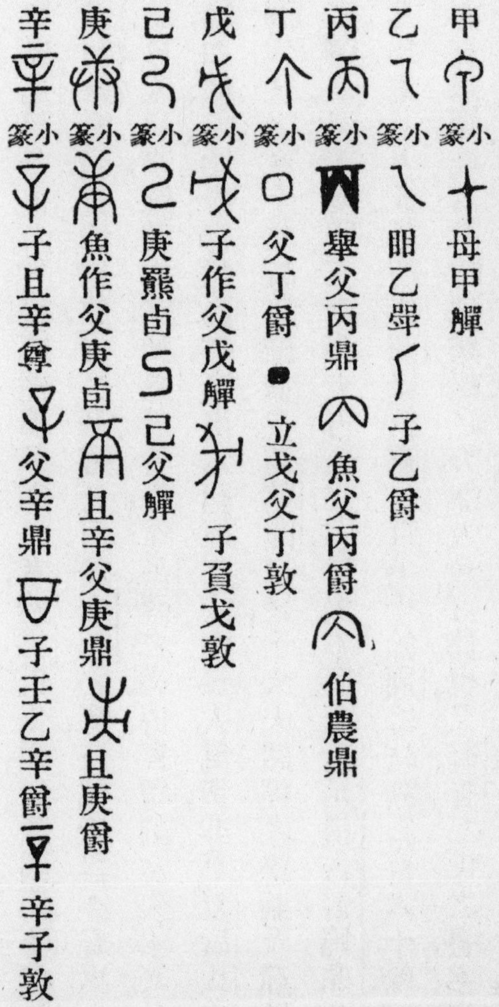

甲 小篆 母甲觶
乙 小篆 朋乙斝 子乙爵
丙 小篆 舉父丙鼎 魚父丙爵 伯農鼎
丁 小篆 父丁爵 立戈父丁敦
戊 小篆 子作父戊觶 子員戈敦
己 小篆 庚罷卣 己父觶
庚 小篆 魚作父庚卣 且辛父庚鼎 且庚爵
辛 小篆 子且辛尊 父辛鼎 子壬乙辛爵 辛子敦

王  小篆  父王尊  叔宿敦

癸  小篆  子孫父癸卣  癸觶 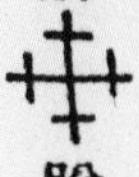 朕作父癸觶  且癸卣

第三節　籀文

籀文卽大篆，爲周太史籀所作，凡十五篇，九千字，爲周代教學僮之書，漢以後卽亡佚矣。今所可考見者，說文所錄二百二十三字，及艸部大篆從茻之字五十三耳。雖未免傳寫失真，而較之所錄古文或殊，比之今存甲骨、鐘鼎古文亦異。大抵結體每涉繁複，殆出西周尙文之時。其體與石鼓及秦刻石頗相近，蓋秦居西周故都，故習用其文歟？至宋翟耆年著籀史，清莊述祖著古籀疏證，孫詒讓著古籀拾遺，吳大澂著說文古籀補，皆錄鐘鼎古文，而合籀於古者，亦以鐘鼎古文之與籀文，不過形體之有變化，非絕對不同也。

第四節　孔壁古文

漢書藝文志謂籀書與孔氏壁中古文異體。說文敍曰：『壁中書者，魯恭王壞孔子宅而得禮記、尚書、春秋、論語、孝經，又北平侯張倉獻春秋左氏傳。』又曰：『其稱易孟氏，書孔氏，詩毛氏，禮周官，春秋左氏，論語、孝經皆古文也。』是說文全書所載古文五百餘字，皆壁中古文也。其字與今所傳之鐘鼎古文多異。故吳大澂說文古籀補敍曰：『古籀之亡，不亡於秦，而亡於七國，爲其變亂古法，各自立異，後人不能盡識也。壁中書疑皆周末七國時所作，言語異聲，文字異形，非復孔子六經之舊簡，雖存篆籀之跡，實多譌僞之形。』然吳說亦失之太拘。蓋古人書於竹帛，與鏤諸金石者，要不必同體。況如書斷曰：『周幽王時，又有省古文者，今汲冢書中多有是也。』是同一書諸竹帛，尚有二體，安能謂竹帛必與金石同文哉！

·国学概论·
上海大华书局
一九三四年版

第五節　秦刻石文

可分爲石鼓及石碑言之:

(甲)石鼓文　石鼓在隋以前,未見著錄,出土之時,當在唐初。元和郡縣圖志曰:『石鼓文在天興縣南二十里許,貞觀中吏部侍郎蘇勗紀其事。』是也。辛氏三秦記曰:『秦武公都雍,陳倉城是也。有石鼓山。』不知山因石鼓而得名,抑石鼓因山而得名也。石鼓之名,唐初尙不甚著,自韋應物、韓愈等作石鼓歌以表章之,而後始大顯於世。其地在今陝西鳳翔縣南二十里許,鄭餘慶遷之鳳翔府夫子廟。經五代之亂,又復散失。宋司馬池復輦置府學之門廡下,大觀中自鳳翔遷於東京辟雍,後入保和殿。金人破宋,輦歸燕京。今在清故國子監。其字體與鐘鼎古文及孔壁古文皆頗有出入而大體與鐘鼎古文爲近。其文體爲四言之詩。其數凡十,宋司馬池移置時亡其一,皇祐四年,向傳師求得之。入汴以後,以金填其文,示不復拓。入燕以後,又剔去其金。經此數厄,文字之殘損更多，今十鼓雖具，而第八鼓已無字矣。自來釋石鼓者，紛如聚訟，或謂周成王時物，或謂周宣王時物，或謂宇文周時物。惟鄭樵曰：『以也爲殹，以丞爲丞，殹見於秦斤，丞見於秦權，石鼓固秦文也。』近人馬衡著石鼓爲秦刻石考一文，（見國學季刊第一卷第一號）遂考定爲秦德公以下十四世居雍之故物矣。

（乙）石碑文　此指秦始皇及二世刻石頌功德文而言。刻石凡六：泰山、嶧山、之罘、琅邪、諸刻石，皆始皇二十八年刻；碣石爲三十二年刻，會稽爲三十七年刻，其後皆附刻二世之詔，則二世元年所刻也。其文皆爲四言之頌，其字爲李斯手書之小篆，與說文所列之小篆，實大同而小異也。六刻石中，今所存者僅泰山殘石二片，藏於泰山頂嶽廟中，所餘不過十字耳。嶧山碑爲唐野火焚毀，宋徐鉉有摹本，鄭文寶重刊，今在西安府學。碣石碑宋徐鉉有臨本，清江陰孔昭孔有雙鈎本，同治二年曾刻於木也。

第六節　小篆

·国学概论·
上海大华书局
一九三四年版

小篆始於秦代，說文敍謂七國文字異形，秦初兼天下，丞相李斯乃奏同之，罷其不與秦文合者，斯作蒼頡篇，中車府令趙高作爰歷篇，太史令胡毋敬作博學篇，皆取史籀大篆，或頗省改者也。然亦有不盡省改者，蓋秦代最重同文，凡古文與籀文相同者，李斯卽錄爲小篆耳。今說文所錄九千餘字，皆小篆也。學者已習文字學，對於小篆，當知之審，故不復贅言。

惟說文一書，其論六書，往往有附會隸體，好作解人者，如謂射字從身從寸，對字自漢文帝始改從口爲從士等，幾不勝枚舉。皆與今文不合，此則學者不可不知者也。

至於解釋說文之書，自以清儒所撰爲最詳，亦爲最優。如段玉裁之說文注，桂馥之說文義證，王筠之說文句讀、說文釋例，朱駿聲之說文通訓定聲，皆其中之卓卓者。其他尚不下三四百家。清末滬上書肆，曾集南唐徐鍇、徐鉉以下注說文書數百種，爲總帳式之整理，名曰說文傳注彙纂，爲書計八百餘册，稿未付印，散失百餘册，其殘稿後售諸商務印書館，亦巨觀也。今人丁福保氏彙輯說文注解而成說文詁林一書，已

·国学概论·
上海大华书局
一九三四年版

出版矣。

第七節　隸書

秦、漢統一，地廣事繁，文利省便，隸書遂代篆書而興矣。漢書藝文志及說文敘並謂秦獄多事，初有隸書，以趨約易而施之於徒隸，故謂之隸書。亦謂之左書者，以其法便捷，可佐助篆所不逮也。隸書爲秦獄吏下杜人程邈所作。邈善篆書，得罪繫雲陽獄，增減古篆，去其繁複，得三千字。始皇帝以其便於書寫，即通用之。今證諸古篆，則隸書有從古文者，有從籀文者，有從小篆者。蓋雜出自古、籀、篆三體者也。如左表：

正書	古文	籀文	小篆	隸書
烏於				於於爲烏
雲云	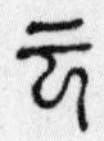			云雲雲雲
嶽岳				岳嶽嶽

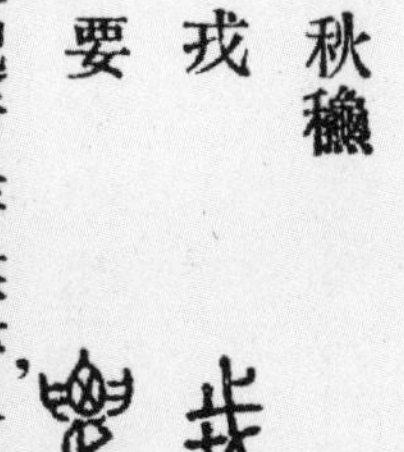

程邈所作隸書，今已不可復覩。所可考見者，惟秦權量及詔版文字，無點畫俯仰之勢，雖隸而猶未脫篆書之跡，故後人謂之古隸。至漢則漸次變革，西京之世，猶近於篆。如漢宣帝地節二年之楊廚鼎銘，甘露二年之承安宮鼎銘，五鳳二年之魯孝王刻石及近時出土之漢武帝元鼎年元甎，宣帝地節四年甎，廣州之南越文王冢中木刻，斯坦因所發見之武帝大始三年，本始六年諸漆書木簡。多字畫方整，不作俯仰之勢。至東京之世，則漸與正書逼近。如新莽始建國天鳳元年、地皇元年，東漢光武建武二十二年，明帝永平十一年，章帝建初二年，永初四年，順帝永和二年諸漆簡，及靈帝熹平元年，解殃陶瓶朱書，皆遠於隸書，而近於楷書矣。至魏陳留王景元四年漆簡，則全作正楷矣。

關於漢隸之著作，如宋洪适之隸釋，劉球之隸韻，婁機之漢隸字原，淸馬邦玉之漢碑錄文，王昶之金石萃編，翁方綱之兩漢金石記，顧藹吉之隸辨，翟云升之隸篇，王念孫之漢隸拾遺，皆名著也。而尤以隸辨一書爲最便初學。

第八節　八分書

八分書爲秦上谷羽人王次仲所作。命名之意，古今紛如聚訟。衛恆以八分卽楷書，歐陽修以八分卽隸書，固不可信。近人顧實謂八分之法，出自印璽，璽形正方，有四正四隅，用筆須八方分布，故曰八分，其說亦未盡然。惟書苑引蔡文姬說，謂割程隸字八分取二分，割李篆字二分取八分，是爲八分。張懷瓘書斷亦謂八分減小篆之半，隸又減八分之半。此二說似爲得之，蓋八分實在小篆與隸書之間，較隸書尤近於篆者也。

八分書之可考見者，如漢之石經、華嶽碑、燉煌太守紀功碑、延光殘碑、魏鍾繇書

·国学概论·
上海大华书局
一九三四年版

之上尊號奏衞覬書之受禪表皆是也。

第九節 正書

正書亦曰真書，卽今之所謂楷書也。正書非有特創之人，蓋由隸書漸變而成，觀漢人所書碑碣，愈近魏、晉者，其字體亦愈近正書，卽可知矣。宣和書譜曰：『西漢之末，隸字刻石，間雜正書。降及三國鍾繇者，乃有賀尅捷表，備盡法度爲正書之祖。東晉王羲之作樂毅論、黃庭經，一出於世，遂爲今世不貲之寶。』此不過謂正書至鍾、王而益整齊，遂爲後人倣法，非謂正書始於鍾、王也。惟古人亦稱隸書爲正書，爲真書，而六朝人又稱正書爲今隸，漢隸爲古隸，故正書亦曰隸書。名目混淆，常易致誤，學者不可不注意者也。

第十節 草書

·国学概论·
上海大华书局
一九三四年版

草書者，通篆隸皆有之也。蓋古人無論作篆作隸，皆有兩種書法：一求整齊，以爲美觀，謂之正書；一趨簡易，以圖省時，謂之草書。許慎說文敍曰：『漢興有草書。』梁武帝書狀引蔡邕之說曰：『昔秦之時，諸侯爭長，簡檄相傳，望烽走驛，以篆隸之難，不能救速，遂作赴急之書，蓋今草書是也。』衞恆四體書勢曰：『草書不知作者姓名。』按凡文物之起，皆出於自然之需要，其後有能者，乃尸其創作之名耳。草書既爲人人作書起草之具，成則毀棄而不重，故無能尸其創作之名也。成公綏隸書體曰：『草藁近僞。』然則草書者，卽取草創之義，故草書亦曰藁書。蕭子良古今文體及韋續五十六種書皆有藁書而無草書，是也。今分爲草篆、草隸、章草、今草及行書五項述之：

（甲）草篆　論語曰：『裨諶草創之。』史記屈原傳曰：『上官大夫奪屈平草藁。』是篆書時代已有草書之明證。阮元積古齋鐘鼎彝器款識有戈扶鼎銘及乙亥鼎銘，其字體皆攲斜不正，筆畫亦簡率糾連，阮元謂篆體之近乎草者是也。孫星衍急就篇考異自敍曰：『草從篆生，故武字先書戈，後書止，以止包戈；無字上爲卌，下爲亡，省大省林；稟從木，釜從父；鹿頭從廿，卷首從釆也。真出於草，故葩誤爲花，修誤爲脩，嫋誤爲嫐，疊誤爲叠也。』觀此，可知草與隸同出於篆，且草書當在正書之先，非出於隸書明矣。

（乙）草隸　隸書亦有作草體者，蓋隸書取其迅速，而草隸則尤迅速，故亦謂之散隸。觀流沙所出之漆書殘簡，隸草二體，幾不可分，是可見漢人書於碑碣，必作正體，而書於竹帛，則不妨雜以草體也。

（丙）章草　章草字字區別，不相牽連，蓋始於東漢之初。或謂漢章帝好之，故曰章草；或謂施諸章奏，因得是名。宋王愔曰：『漢元帝時，史游作急就篇解散隸體，粗書之。』按王說非也。漢書藝文志明言史游作急就篇皆蒼頡中正字，則篆而非草明矣。是必後人見皇象、鍾繇、衞夫人、王羲之等所書急就篇，皆作草體，故誤會而爲此說也。衞恆四體書勢曰：『章帝時，齊相杜度號稱善作。』蕭子良書斷曰：『章草者，漢齊相杜操始變藁法。』蓋操字伯度，故亦曰杜度也。變藁法者，卽變隸藁而爲章草也。此二說似得之矣。杜氏後，則崔瑗、崔實爲最長矣。

(丁)今草　今草者，比章草加以流速，上下牽連，或借上字之終而爲下字之始，卽今所通行之草書也。蓋草聖張伯英變杜、崔之法而爲之者也。伯英名芝，後漢宏農人。其弟文舒，亦精草書，次於伯英。又有姜孟穎、梁孔達、田彥和、韋仲將之徒，皆伯英弟子，有名於世。羅叔景、趙元嗣者，與伯英並時，見稱於西州，而矜巧自與，衆頗惑之。故伯英自稱上比崔、杜不足，下方羅、趙有餘也。伯英草書急就章皆一筆而成，故世亦謂之一筆書。然猶曰下筆必爲楷則，號匆匆不暇書也。至唐代張旭、懷素輩出，恣意增損字形，務爲鉤連之狀，至不可曉，故世稱曰狂草焉。

(戊)行書　行書者，介乎眞草二書之間，兼眞則謂之眞行，兼草則謂之行書。衞恆四體書勢曰：『魏初有鍾、胡二家爲行書法，俱學之於劉德昇。』鍾、胡者，鍾繇、胡昭也。亦謂之行押書。張懷瓘書斷謂昔鍾元常善行押書是也。鍾氏以後，則王羲之、獻之父子，並造其極焉。

我國古今流傳文字，要不外乎前列十類而已。至如說文敍所稱漢試學僮之秦

·国学概论·
上海大华书局
一九三四年版

書八體：一曰大篆，卽籀文也。二曰小篆，卽秦篆也。三曰刻符，四曰蟲書，五曰摹印，六曰署書，七曰殳書，皆篆書之變。不過其用有別耳。八曰隸書，卽秦人程邈所作之隸書也。又王莽改定之六書：一曰古文，卽孔壁之古文也。二曰奇字，卽古文之異體也。三曰篆書，卽小篆也。四曰左書，卽隸書也。五曰繆篆，所以摹印。六曰鳥蟲書，所以書幡信，則皆篆書之變也。至如後世所傳：伏羲氏作龍書，神農氏作穗書，黃帝氏作雲書，少昊氏作鸞書，高陽氏作蝌斗書，高辛氏作人書，堯作龜書，禹作鐘鼎書，務光作倒薤書，文王作鳥書，史佚作虎書，武王作魚書等，皆依附假託，必不可信者也。

第二章 音韻學

上古之時，未造字形，先有字音。然當人類初有語言之時，蓋未有如今日之複雜；其始僅有單獨之音，厥後聲音複雜，乃始構成言語。今考聲音之起源，約有數端：

（甲）自然之音　口舌相調，卽發一音，凡在幼童，莫不皆然，非時與地所能限制也。故或以此音爲天籟。

【例一】我者，發語聲也。人欲發聲，則我字之音自出於喉，故卽以此音爲自身之稱。英語之我字爲 I，其音與我相近也。

【例二】汝者，亦發語聲也。凡人欲有所指示，卽口中不言而汝字之音，亦多出於喉舌之間，故卽以此音爲指人之稱。英語之汝字爲 You，其音與汝相似也。

(乙)效物之音　言出於口，而聲音乃成。然生民之初，非能創造此音也；其所以成一確實之音者，必先具此物，乃立其名也。其道有三：

(1)聲起於形　卽象物形以定字音也。

【例一】日實之音古同，因日形圓實，故卽以日呼之。後因實音轉爲日音，乃別造日字。

【例二】天顛之音古同，因天體在上，故卽以顛呼之。後由顛音轉爲天音，乃別造天字。

·国学概论·
上海大华书局
一九三四年版

（2）聲起於義　凡某事某物之意象相類者，卽寄以同一之音，以表其義象，故音同之字，義多相同。

【例一】凡開口直發其聲曰施。重讀之則曰矢。故與施矢音近者，如尸、旗、夷、易、水、屎、諸字，或含有平陳之意，或含有施舍之意。

【例二】凡事物有間可進，或進而靡已者，其音皆讀若門。如勉、每、敏、沒、懋、邁、諸字是也。

（3）聲起於音　古人造字，因以字形象物形；而古人發言，亦多以語聲肖物音也。

【例一】水聲澌澌，其音近水；火氣融融，其音近火；牛、馬、雞、狗、鴉、鵲、鷹、雀，各肖其鳴聲；金、銀、銅、鐵、鐘、磬、鼓、柝，各肖其發音。此皆名詞之肖其音者也。

【例二】滴字之音，與雨水注階之音相近；流字之音，與急水下注之音相近；擊字之音，與持械毆鬬之音相近；撲字之音，與持木輕敲之音相近。此皆動詞之肖其音者也。

【例三】大字之聲，大張其口；小字之聲，小張其口；長字之聲，曳長其音；短字之聲，縮短其音；明白二字之聲平顯，烏黑二字之聲陰沈，紅黃二字之聲發揚，藍綠二字之聲和易；說酸字口如嘗醋之形，說苦字口如嘗藥之形，說鹹字口如嘗鹽之形，說甘字口如嘗糖之形，說辛字口如嘗薑之形。此皆形容詞之肖其音者也。

聲音起源，既如前述。然時有推移，地有異同，故聲音亦有變遷。茲分述於左：

(甲)音隨時殊　大抵上古之時，野蠻之風未革，聲音多重濁，且其音甚少。後世文化日進，聲音漸流於輕淺，而其音亦日多矣。此聲音進化之公例也。其可言者凡六端：

(1)古人叶韻，無平仄之分，故無四聲。

(2)齊、梁有四聲，然尙無五音七音之分。

·国学概论·
上海大华书局
一九三四年版

（3）古時之音，無舌頭、舌上之分，凡舌上音皆讀如舌頭音也。

（4）古時之音，無輕脣、重脣之分，凡輕脣音皆讀如重脣音也。

（5）古時字各一音，雖有一字數義者，未有義各一音者也。

（6）古人音近之字，多可通借，故六書中有假借也。

觀此，古代音簡，近世音繁，概可知矣。今更區古今之音爲六時期：

（1）周、秦之音　三百篇、楚辭、及羣經、諸子所用之韻，是也。

（2）漢、魏之音　漢、魏人詩文中所用之韻，是也。

（3）六朝之音　六朝人詩文中所用之韻，是也。

（4）唐、宋之音　凡切韻、廣韻、集韻中所列之音，是也。

（5）元、明之音　凡詞曲雜劇所用之韻，及韻府羣玉、洪武正韻、中原音韻諸書所列之音，是也。

（6）近代之音　可以今之國音爲標準。

·国学概论·
上海大华书局
一九三四年版

蓋聲音既有變遷，故三百篇、楚辭之音，不能律以漢、魏詩賦之音；漢、魏詩賦之音，不能律以六朝、唐、宋詩詞之音。雖然，此猶其大別也。若細分之，卽同一時代之中，北方之音不同於南方，齊、魯之音不同於秦、晉，此觀乎揚雄方言、劉熙釋名而可知者也。故三百篇之音不與楚辭同，卽三百篇中邶、鄘、衞風必不同於齊風秦風。昔人之談古音者，往往以時代爲斷；而一時代之中，不復細別地域，是猶未造精確之詣也。

（乙）音隨地殊　禮記王制篇謂五方之民，言語不通。爾雅有釋言一篇，揚雄有方言一書，皆所以著各方之殊言者也。蓋古世因方音之不同，而生語言之變化，因語言之變化，而又各造文字以切方音。淮南子之言曰：『輕土多利，重土多遲，淸水音小，濁水音大。』此言方音之不同，原於地理者也。大抵秦代以前，南北之音，截然不同。故詩言：『以雅以南，』雅者，北音也；南者，南音也。荀子言：『居夏言夏，居楚言楚。』夏卽北音，楚卽南音也。厥後經五胡、五代之亂，外夷入宅，驅中原之人入於江左，於是河、淮南北，間雜夷音，而南方江、浙一帶，轉與古世北方之音相近矣。然南方之言，仍復截然不同。陸法言切韻序謂：『吳、楚南方之音，流於輕淺；燕、趙北方之音，失於重濁。』是也。明、清之世，以北京方音爲北方之官話，南京方音爲南方之官話，然中國本部之方言，仍各不同，約可分爲十種：（劉師培之說）

（1）河北、關西之音，因地多高峻，故發音粗厲，然間雜夷音。

（2）河南、淮北之音，因地多平原，故發音平易。

（3）淮南、江北之音，因地居南北之中，故其音重濁而略帶清揚。

（4）漢水南北之音，因其地多山，故其言佶屈，其音自清。

（5）江、浙之音，因地處衆水下流，故發音輕淺而多浮。

（6）皖南之音，因表裏皆山川，故其音清揚，而略涉重濁。

（7）湘、贛之音，因其地多山，故發音抗厲，似浮而實沉。

（8）粤西、滇、黔之音，因其地雖多山，然其音尙平易。

（9）閩中之音，因開闢最遲，故音多佶屈。

(10)粵東之音，因其地濱海，成一種特別之音，音清淺而繁多。

上所述者，爲我國古今南北聲音變遷之略史，學者既明乎此，方可與語音韻之學。音韻之學，約可分爲古音、廣韻、等韻、國音四派：

第一節　古音學

古音之學，所以研究周、秦、漢、魏未有韻書時所用之音韻者也。研究古音，萌芽於宋。吳棫作毛詩補音，朱熹傳詩用之，今已失傳。又作韻補一書，就二百零六部，注古通某，（如言冬、鍾古通東之類）或古轉聲通某，（如言文元魂古轉聲通真之類。）或轉入某，（如言江，轉入東之類。）前人多譏其分合疏舛。至鄭庠作古音辨，乃分六部，如左表：

次第	分部	所屬平聲諸韻	所屬入聲諸韻
一	陽部	東冬鍾江陽唐庚耕清青蒸登	屋沃燭覺藥鐸陌麥昔錫職德
二	支部	支脂之微齊佳皆灰咍	

·国学概论·
上海大华书局
一九三四年版

三	先部	眞諄臻文殷元魂痕寒桓刪山先仙	質術櫛物迄月沒曷末黠鎋屑薛
四	虞部	魚虞模歌戈麻	
五	尤部	蕭宵肴豪尤侯幽	
六	覃部	侵覃談鹽添咸銜嚴凡	緝合盍葉帖洽狎業乏

清顧炎武又分爲十部，如左表：

次第	分部	所屬平聲諸韻	所屬入聲諸韻
一	東部	東冬鍾江	
二	支部	支脂之微齊佳皆灰咍	質術櫛物迄月沒曷末黠鎋屑薛麥昔錫職德
三	魚部	魚虞模侯	藥鐸陌
四	眞部	眞諄臻文欣元魂痕寒桓刪山先仙	
五	蕭部	蕭宵肴豪尤幽	屋沃燭覺
六	歌部	歌戈麻	

七	陽部	陽唐	
八	庚部	庚耕淸青	
九	蒸部	蒸登	
十	侵部	侵覃談鹽添咸銜嚴凡	緝合盍葉帖洽狎業乏

江又分爲十三部，如左表：

次第	分部	所屬平聲諸韻	所屬入聲諸韻
一	東部	東冬鍾江	
二	支部	支脂之微齊佳皆灰咍	麥昔錫職德
三	魚部	魚虞模	藥鐸陌
四	眞部	眞諄臻文欣魂痕	質術櫛物迄沒
五	元部	元寒桓删山先仙	月曷末黠鎋屑薛
六	蕭部	蕭宵肴豪	

·国学概论·
上海大华书局
一九三四年版

七	歌部	歌戈麻	
八	陽部	陽唐	
九	庚部	庚耕清青	
十	蒸部	蒸登	
十一	尤部	尤侯幽	屋沃燭覺
十二	侵部	侵	緝
十三	覃部	覃談鹽添咸銜嚴凡	合盍葉帖洽狎業乏

段玉裁作六書音韻表，又分爲十七部，如左表：

次第	分部	所屬平聲諸韻	所屬入聲諸韻
一	之部	之咍	職德
二	蕭部	蕭宵肴豪	
三	尤部	尤幽	屋沃燭覺

四	侯部	侯	
五	魚部	魚虞模	藥鐸
六	蒸部	蒸登	
七	侵部	侵鹽添	緝葉帖
八	覃部	覃談咸銜嚴凡	合盍洽狎業乏
九	東部	東冬鍾江	
十	陽部	陽唐	
十一	庚部	庚耕清青	
十二	眞部	眞臻先	質櫛屑
十三	諄部	諄文欣魂痕	
十四	元部	元寒桓删山仙	
十五	脂部	脂微齊皆灰	術物迄月沒曷末黠鎋薛
十六	支部	支佳	陌麥昔錫

·国学概论·
上海大华书局
一九三四年版

十七	歌部	歌戈麻

按古音之學，當以宋之鄭庠爲遠祖，顧炎武爲有清一代之始祖。雖分部尚未精確，實啓江、戴、段、王諸氏之先河，爲學者所不可不知也。至江永而分部漸密，段玉裁爲戴震弟子，而戴震又爲江永弟子，故段氏之古音學極有淵源，其分部乃大定矣。其他如嚴可均分爲十六部，戴震、朱駿聲各分爲二十三部，孔廣森、莊葆琛各分爲十九部，張皋文分爲二十部，王念孫、江有誥各分爲二十一部，近人亦有分爲二十三部及二十六部者，雖頗有出入，然皆大同小異者也。至最近章太炎分古音爲陰陽類二十三部十八組，又分字母爲紐音二十一目，實集古音之大成也。今列其表於左：

韻目表

陽	陰
寒	歌、泰
諄	隊、脂

紐目表

喉音	牙音	舌音	齒音	脣音
見	曉	端 知	照 精	幫 非

·国学概论·
上海大华书局
一九三四年版

谿 匣 透徹 穿清 滂敷

羣 影喻 定澄 牀從 並奉

疑 娘日泥 審心 明微

來 禪邪

弇　真——至　弇
　　青——支
　　陽——魚
　　東——侯
陽　侵┐緝┌幽　陰
　　冬┘
　　蒸——之
侈　談┐盍┌宵　侈

韻目表中，上列陽聲，下列陰聲，可對轉者；其數部同居者，同一對轉者也。紐目表中，其旁注之母，爲古音所無者也。其說詳見於章氏國故論衡之小學略說及成均圖。

右旣略述古音學之歷史，今更敘研究古音之法，其法有十：

(1)諧聲 凡說文某字從某得聲，則某字之古音，必與其所得之聲爲同部。

(2)重文 凡說文所載古文、籀文、奇字、篆文或從某者則重文必與本字爲同部。

(3)異文 經傳文同字異，漢儒注某讀爲某者，則其字必與原文爲同部。

(4)音讀 漢儒注某讀如某或某讀若某者，則所音之字亦必與原文爲同部。

(5)音訓 凡以音爲訓者，如仁者，人也；義者，宜也；庠者，養也；序者，射也；天神、引出萬物者也；地祇、提出萬物者也之類；則仁之與人，義之與宜，庠之與養，序之與射，天之與神與引，地之與祇與提，亦必各爲同部者也。

(6)疊韻 凡疊韻之詞，其上下二字，亦必同部，如崔、嵬、虺、頹，傴、僂、汚、邪等是也。

(7)方言 凡方言之轉變，亦多同部者，如揚雄方言虔儇慧也，秦謂之謾，虔、儇、謾，皆同部也。

·国学概论·
上海大华书局
一九三四年版

（8）韻語　凡經典楚辭，周、秦諸子，兩漢有韻之文，其叶韻之字皆同部也。

（9）韻書　自隋之經典釋文唐之切韻，宋之廣韻、集韻、禮部韻略，元之韻府羣玉，明之洪武正韻，至清之佩文詩韻，與今之讀音，逐字比較其音，可得字音變遷之歷史。

（10）譯音　隋、唐以來，翻譯佛典盛行；元代與中亞細亞及歐洲皆往來頻繁；明中葉以後，歐人東來，譯語輸入；歷代所譯名詞，其原語今尙有存者，可以對照；從此可得各時代之讀音，既得其讀音，又可求聲音變遷之原則。如 Bhuda 一字，依今音當譯爲『菩達』而佛經則譯爲『佛陀』。因此『佛』字，吾人可推知唐時『佛』字當讀作重脣音，可證明錢大昕古無輕脣音之語。又因此『陀』字，可推知唐時歌、麻二韻不分也。

第二節　廣韻學

（甲）詩賦韻　古無韻書，至魏、晉以後，始有編成韻書者。而集大成於廣韻，故研究六朝以後音韻學，謂之廣韻學。魏之韻書，有李登之聲類；晉之韻書，有呂靜之韻集，今皆失傳。唐封演謂李登以五聲命字，魏江式謂韻集以宮、商、角、徵、羽各爲一篇。似李、呂之書，僅分五聲，尚未有韻目也。南北朝之韻書，有段弘之韻集，王該之文章音韻，陽休之之韻略，李槩之續修音韻決疑，劉善經之纂韻抄等，今皆不傳，僅見其目於隋書經籍志。然觀六朝人所作之詩賦，其叶韻之字有定，幾無出入者，則上列諸書，必分韻部明矣。及隋陸法言與劉臻、顏之推、魏淵、盧思道、李若、蕭該、辛德源、薛道衡等八人，討論音韻，共定韻目，撰切韻一書。實集六朝以來韻書之長，蓋斟酌古今，會通南北，而成書也。其書至南宋以後亡佚，近始發見於敦煌石室，王國維有影寫本行世。此爲今日所存最古之韻書。有唐一代，文士撰著，多依據於此。惟當時頗苦其分韻苛細，於是許敬宗等詳議，以其中韻窄者，奏合而用之，遂有同用獨用之說。其後唐高宗時，孫愐撰唐韻；宋眞宗時，陳彭年、丘雍等撰廣韻，皆以切韻爲藍本。至廣韻所以異於切韻者，除增加紐字以外，又變法言一百九十三韻而爲二百零六韻。宋景德間，又詔刪取切韻

·国学概论·
上海大华书局
一九三四年版

名曰韻略。景祐四年，又詔修廣韻爲集韻，雖字類有增，然部分仍未改廣韻之舊。同時又改韻略爲禮部韻略，以賈昌朝言，改定韻窄者十有三處，許令附近通用。及南宋劉淵王子新刊禮部韻略，取許敬宗所同用，賈昌朝所通用者，併而爲一，遂變二百零六韻爲一百零七韻矣。是所謂平水韻也。元大德中，陰時天、時中兄弟撰韻府羣玉，又併上聲拯韻字入迥韻，而爲一百零六部，迄今猶仍用之，所謂今韻是也。明洪武中，樂韶鳳、宋濂等奉敕撰洪武正韻，併平、上、去三聲各爲二十二部，入聲爲十部，合得七十六韻，此實六朝以後韻書之大變更。然終明之世，文士迄未遵用，亦可見其删併之未善也。總之，除洪武正韻七十六韻不足論外，其餘則唐以後爲二百零六韻，南宋以後爲百零七韻，元以後爲百零六韻。此廣韻學變遷之概略也。今彙列一表於左：

平聲	廣韻五十七部	平水韻三十部	今韻三十部
上聲	廣韻五十五部	平水韻三十部	今韻二十九部
去聲	廣韻六十部	平水韻三十部	今韻三十部
入聲	廣韻三十四部	平水韻十七部	今韻十七部

東	東	東	董	董	董	送	送	送	屋	屋	屋
冬鍾	冬	冬	腫	腫	腫	宋用	宋	宋	沃燭	沃	沃
江	江	江	講	講	講	絳	絳	絳	覺	覺	覺
支脂之	支	支	紙止旨	紙	紙	寘至志	寘	寘			
微	微	微	尾	尾	尾	未	未	未			
魚	魚	魚	語	語	語	御	御	御			
虞模	虞	虞	麌姥	麌	麌	遇暮	遇	遇			
齊	齊	齊	薺	薺	薺	霽祭	霽	霽			
						泰	泰	泰			
佳皆	佳	佳	蟹駭	蟹	蟹	卦怪夬	卦	卦			

·国学概论·
上海大华书局
一九三四年版

灰咍	眞諄臻	文欣	元魂痕	寒桓	刪山	先仙	蕭宵
灰	眞	文	元	寒	刪	先	蕭
灰	眞	文	元	寒	刪	先	蕭
賄海	軫準	吻隱	阮混很	旱緩	潸產	銑獮	篠小
賄	軫	吻	阮	旱	潸	銑	篠
賄	軫	吻	阮	旱	潸	銑	篠
隊代廢	震稕	問焮	願慁恨	翰換	諫襉	霰線	嘯笑
隊	震	問	願	翰	諫	霰	嘯
隊	震	問	願	翰	諫	霰	嘯
	質術櫛	物迄	月 沒	曷末	黠鎋	屑薛	
	質	物	月	曷	黠	屑	
	質	物	月	曷	黠	屑	

肴	豪	歌戈	麻	陽唐	庚耕清	青	蒸登	尤侯幽	侵
肴	豪	歌	麻	陽	庚	青	蒸	尤	侵
肴	豪	歌	麻	陽	庚	青	蒸	尤	侵
巧	皓	哿果	馬	養蕩	梗耿靜	迥拯等		有厚黝	寑
巧	皓	哿	馬	養	梗	迥	拯	有	寑
巧	皓	哿	馬	養	梗	迥		有	寑
效	號	箇過	禡	漾宕	映諍勁	徑證嶝		宥候幼	沁
效	號	箇	禡	漾	敬	徑		宥	沁
效	號	箇	禡	漾	敬	徑		宥	沁
				藥鐸	陌麥昔	錫	職德		緝
				藥	陌	錫	職		緝
				藥	陌	錫	職		緝

·国学概论·
上海大华书局
一九三四年版

談覃	添鹽	凡嚴銜咸
覃	鹽	咸
覃	鹽	咸
敢感	忝琰	范儼檻豏
感	琰	豏
感	琰	豏
闞勘	掭豔	梵釅鑑陷
勘	豔	陷
勘	豔	陷
盍合	帖葉	乏業狎洽
合	葉	洽
合	葉	洽

右表所列韻目三種，爲隋、唐以來詩文通用之韻。除此以外，尚有詞韻與曲韻，與詩文所用之韻不同。今略言其概要：

（乙）詞韻　詞始於唐，唐時別無詞韻之書。宋朱希眞嘗擬應制詞韻十六條，而外列入聲韻四部，其書久佚，目亦無考。世所流傳菉斐軒詞林韻釋一書，不知作者何代何人，大抵出於元、明之際。觀其所分平上去十九韻而無入聲韻，則是書實爲北曲而作，是曲韻而非詞韻也。至明沈謙曾著詞韻略一書，分合失當。同時趙鑰、曹亮武皆撰詞韻，與沈謙大同小異。入清以後，詞韻作者頗多，仲恒有詞韻二卷，分平上去爲十四部，而別出入聲。李漁有詞韻四卷，分列二十七部。胡文煥有文會堂詞韻，則以平上去三聲用曲韻，入聲用詩韻，頗涉騎牆之見。許昂霄有詞韻考略，以平上去分十七部，入聲分九部，亦未爲善。清代所通行者，則惟吳烺、程名世等所編之學宋齋詞韻，以平上去通叶，分爲十一部，入聲則別分四部，雖較前列諸書爲精，然猶未盡合宋人塡詞所叶之韻也。及戈載詞林正韻一書出，實爲空前之作，從此塡詞家遂得有所依據矣。其書以平上去三聲通叶，分爲十四部，而入聲則分爲五部。又入聲之可作平上去三聲用者，又各附入平上去三聲中。其各部分合，皆依據兩宋名家詞中所叶之韻，絕不參以主觀之見，洵稱善本也。今將戈載所分之部，列表於左：

分部		集韻韻目	入聲各紐作平上去聲用者
第一部	平聲	東冬鍾	
	仄聲	上聲董腫 去聲送宋用	
第二部	平聲	江陽唐	

·国学概论·
上海大华书局
一九三四年版

	仄聲	上聲講養蕩 去聲絳漾宕	
第三部	平聲	支脂之微齊灰	室悉壟怭窒秩吉蝨赫獲的賊
	仄聲	上聲紙旨止尾薺賄 去聲寘至志未霽祭太隊廢	質失叱悉七壟必匹筆詰吉一瑟迄的踢殛測德忒塞 則黑克國作上聲 日密栗逸劇勒墨作去聲
第四部	平聲	魚虞模	斛濮族牘伏執逐育續局聿兀核
	仄聲	上聲語噓姥 去聲御遇暮	屋哭穀卜撲速蔟禿福肅鑿菽祝蠱蓄麴匊郁篤粟促 足作上聲 木祿肉六育聿勿訥作去聲
第五部	平聲	佳皆咍	白宅獲蚱塞
	仄聲	上聲蟹駭海 去聲太卦怪夬代	率櫛拍百拆客格耆虢索側色作上聲 陌啞搦作去聲
第六部	平聲	眞諄臻文欣魂痕	
	仄聲	上聲軫準吻隱混很 去聲震稕問焮慁恨	
第七部	平聲	元寒桓刪山先仙	
	仄聲	上聲阮旱緩潸產銑獮 去聲願翰換諫襉霰線	
	平聲	蕭宵爻豪	學剝樸浞藹嚼杓著噱璺鐸昨鶴穫犪

第八部	仄聲	上聲篠小巧皓 去聲嘯笑效號	覺殼渥剝朔齪捉浞爵鑠綽謔託博索錯作臛各惡廓郭作上聲 擜犖末弱略䕶謔諾惡作去聲
第九部	平聲	歌戈	學濁佛孛㕯活跋杓鐸昨
	仄聲	上聲哿果 去聲箇過	璞數齪捉曷喝渴葛抹活豁闊斡撥撮綴掇脫索廓作上聲 末捋弱諾惡作去聲
第十部	平聲	佳麻	蹶月揭伐辥怛滑拔鎋纈蹩絕晢舌哲雜閘睫協挾帢
	仄聲	上聲馬 去聲卦禡	闕厥歇揭謁髮鼈闥戛乞札八殺察瞎刮刷屑切節鐵挈結撆雪蕝設掣浙啜拙說軰給帀答笈恰作上聲 月韈刺末劼茁刷妠涅蔑熱爇列劣拽葉作去聲
第十一部	平聲	庚耕清青蒸登	
	仄聲	上聲梗耿靜迥拯等 去聲映諍勁徑證隥	
第十二部	平聲	尤侯幽	叔祝孰逐
	仄聲	上聲有厚黝 去聲宥候幼	宿菽祝作上聲 肉六朒畜作去聲
第十三部	平聲	侵	
	仄聲	上聲寑 去聲沁	
第十四部	平聲	覃談鹽沾咸銜嚴凡	

·国学概论·
上海大华书局
一九三四年版

	仄聲	上聲感敢跤忝儼嗛豔范 去聲勘闞豔㮇驗陷鑒梵	
第十五部	入聲	屋沃燭	
第十六部	入聲	覺藥鐸	
第十七部	入聲	質術櫛陌麥昔錫職德緝	
第十八部	入聲	勿迄月沒曷末黠舝屑薛葉帖	
第十九部	入聲	合盍業洽狎乏	

（丙）曲韻　南北曲所用之韻，不獨與詩文用韻不同，卽與詞韻亦殊。曲韻之書，以元周德清所撰之中原音韻爲最古，至今顧曲家尙奉爲北曲叶韻之圭臬。其音韻之例，以平聲分爲陰陽，以入聲分隸三聲。分爲十九部；一曰東鍾，二曰江陽，三曰支思，四曰齊微，五曰魚模，六曰皆來，七曰眞文，八曰寒山，九曰桓歡，十曰先天，十一曰蕭豪，十二曰歌戈，十三曰家麻，十四曰車遮，十五曰庚青，十六曰尤侯，十七曰侵尋，十八曰鹽咸，十九曰廉纖，蓋全爲北曲而作也。厥後明寧王權有瓊林雅韻一書，亦分十九部，

與中原音韻大同小異，惟部目不同耳。至於南曲叶韻之法，亦以平上去三聲通叶，而以入聲派入三聲。世多以洪武正韻爲準。其專著一書者，則有清毛先舒之南曲正韻一書，然分合猶未恰當也。近人吳縣吳梅對於南北曲，極深研究，著有顧曲麈談一書，其第一章原曲中有論音韻一節，考訂精密，頗足取法。吳氏以集韻二百零六部韻目爲主，將平上去三聲分隸二十一部，撮擧陰平陽平各一字以爲部目，入聲則分隸於各部，平上去三聲，復將所屬之字分列陰陽。其論曲韻與詞韻之區別曰：

『大凡曲韻與詞韻相異者，詞中支思與齊微合併爲一；寒山、桓歡、先天三韻，家麻、車遮二韻，鹽咸、廉纖二韻，亦合而爲一；又詞中所用入韻，有協入三聲者，有獨用入聲者，故萬不可守入派三聲之例，則入聲一調斷不能缺，此塡曲家所以萬萬不可用詞韻也。愚意曲韻之與詩韻，雖截然不同，顧其源卽出於詩韻，特以詩韻分合之耳。……是故塡曲者，苟曲韻一時不能置辦，不妨就集韻中獨用通用之例而謹守之，較愈於杜撰多多也。若用詞韻，則未有不偭規越矩者矣。』

·国学概论·
上海大华书局
一九三四年版

又比較詩詞曲韻之寬嚴曰：

『曲韻較詩詞韻有寬處有嚴處。所謂寬者，詩則東冬不能混，蕭與豪又不能相合，詞雖略寬顧如魂元之類，有時亦稍當區別。此則江陽一致，庚亭不分；且合平上去三聲而共用之，固詩與詞所萬萬不能者也。至其謹嚴之處而有較詩詞縝密者。詩姑勿論，今專論詞。詞韻如支時、機微、歸回三韻，素所不分，而此則各判畛域，不可假借。居魚、蘇模二韻，詞家通用，而曲則又不可混。他若寒山、歡桓之與天田，鹽咸之與纖廉，詞中有時亦併而爲一，而曲則更不能稍爲通融。凡此之類，皆曲中最細之處，以開口與閉口，出音各殊；鼻音與齶音，吐字宜細。蓋不分晰則發音不純，起調畢曲，無所歸束矣。惟塡曲較他種文字爲易者，謂一曲中平仄韻間用，無一曲純是平韻，亦無一曲純是仄韻，此中選擇韻腳，稍覺寬耳。』

今將吳氏所分曲韻之部目，列表於左：

分部	部目	集韻平上去三聲韻目		入聲各紐作平上去聲用者
第一部	東同韻	平聲	東冬鍾	
		上聲	董腫	
		去聲	送宋用	
第二部	江陽韻	平聲	江陽唐	
		上聲	講養蕩	
		去聲	絳漾宕	
第三部	支時韻	平聲	支脂之	
		上聲	紙旨止	澀塞則
		去聲	寘至志	
第四部	齊微韻	平聲	微齊	及實疾夕荻㱩闢
		上聲	尾薺	吉失卽質隻七匹必悉尺的剔吸乞一
		去聲	未霽祭廢	逸立日密劇匿檄

·国学概论·
上海大华书局
一九三四年版

第五部	歸回韻	平聲	微灰	或劾賊特
		上聲	尾賄	國筆得黑忒克北則
		去聲	太隊	墨勒孛
第六部	居魚韻	平聲	魚虞	局俗贖逐術倔
		上聲	語噳	菊曲燭粟恤出旭叔澳洫促足閴
		去聲	御遇	玉聿錄辱入
第七部	蘇模韻	平聲	模	獨突復鵠僕杌族
		上聲	姥	蔌谷福卜笏哭督撲觸簇屋禿
		去聲	暮	木祿物訥
第八部	皆來韻	平聲	佳皆咍	白宅晝
		上聲	蟹駭海	格拍策伯客責色摑卒隶戹塞
		去聲	太卦怪夬代	麥額搹
		平聲	眞諄臻文欣魂痕	

部	韻	聲	字	
第九部	眞文韻	上聲	軫準吻隱混很	
		去聲	震稕問焮慁恨	
第十部	干寒韻	平聲	寒刪山	
		上聲	旱潸産	
		去聲	翰諫襇	
第十一部	歡桓韻	平聲	桓	
		上聲	緩	
		去聲	換	
第十二部	天田韻	平聲	先仙元	
		上聲	銑獮阮	
		去聲	霰線願	
第十	蕭豪韻	平聲	蕭宵爻豪	鶴濁鐸薄學著醵嚼鑊杓繳矍噱
		上聲	篠小巧皓	削角促斫櫟鵲託索郭廓朔剝爵作錯各 壑綽殼約惡謔

·国学概论·
上海大华书局
一九三四年版

三部		去聲	嘯笑效號	嶽諾莫落蕁弱略虐芍
第十四部	歌羅韻	平聲	歌戈	合跋勃薄濁昨佛
		上聲	哿果	葛各鉢潑璞聒郭廓渴撮掇脫萑斡喝遏緝齪捉钁豁
		去聲	箇過	落幕諾弱蕁捋
第十五部	家麻韻	平聲	佳麻	達滑犸乏雜閘鬣拔
		上聲	馬	甲塔殺劄帀察法答颯瞎恰空鴨八刮刷哈襟
		去聲	卦禡	臘納秣䥯
第十六部	車蛇韻	平聲	家麻韻中車蛇斜些等音	協折穴轍蜇傑疊掘捷別絕
		上聲	與車蛇等同紐之上聲字	挈屑竊結怯節歇缺玦鐵瞥籩拙哲設雪喝蕝跌跕說瀎泬
		去聲	與車蛇等同紐之去聲字	熱爇揑滅裂月劣
第十七部	庚亭韻	平聲	庚耕清青蒸登	
		上聲	梗耿靜迥拯等	
		去聲	映諍勁徑證隥	

部	韻	聲	字	入聲
第十八部	鳩由韻	平聲	尤侯幽	軸熟
		上聲	有厚黝	竹畜叔
		去聲	宥候幼	肉六肭
第十九部	侵尋韻	平聲	侵	
		上聲	寑	
		去聲	沁	
第二十部	監咸韻	平聲	覃談咸銜凡	
		上聲	感敢檻范	
		去聲	勘闞覽梵	
第二十一部	纖廉韻	平聲	鹽沾嚴	
		上聲	琰忝儼豏	
		去聲	豔㮇驗陷	

第三節 等韻學

等韻學者，乃集六朝以來音韻學之大成，非別立韻目，如古韻學及廣韻學也。故欲知等韻，當先研究四聲、七音、三十六母、四等、二百六韻、十六攝、二呼、四門之區別，然後可應用於反切也。其謂之等韻者，卽以字音分四等而得名，詳見於後。

（甲）四聲　周、秦之世，聲音重濁，凡音近之字，皆可互叶，無所謂平仄，更無所謂四聲也。至漢而字音始區爲長言、短言兩類。春秋莊公二十八年公羊傳云：『春秋伐者爲客，伐者爲主。』漢何休注云：『伐人者爲客，讀伐，長言之；見伐者爲主，讀伐，短言之，齊人語也。』長言之者，卽今之平上去聲；短言之者，卽今之入聲。洎乎魏、晉，而長言之中，又漸區爲平上去三聲。宋、齊以後，四聲乃大備矣。南齊書陸厥傳云：『永明末，盛爲文章，吳興沈約、陳郡謝朓、瑯琊王融，以氣類相推轂；汝南周顒善識聲韻。約等文皆用宮商，以平上去入爲四聲。以此制韻，不可增減，世呼爲永明體。』又梁書沈約傳云：『約撰四聲譜，以爲在昔詞人，累千載而不悟，而獨得胸襟，窮其妙指，自謂入神之作。高祖嘗問周捨曰：「何謂四聲？」曰：「天子聖哲是也。」然帝竟不遵用，』此可見四

·国学概论·
上海大华书局
一九三四年版

聲之說，齊、梁之際，已盛行於世矣。然當時平聲已漸分爲陰陽，故又有五聲五音之說。沈約答陸厥書云：『以累萬之繁，配五聲之約。』孫愐唐韻序云：『夫五音者，五行之響。』此皆平聲分陰陽之證。蓋五音之說，亦始於六朝，而盛於隋、唐，實足與古樂之宮、商、角、徵、羽相配合。如：

陽平　商聲　　陰平　角聲　　上聲　宮聲

去聲　徵聲　　入聲　羽聲

是也。厥後又有七音之說。七音者，平去入皆分陰陽，而上聲獨不分陰陽，見毛先舒韻學通指。如：

陰平　种該箋腰　　陽平　篷陪全潮

上聲　不分陰陽

陰去　貢玠霰釣　　陽去　鳳賣電廟

陰入　穀七妾鴨　　陽入　熟亦爇鑞

·国学概论·
上海大华书局
一九三四年版

然今南方讀音，上聲亦分陰陽，是不特七音，且爲八音矣。顧八音仍不外乎四聲，蓋四聲各分清濁，卽成八音。故陰陽者，要不過字母之清濁而已。凡此皆四聲變遷之歷史也。

辨別四聲之方法，自六朝以下，言者不一，今列表於後，以供學者之參考。

聲別＼說者		唐元和韻譜	明釋眞空玉鑰匙歌訣	清代古音學家：顧炎武	清代古音學家：江永	清代古音學家：張成孫	清代古音學家：王鳴盛
平聲		平聲哀而安	平聲平道莫低昂	輕遲	長空、如擊鐘鼓	長言	舌頭言之
仄聲	上	上聲厲而舉	上聲高呼猛烈強	重疾	短實、如擊土木石	短言	舌腹言之
	去	去聲清而遠	去聲分明哀遠道			重言	急氣言之
	入	入聲直而促	入聲短促急收藏			急言	閉氣言之

右列諸說，皆足爲辨別四聲之資。惟僅憑口耳授受，旁證曲喻，猶無從實驗也。及近人劉復在巴黎時，曾以測音器械繪成種種曲線，辨別我國之四聲。其受試者十有

二人，以代表北京、南京、武昌、長沙、成都、福州、廣州、潮州、江陰、江山、旌德、騰越十二處之方音，著有四聲實驗錄一書。（上海羣益書社出版）以機械驗四聲，洵爲我國音韻學上破天荒之著作。劉復有與吳稚暉辨論之長序，亦載此書中。又有實驗四聲變化之一例論文，（載國學季刊第一卷第三號）及莊澤宣撰讀劉復的四聲實驗錄論文，（載東方雜誌第二十一卷第十一號）學者苟欲於四聲一道，深造有得，則此數者，皆不可不觀也。

（乙）七音　人類語音，皆發自口中。然發音之際，其使用之部位，各有不同。故唐孫愐之唐韻，及唐僧神珙之四聲五音九弄圖，皆有五音之說。五音者，脣、齒、喉、舌、牙也。及唐末守溫三十六字母出，遂分爲牙、舌、脣、齒、喉、半舌、半齒七音。然舌音分舌頭、舌上，脣音分重脣、輕脣，齒音分齒頭、正齒，故實爲十音。清儒戴震則分爲喉、吻、脣、齒、舌五類，鄒漢勛則謂字音僅有喉、舌、齒、脣四類，而喉音有深喉、淺喉之別，舌音有舌頭、舌腹之別，齒音有齒頭、齒本之別，脣音有合脣、開脣之別，故共得八音。近人亦有以齶、齒、脣、鼻、喉爲分別，而除去舌音者，蓋以發言之際，無不使用其舌者也。雖諸家之說，互有短長，然通常皆以七音爲標準。

辨別七音之法，當以江永音學辨微所言爲精，今列表於後：

音別	字母	說明	附注
牙音	見溪羣疑	氣促壯牙	
舌頭音	端透定泥	舌端擊齶	
舌上音	知徹澄娘	舌上抵齶	按當云舌背擊齶
重脣音	幫滂並明	兩脣相搏	
輕脣音	非敷奉微	音穿脣縫	
齒頭音	精清從心邪	音在齒尖	
正齒音	照穿牀審禪	音在齒上	按即偏齒音其音偏前齒
喉音	影曉喻匣	音出中宮	
半舌音	來	舌稍擊齶	按即戾舌言之

·国学概论·
上海大华书局
一九三四年版

半齒音	日	
齒上輕徵		按卽偏齒音其音偏一邊出之

(丙)三十六母　自漢明帝求佛經以後，佛經之入我國者漸多，然皆爲梵字，不得不譯以漢文，於是有婆羅字母十四，華嚴經字母四十二，以譯佛書。魏曹植號通梵唄，製有二十四契。惜今皆不傳。洎唐沙門神珙，始有四聲五音九弄圖，唐末又有三十六字母之製定，遂爲讀漢音字母之準繩。按三十六字母，大半參用西藏字母之組織。皇極經世書聲音法上官萬里注云：『番僧丁義以三十六字母爲翻切母』，按番卽西藏，蓋本藏文以製漢文字母耳。然崇文總目有三十六字母圖一卷，釋守溫撰；韓道昭、呂維祺亦皆云：『唐舍利初置字母三十，後梁山僧守溫益以六母』，故後世相傳，遂以三十六字母爲唐末沙門守溫所造也。三十六字母，卽前表中所列者是。厥後音韻學家遞有變更，如陳晉翁刪照、穿、牀、娘爲三十二母；吳澄刪羣、娘、非、牀、知、徹，易以芹、圭、缺、羣、危、威，仍爲三十六母；李如眞刪郡、定、並、奉、從、邪、牀、禪、匣、喻、知、徹、澄、娘而爲二十二

·国学概论·
上海大华书局
一九三四年版

母；方以智又減非、清、照、影四母，仍用從、知二母，而爲二十母；戴震、鄒漢勛亦各并爲二十母，而有清音、濁音、及中聲、倡聲、和聲之區別；至李汝珍音鑑乃別創三十三字母，譜曲一首，如後：

春滿堯天　溪水清漣　嫩紅飄粉蝶驚眠　松巒空翠　鷗鳥盤翾　對酒陶然　便博箇醉中仙

以上諸家之說，均持之有故，言之成理，未易判其得失，然守溫之說，沿用已久，學者欲考切音，辨等韻，仍當遵守其說也。諸家之說，僅足供參考之資耳。

三十六字母，既以七音分列十組，見於前表矣。同組之中，又有清濁音之分，如司馬光切韻指掌圖以見爲全清，溪爲次清，羣爲全濁，疑爲不清不濁，邪爲半濁半清等是也。詳見後表。

同組之中，又有不分清濁音，而分爲陰陽聲者，如見、溪、羣、疑四字，見溪爲陰聲，羣疑爲陽聲，卽四聲之分陰陽也。亦詳見後表。

同組之中，又有分爲發、送、內收、外收、四聲者，如見爲發聲，溪爲送聲，疑爲內收聲，非爲外收聲等是也。亦詳見後表。

（丁）四等　四等者，卽同母或同韻之字，以聲之高低而分爲四等也。一等之聲洪大，二等次大，三等較細，四等尤細。宋鄭樵七音略及元劉鑑切韻指南皆有此說，是卽所謂等韻也。舉例言之，如公、恭同屬見母，而公爲一等，恭爲三等；刷、雪同屬心母，而刷爲二等，雪爲四等；又如塞、色同屬德韻，而塞爲一等，色爲二等；詹、尖同屬鹽韻，而詹爲三等，尖爲四等也。其詳亦見後表。

今將右所述七音三十六字母、四等三項之說，彙列一表。以洪榜示兒切語字母歌所載各母各等字分列於下，供學者切音時之參考。

音	字母	清濁音	陰陽聲	發送收聲	一等字	二等字	三等字	四等字
牙	見	全清	陰	發	古公姑詭各過沽工	佳交格乖	俱居紀九几蹇舉拘	

·国学概论·
上海大华书局
一九三四年版

音	溪	次清	陰	送	苦廓口孔渴枯康可顆恪空謙	楷客	窺詰卿軀區去起丘傾羌曲欺祛墟乞豈綺欽	牽棄
	羣	全濁	陽	送			巨郡近衢強局其窘跪臼狂暨渠極具求奇（三四等通用）	
	疑	不清不濁	陽	內收	吾咢俄五	牙	研玉宜疑言語牛元危儗遇偶魚虞愚	
舌頭音	端	全清	陰	發	冬得多都當凍覩德			丁典的
	透	次清	陰	送	通他台佗託土吐湯			天
	定	全濁	陽	送	同堂但徒特獨度唐大陀杜			田
	泥	不清不濁	陽	內收	乃奴內那諾			泥
舌上	知	全清	陰	發		卓株竹知徵中張渚陟豬珍追（二三等通用）		
	徹	次清	陰	送		敕勅癡楮褚恥丑抽摛（二三等通用）		

	音		重唇音				輕唇		
	澄	娘	幫	滂	並	明	非	敷	奉
	全濁	不清不濁	全清	次清	全濁	不清不濁	全清	次清	全濁
	陽	陽	陰	陰	陽	陽	陰	陰	陽
	送	內收	發	送	送	內收	外收	外收	外收
			卜逋晡補布博	滂鋪普溥	步部蒲傍裴並僕捕	模謨摸莫暮慕忙目母矛			
	宅	嬭拏匿女尼穠（二三等通用）	北巴百班伯	拍	白				
	除佇丈場持直馳池遲治廚柱墜陳傳		陂彼兵鄙悲筆	丕扳披	被弼皮貧平	眉靡明謀美	分封方府甫	峯妃孚敷撫拂芳芬	扶馮符苻縛防房逢浮附父
			卑併賓畀徧必俾比邊	偏紕批疋譬匹篇	駢便婢毗頻	綿弭米彌名民			

·国学概论·
上海大华书局
一九三四年版

音	字母	清濁	陰陽	發送收	一	二	三	四
音	微	不清不濁	陽	內收			巫文武望亡芒無	
齒頭音	精	全清	陰	發	作祖則組臧			遵借卽資咨茲湔姊子精醉餞
	清	次清	陰	送	蒼粗倉餞醋采錯麤			刺且取此雌親遷青千七
	從	全濁	陽	送	徂才昨在酢藏			前秦漸疾情慈牆匠自
	心	全清	陰	外收	桑速蘇素胥			想先思私辛悉息錫須斯相寫細司損雖
	邪	半濁半清	陽	外收				辭祥寺似徐詞旋旬夕蜀隨詳
正齒	照	全清	陰	發		阻莊鄒簪菑正仄疽側爭	質旨諸支之章職煑占脂朱隻主止珠征	
	穿	次清	陰	送		創楚瘡芻叉差廁測窗初	尺充處稱蚩姝叱赤齒昌	
	牀	全濁	陽	送		士萴查鋤豺助仕俟牀鉏	乘船實食神雛	

音		喉音				半舌音	半齒音
審	禪	曉	匣	影	喻	來	日
全清	半濁半清	次清	全濁	全清	不清不濁	不清不濁	不清不濁
陰	陽	陰	陽	陰	陽	陽	陽
外收	外收	外收	外收	內收	內收	外收	內收
		呵虎火霍荒呼黑海	戶何黃乎懷諧合獲侯胡	恩烏愛屋遏哀安		賴連倫郎朗浪來落縷勒落盧力練魯	
生雙山數色砂疏疎率所師沙	臣市殊是氏常丞崇植殖視時承嘗實豎署上成	赫花	形下				
始施商舒史矢失賞書試式識釋傷詩		休義許朽吁鄉興虛況喜詡香		謁倚音鷖憂億憶鬱紆衣於挹乙委央依	雨遠于雲王爲羽薳移云榮夷永有韋筠越洧禹	良林龍龍離呂里閭梁	耳汝如兒而日忍儒仍人
		隳馨		淵煙一縈𤇼伊	悅餘余庾以羊弋翼營與欲場兪演由予		

（戊）二百六韻　二百六韻，即切韻以來之韻目也。已見前廣韻學中，不復贅述。

·国学概论·
上海大华书局
一九三四年版

其同韻之字，亦分爲四等，有一韻中字四等俱全者，有一韻止一等者，有一韻兩三等者，頗不一律，詳見後表。

（己）十六攝　攝者，卽將二百六韻之字，凡音之相近者，及四聲之同紐者，歸納爲若干組，以表示某字爲何母、何音、何呼、何門、何等，以便切音者也。宋司馬光切韻指掌圖列圖二十，倂其開合，凡十有三類，此爲韻攝之嚆矢，然尚無韻攝之稱。及四聲等子出，始有通、止、遇、果、宕、曾、流、深、江、蟹、臻、山、效、假、梗、咸十六攝之標目。元劉鑑切韻指南因之。康熙字典卷首所引等韻切音指南十六攝，與四聲等子及韻切指南大同小異者也。其分爲二十四圖者，蓋同攝之中，有呼、及門之不同，與果假二攝合倂爲一也。（圖繁不列，學者可檢康熙字典而得之。）亦有倂爲十二攝者，卽康熙字典卷首所列揭十二攝法之迦、結、岡、庚、裓、高、該、傀、根、干、鉤、歌是也。然呼法有開合之異，故亦可分別二十四圖。近人章太炎國故論衡則謂指掌圖十三類以外，京、泰二韻，當別列二類，方與唐韻密合，則得十五攝，而錢玄同則分爲二十四攝，皆以影母之字爲攝名，無影母字者，始以他母之字標之。卽陰聲之攝八，藹、阿、隈、依、烏、謳、爊、哀，陽聲之攝八，安、恩、鴦、翁、碂、罌、諳、愔，入聲之攝八，遏、欸、惡、屋、沃、餩、始、揖，是也。則入聲之字，別列爲攝矣。分攝之法，後人自較前人爲精，然十六攝二十四圖之法，通行已久，故本書仍以此爲宗。

（庚）二呼　呼者，卽同攝、同音、同母、同聲、同等之字，而讀時有開口呼、合口呼之不同也。如歌、戈二字，同屬果攝，牙音見母平聲，一等，而歌字爲開口呼，戈字爲合口呼也。開口合口者，卽顏氏家訓所謂內言外言，劉熙釋名所謂橫口閉口，許愼淮南子注所謂橫口閉口，鄭樵七音略所謂內轉外轉，江永音學辨微所謂侈斂也。而開合之中，又各分爲正副，開口呼爲正，齊齒呼爲副，合口呼爲正，撮口呼爲副。齊齒呼者，卽發音時口開而齒齊；撮口呼者，卽發音時口合而脣蹙也。例如同屬山攝，牙音，見母，平聲之字，干爲開口呼，官爲合口呼，堅爲齊齒呼，消爲撮口呼也。至各韻之中，有有合口而無開口者，有有開口而無合口者，有兩韻互爲開合者，有一韻開合俱全者，有一韻開合相間不能分者，有平上去聲皆開口而合韻獨見於入聲者，頗不一律，詳列於後表。

·国学概论·
上海大华书局
一九三四年版

（辛）四門　門者，發音之時，因口腔張縮，氣息通阻，作用之不同，故分爲廣、狹、侷、通四門也。例如同屬牙音，見母平聲，一等之字讀歌字，則口雖開而腔狹，讀官字則口雖合而腔廣，讀公字則口合而氣侷，讀根字則口開而氣通也。詳見康熙字典卷首所引等韻切音指南表，不復贅述。

今將各韻之等呼，列爲左表，以供學者之參考：

平韻 一二三四 一二三四	上韻 一二三四 一二三四	去韻 一二三四 一二三四	入韻 一二三四 一二三四
東 一二三四	董 一	送 一二三四	屋 一二三四
冬 一		宋 一	沃 一 一
鍾 三四	腫 三四	用 三四	燭 三四
江 二 二	講 二	絳 二 二	覺 二 二
支 一二三四 一二三四	紙 一二三四 一二三四	寘 三四 一二三四	
脂 四 一二三四	旨 三四	至 一二三四 一二三四	

平韻 一二三四 一二三四	上韻 一二三四 一二三四	去韻 一二三四 一二三四	入韻 一二三四 一二三四
先 四 四	銑 四 四	霰 四 四	屑 四
仙 一二三四 一二三四	獮 一二三四 一二三四	線 一二三四 一二三四	薛 二三四 三四
蕭 四	篠 四 四	嘯 四 四	
宵 三四	小 三四	笑 三四	
肴 二	巧 二	效 二	
豪 一	皓 一	號 一	

之 二三 四	止 二三四	志 二三四	
微 三 三	尾 三 三	未 三 三	
魚 二三 四	語 二三四	御 二三四	
虞 二三 四	麌 二三四	遇 二三四	
模 一	姥 一	暮 一	
齊 四 四	薺 四	霽 四 四	
		祭 二三四 二三四	
		泰 一 一	
佳 二 二	蟹 二 二	卦 二 二	
皆 二 二	駭 二	怪 二 二	
		夬 二 二	
灰 一	賄 一	隊 一	
咍 一 一	海 一 三	代 一	

歌 一	哿 一	箇 一	
戈 一三 三	果 一	過 一	
麻 二三 二三四	馬 二三 三四	禡 二 二三四	
陽 二三 三四	養 三 三四	漾 二三 四	藥 二三四 三四
唐 一 一	蕩 一 一	宕 一 一	鐸 一 一
庚 二三 二三	梗 二三 二三	映 二 二三	陌 二 二三
耕 二 二	耿 二	諍 二 二	麥 二 二
清 三 三四	靜 四 三四	勁 四 三四	昔 四 三四
青 四 四	迥 四 四	徑 四 四	錫 四 四
蒸 二三四	拯 三	證 三四	職 二三四
登 一 一	等 一	嶝 一	德 一 一
尤 二三	有 二三四	宥 二三四	
侯 一	厚 一	候 一	

·国学概论·
上海大华书局
一九三四年版

		廢 三	
眞 三三四	軫 三三四	震 三三四	質 二三四四
諄 三四四	準 三四	稕 二四	術 三四
臻 二			櫛 二
文 三	吻 三	問 三	物 三
殷 三	隱 三	焮 三	迄 三
元 三三	阮 三三	願 三三	月 三三
魂 一	混 一	慁 一	沒 一二
痕 一一	很 一	恨 一	
寒 一	旱 一	翰 一	曷 一
桓 一	緩 一	換 一	末 一
刪 二二	潸 二二	諫 二二	黠 二二
山 二二	產 二	襇 二二	鎋 二二

幽 四	黝 四	幼 四	
侵 二三四	寑 二三四	沁 二三四	緝 二三四
覃 一	感 一	勘 一	合 一
談 一	敢 一	闞 一	盍 一
鹽 三四	琰 三四	豔 三四	葉 三
添 四	忝 四	㮇 四	帖 四
咸 二	豏 三	陷 三	洽 二
銜 二	檻 二	鑑 二	狎 二
嚴 三	儼 二	釅 二	業 三
凡 三	范 二	梵 三	乏 二

表中所列，凡作一二三四者，皆第一等、第二等、第三等、第四等之合口呼也，凡作一二三四者，皆第一等、第二等、第三等、第四等之開口呼也，其一二三四一二三四並書者，則此韻之字，有合口呼復有開口呼也。其四字不全列者，則此韻之字，僅有一二等而不備也。

觀右所述，則任舉一字，於其聲音之變化及部位，莫不明瞭。例如舉一天字，吾人檢查等韻表及廣韻，卽知其爲舌頭音、透母、次清音、送聲、陰平聲、山攝、先韻、開口呼、廣門，四等字也。此譬如吾人交友，必於其人之謦欬、啼笑、呼吸、鼾囈種種音聲，雖隔牆垣而猶能辨之，方爲稔悉其人。故學者於文字，必知等韻之學，方爲明瞭字音，從此可以語乎反切之學，非一知半解，卽可謂之識字音也。

（壬）反切　反切者，人類語言自然之音調，以兩音合爲一音者也。蓋吾人之發音也，有大細輕重之殊，大呼之則其音急，細呼之則其音徐；重讀之則其音急，輕讀之則其音徐，急則二音可合爲一音，而徐則一音可分爲二音也。以二音合成一音者，古皆謂之反，字亦作翻。唐以後因反字與反叛之反同，觸忤忌諱，遂改爲切。或謂反者，猶言翻譯，以一字翻譯而成兩聲也。切者，急也，以兩聲急讀而成一音也。禮部韻略謂音韻展轉相協謂之反，兩字相摩以成聲謂之切，是也。是皆以爲反與切異，然無關宏指，不復詳辯。今分起原、沿革、方法、特例，四端述之：

(1)起原　東漢以前雖無反切之名。然反切起原，實遠在周、秦之際，蓋徐呼之則爲二音，急呼之則成一音，實語言自然之音調，於古籍中求之，其例甚多：

(a)二字合成一音：

丁寧爲鉦　勃鞮爲披……左傳

大祭爲禘　不律爲筆　蒺藜爲茨……爾雅

終葵爲椎……鄭玄禮注

奈何爲那　不可爲叵　何不爲盍　如是爲爾　而已爲耳　者焉爲旃　之也爲只　者歟、之乎、之於皆爲諸……古訓

·国学概论·
上海大华书局
一九三四年版

(b)偏旁合爲一音:

目少爲眇　手延爲挻　二十爲廿　三十爲卅　四十爲卌

(c)二字省爲一字:

黽勉爲勉　蟋蟀爲蟀　蜘蛛爲蛛　唐棣爲棣　螳螂爲螳

(2)沿革　東漢之末,詁訓之學,極爲發達,研經之儒,遂有利用古來語言自然流露之急呼、徐呼,以造作反語,藉爲識字之捷徑者。東漢末年,應劭注漢書地理志,於廣漢郡梓潼條下注墊徙浹反;又於遼東郡沓氏下,注沓長答反。實爲反語之始見於載籍者,厥後魏孫炎作爾雅音義,多用反語,如胎大才反,蓟都耗反,昄方滿反,圮房美反,台羊而反等,皆見經典釋文所引。而反語之用,遂大著於世。梁顧野王之撰玉篇,隋陸德明之撰經典釋文,亦皆用反切。逮唐以後,一切注疏及字書,韻書,無不以反切爲主,罕有復用讀如讀若及直音者矣。清代敕撰之音韻闡微,其反切之法,改用合聲以上字定母,皆取於支、微、魚、虞、歌、麻數韻,以此數韻能生諸音也。以下字定韻，清聲皆取於影母，濁聲皆取於喻母，以此二母，乃本韻之喉音，凡音皆出於喉而收於喉也。其或有音無字，則借他韻他母之字相近者代之，有今用、協用、借用三例，使宛轉互求，委曲旁證。於是二字急讀卽成一音，無不能貫讀之弊矣。近人所編字典，其所用反切，多以音韻闡微爲宗者，蓋取其便讀也。

(3)方法　反切方法，可分爲本字求反語及反語求字音二端：

(a)本字求反語　其原則如後：

凡本字求反語者，其上一字須與本字同母，同等，同呼，其下一字須與本字同韻，同呼，同清濁音。

【例一】欲求公字之反語，既得公字爲見母，一等，合口呼，東韻，清音。於是查得一姑字，爲見母，一等，合口呼，爲其上一字。又查得一翁字，爲東韻，合口呼，清音，爲其下一字。故公爲姑翁切。

【例二】欲求緜字之反語，既先查得緜字爲明母，四等，開口呼，先韻，濁

·国学概论·
上海大华书局
一九三四年版

音，於是查得一彌字，爲明母，四等，開口呼，又查得一延字，爲先韻，開口呼，濁音，故繇爲彌延切。

然古人之造反語也，往往上一字不拘等次，下一字不拘清濁。如公字唐韻古紅切，集韻沽紅切，紅與公雖同爲東韻合口呼，然公爲清音，紅爲濁音。又如繇字正韻爲莫堅切，繇與莫雖同爲明母開口呼，然繇爲四等字，莫爲一等字。繇與堅雖同爲先韻開口呼，然繇爲濁音，堅爲清音。蓋音韻之學，大抵古疏今密也。

(b)反切求字音　其原則如後：

最簡捷之法，卽將上下二字急讀而成一音。

【例】如基因二字，急讀之則成巾音，姑灣二字，急讀之則成關音。

惟依前法往往易致錯誤，故宜先檢等韻表，查上一字爲何母，何等，何呼，再查下一字爲何韻，何呼，或清或濁，於是依等韻表連讀之卽得其

·国学概论·
上海大华书局
一九三四年版

音。

【例一】如有反語基腰二字，欲知其爲何音。檢等韻表，知基爲見母，開口呼，三等字又知腰爲蕭韻，開口呼，清音，於是知欲求之音，必爲見母，蕭韻，開口呼，三等字，檢等韻表效攝開口呼，於三等字中，卽得平聲之驕字，爲基腰之切音也。

【例二】如有反語梯煙二字，欲知其爲何音。檢等韻表知梯爲透母，開口呼，四等字，又知煙爲先韻，開口呼，清音。於是知欲求之音，必爲透母，先韻，開口呼，四等字。檢等韻表山攝開口呼，於四等字中，卽得平聲之天字，爲梯煙之切音也。

(4)特例　昔時字書韻書之反切，往往與今之讀音有不符合者，此非反切有誤也。蓋有由乎古今音讀不同者，有由方俗讀音不同者，今卽分二端述之。

(a)古今讀音不同:

【例一】胎，爾雅音義大才反

按胎屬透母，大屬定母，依今音胎當爲泰才反，不當爲大才反。然古人濁音讀爲清音，故大讀如泰也。

【例二】樁，唐韻都江切

按樁屬知母，都屬端母，依今音當讀爲株江切，不當爲都江切。然古有舌頭音而無舌上音，故知、徹、澄、娘四母之字，皆讀爲端、透、定、疑四母也。

【例三】皮，唐韻符羈切

按符屬奉母，皮屬並母，依今音當爲蒲羈切，不當爲符羈切。然古有重脣音而無輕脣音。故非、敷、奉、微四母之字，皆讀爲幫、滂、並、明四母也。

（b）方俗讀音不同：

·国学概论·
上海大华书局
一九三四年版

【例一】魚，集韻牛居切

按魚字甬俗皆讀如餘。然餘爲喻母，牛爲疑母，而魚亦爲疑母。故魚當讀如圄，甬俗讀如餘者，一方之讀音也。

【例二】戊，集韻莫候切

按戊字今皆讀如務，務爲微母遇韻，而莫爲明母，候爲候韻，皆不合。故知戊當讀如茂。今讀務者，後梁開平元年因改日辰戊字爲武，爲避諱故，後人遂譌讀戊爲武也。

第四節　國音學

音韻學除前所述古音學、廣韻學、等韻學外，尙有近年通行之國音學，爲研究國學者所不可不知也。顧欲知國音學，卽當論及注音字母。注音字母之目的，卽在統一各地之讀音，而成立一種國音也。其發端遠在三十年前。蓋是時外人學習官話者，苦於中國無音標之字母，遂用羅馬字母，作成音標。後我國人漸自覺悟，於是製音標者接踵而起，至今不下數十家，最著名者，爲北方王照之京音字母，南方勞乃宣之簡字譜，其是非得失無暇細論。總之，二三十年來，中國音韻學專家，苦心經營此事者，大都各本其平日之研究，各就其所居之地方，有所創作。因之，見解不同，爭論無已。及民國元二年間，教育部遂開讀音統一會，除由教育部直接延聘會員外，每省派代表二名，蒙、藏、華僑代表各一名，專事議定音標，按字審音。今通行之注音字母三十有九，卽由此會正式議決者也。當時並審定八千餘字之音，教育部公布之國音字典，卽根據此八千餘字而作，各書肆編纂之國音書籍，又皆根據國音字典而作者也。及四年一月，直隸代表王璞等，呈請教育部頒行注音字母，十二月，由教育部呈請大總統試辦注音字母傳習所。六年秋，全國教育聯合會請教育部推行注音字母。七年五月，教育部令北京、武昌、瀋陽、南京、廣東、成都六高等師範學校附設國語講習會，其科目注重注音字母。十一月教育部頒布注音字母，合計聲母二十四、介母三、韻母十二，後又頒布韻母ㄜ字而介母亦爲韻母，故實爲韻母十六也。十四年，國語統一籌備會議決以北平音爲國音標準，於是入聲皆并入陰平、陽平、上、去四聲之中。十五年，又制定國語羅馬字，十七年，國民政府公布之。十九年，改稱注音字母爲注音符號。此國音學沿革也。

今將各注音字母之讀法、來歷，及與三十六字母平水韻目之比較等，列爲聲母表及韻母表，以供學者之參考。

（甲）二十四聲母

分組	發音機關	聲母	聲母所借用之原文及其音義	配合之三十六字母	比聲讀法	今讀若	發音時之情形
甲	重脣	ㄅ	勹 今作包布交切	幫	如紙窗燥裂	薄	上下脣閉合使氣半吞半吐而出
		ㄆ	攴 小擊也普木切	並 滂	如含物遠噴	潑	上下脣閉合使氣衝突而出

·国学概论·
上海大华书局
一九三四年版

組聲母內含己音

音類	注音字母	說明	字母		發音比喻	例字	發音方法
音	ㄇ	今作冪莫狄切	明		如老牛鳴	墨	上下脣閉合使氣從鼻而出
輕脣音	ㄈ	受物之器府良切	敷	非	如貓鷩怒	弗	上齒切下脣使氣衝門齒而出
輕脣音	万	同萬無販切	微	奉	如執熱護痛	物	上齒輕切下脣使氣徐徐而出
舌尖音	ㄉ	即刀字都勞切	端		如烏啄木	德	舌尖貼上牙床使氣半出
舌尖音	ㄊ	同突他骨切	透		如舌吐涎	特	舌尖貼上牙床使氣急出
舌尖音	ㄋ	同乃奴亥切	泥	定	如投餌卑幼	訥	舌尖貼上牙床使氣從鼻出
舌尖邊音	ㄌ	即力字林直切	來		如喚豕	勒	舌尖輕貼上牙床使氣從兩旁而出
腭	ㄍ	古澮字古外切	見（開合呼）		如蛙鳴	格	舌根貼近軟腭抑氣半出
腭	ㄎ	氣欲舒出有所礙也苦浩切	溪（開合呼）	群	如力吐鯁骨	克	舌根貼近軟腭使氣急出

·国学概论·
上海大华书局
一九三四年版

者	音	兀	高而上平也五忽切	疑	開合呼	如嬰兒啼	愕	舌根貼近軟腭使氣半從鼻出
		ㄏ	山側之可居者呼旰切	曉	開合呼	如犬熱呼吸	黑	舌根貼近軟腭使氣沿舌面而出
乙組聲母內含一音者	舌上音	ㄐ	今作糾居尤切	見	齊撮呼	如鼠被捕聲	基	舌面抵觸硬腭使氣半出
		ㄑ	古畎字苦泫切	溪 群	齊撮呼	如鄙厭背語	欺	舌面抵觸硬腭使氣急出
		ㄬ	因岸爲屋也魚儉切	疑	齊撮呼	如鷄鼻欲語	膩	舌面輕抵硬腭使氣半從鼻出
		ㄒ	古下字胡雅切	曉	齊撮呼	如花砲發火	希	舌面抵觸硬腭使氣摩齒而出
丙組獨	舌葉音	ㄓ	即之字眞而切	照		如知了鳴	之	舌抵硬腭前部使氣從齒縫出
		ㄔ	同躑丑亦切	穿 牀		如逐雞	癡	舌抵硬腭前部使氣從齒縫急出
		ㄕ	即尸字是之切	審 禪		如驅鴨陣	尸	舌抵硬腭前部使氣從齒縫出摩擦成聲

立聲母							
舌葉邊音	ㄖ	日	即日字人質切		日	如扯鈴力旋	入	舌葉兩邊捲縮切近硬腭使氣出時摩擦成聲
齒頭音	ㄗ	卩	古節字子結切		精	如錐尖透物	資	舌尖與齒相切使氣半出
	ㄘ	七	即七字親吉切	從	清	如鐵工淬鐵	疵	舌尖與齒相切使氣直出
	ㄙ	厶	古私字相姿切	邪	心	如細輪疾旋	私	舌尖與齒相切使氣滿出

凡外加方框之字母，皆濁音，爲注音字母所無，而須加濁音符號者，如勹加濁音符號爲勹，則屬並母矣。

(乙)十六韻母表

韻母別	韻母	韻母所借用之原文及其音義	平水韻目	切音指南十六攝	字母切韻十二攝	比聲讀法	今讀若	發音時之情形

·国学概论·
上海大华书局
一九三四年版

介母	一	一	卽一字於悉切	微	止	祴	如驟見穢惡	衣	齊齒呼舌前部上升脣扁而圓
	ㄨ	ㄨ	古五字疑古切	虞	遇	祴	如風聲	烏	合口呼舌後部上升脣圓
	ㄩ	ㄩ	飯器也丘魚切	魚	遇	祴	如驅驢聲	迂	撮口呼舌前部上升脣圓而歛
獨母	ㄚ		物之岐頭者於加切	麻	假	迦	如寒鴉聲	阿	開口呼舌中部下降脣不欲圓
	ㄛ	ㄛ	古呵字虎何切	歌	果	歌	如含水嗽喉	痾	開口呼舌後部半升脣不欲圓
	ㄜ		卽ㄛ字之加點者	歌	果	歌	如欲欬聲	盍	同前惟此爲入聲
	ㄝ	ㄝ	卽也字羊者切	麻	假	結	如驚異聲	也	開口呼舌前部半升
複母	ㄞ	ㄞ	古亥字胡改切	佳	蟹	該	如歎息聲	哀	先呼ㄚ母後加一聲
	ㄟ	ㄟ	今作迻余支切	齊灰	蟹	傀	如呼人驚告	危	先呼ㄜ母後加一聲

母							
ㄠ	[illegible]	小也於堯切	蕭肴豪	效	高	如應諾聲	傲	先呼ㄚ母後加ㄨ聲
ㄡ	[illegible]	即又字於救切	尤	流	鉤	如卑役喝道	謳	先呼ㄜ母後加ㄨ聲
附屬聲母之韻母								
ㄢ	[illegible]	嘾也乎感切	元寒删先覃鹽咸	山咸	干	如形容兒哭	安	先呼ㄚ母聲從鼻出以ㄋ
ㄣ	[illegible]	古隱字於懂切	眞文侵（痕魂）	臻深	根	如力舂聲	恩	先呼ㄜ母聲從鼻出以ㄋ
ㄤ	[illegible]	同尫字烏光切	江陽	江宕	岡	如苦力邪許	昂	先呼ㄚ母聲從鼻出以兀
ㄥ	[illegible]	古肱字古弘切	庚青蒸（東冬）	梗曾通	庚	如私語聲	哼	先呼ㄜ母聲從鼻出以兀
東方韻母								
ㄦ	[illegible]	同人字而鄰切	支	止	裓	如小犬號痛	兒	齊齒舌捲接近硬腭氣從兩旁而出

·国学概论·
上海大华书局
一九三四年版

附發音機關圖

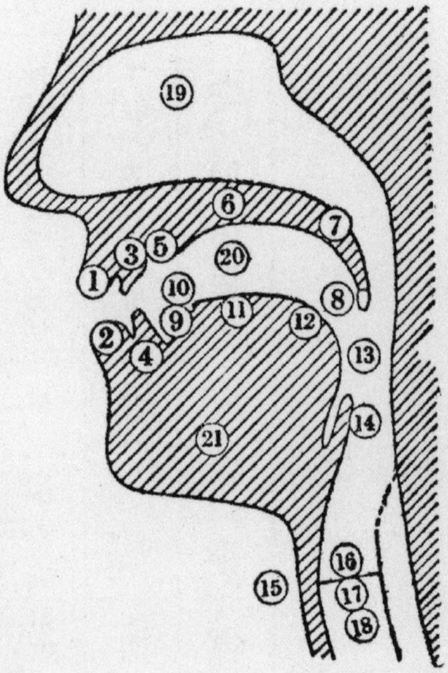

一　上唇
二　下唇
三　上齒
四　下齒
五　上牙根（上牙牀）
六　硬齶（硬口蓋）
七　軟齶（軟口蓋）
八　小舌
九　舌尖
一〇　舌葉
一一　舌面（舌前）
一二　舌根（舌後）
一三　咽喉
一四　會厭軟骨
一五　喉頭
一六　聲門
一七　聲帶
一八　氣管
一九　鼻腔
二〇　口腔
二一　下齶

（丙）注音字母與羅馬字母之比較　近世通行字典往往下注羅馬字母之切音，學者常利用之，以爲認識字音之一助；亦有藉此而迻譯姓名爲西文者，是羅馬字母與注音字母如何配合之法，亦學者所不可不知者也。錢玄同氏曾將注音字母與守溫字母、廣韻韻目、韻攝標目、及羅馬字母並列而爲聲母韻母二表，加以說明，今列之如左：

第一表 聲母

注音字母	守溫聲目	羅馬字母
ㄍ，ㄐ	見	K（法音）
ㄎ，ㄑ	溪，羣	Kh Chi
ㄫ，广	疑	Ng（英音）
ㄉ	端，定	T（法音）
ㄊ	透，定	Th（英音）
ㄋ	泥	N
ㄅ	幫，並	P（法音）
ㄆ	滂，並	Ph（英音）
ㄇ	明	M
ㄈ	非，敷，奉	F
ㄪ	微	V
ㄗ	精，從	Ts（法音）
ㄘ	清，從	Tsh
ㄙ	心，邪	S
ㄓ	知，照，澄	Ch (Chih)
ㄔ	徹，澄，穿	Ch' (Chih)
ㄕ	審，禪	Sh (Shih)
ㄒ，ㄏ	曉，匣	H'Sh
ㄌ	來	L
ㄖ	日	J（法音）

第二表 韻母

注音字母	廣韻標目	韻攝標目	羅馬字母
ㄧ	支、脂、之、微、齊、祭、廢、	依	I
ㄨ	模	烏	Ü
ㄩ	魚、虞		ii
ㄚ	麻、		A
ㄛ	歌、戈、	阿	O
ㄝ	麻韻中車遮者蛇諸字		Eh
ㄟ	灰、	隈	E
ㄞ	佳、皆、咍、泰、夬、	哀藹	Ai
ㄠ	蕭、宵、肴、豪、	熝	Au
ㄡ	尤、侯、幽、	謳	Eu
ㄢ	元、寒、桓、刪、山、先、仙、覃、談、鹽、添、咸、銜、嚴、凡、	安諳	An
ㄤ	江、陽、唐、	鴦	Ang
ㄣ	真、諄、臻、文、殷、魂、痕、侵、	恩愔	En In
ㄥ	東、冬、鍾、庚、耕、清、青、蒸、登、	翁甇	Ong Eng Ing
ㄦ	支脂之韻中兒耳二諸字		

·国学概论·
上海大华书局
一九三四年版

【附記】廣韻標目，除去聲祭、泰、夬、廢四韻外，皆舉平以賅上去入韻，止舉陰聲陽聲。

其說明曰：注音字母以北音爲主，北音無羣、定、澄……諸濁母；注音字母亦然。見、溪、疑、曉四類，每類各有二母。因此四類之出聲除福建、廣東等處以外，其餘各處洪音與細音均微有不同。故用ㄍ、ㄎ、兀、ㄏ四母表洪音；用ㄐ、ㄑ、广、ㄒ四母表細音；非、敷二類出聲極相似。若細爲辯別，則讀非類字上齒切唇宜疏；讀敷類字上齒切唇宜密。因非爲幫之變聲，敷爲滂之變聲也。然普通皆不能分別，故概用ㄈ母。　清與從、心與邪、知與照、澈與澄、穿，今音出聲無從分別，故各併爲一母。　娘類無母者，因以娘類字併於疑類細音之广母也。　影類本是母音，故無此母。喻類則因其爲影類之濁，故亦連帶刪除。

注音字母於韻之四聲，仍依舊法，於字之四角作記。惟舊法用圈，注音字母則改爲用點，其點法：陰平不點；陽平點左下；上聲點左上；去聲點右上；入聲點右下。

麻韻在隋、唐時與歌、戈同讀，故楊仲修之切韻指掌圖尚以歌、麻合爲一攝。然南渡以後，音漸乖分，歌、戈仍讀O母韻，麻則轉爲A母韻，故劉鑑之切韻指南分爲果、假二攝。今世方音，讀麻韻爲O母音者，雖尚有之，而大多數皆讀A母音者，北音亦然，故注音字母亦分ㄛ、ㄚ二母。 麻韻中車、遮、者、蛇諸字，多不讀作A母音，故別製一ㄝ母。泰、夬、祭、廢四韻，古音本爲A母音，陸法言猶知之，故此四韻有去而無平上，與齊、佳諸韻迥異。然許敬宗已以霽、祭同用，卦、怪、夬同用，則唐世或已讀泰、夬爲ai母音，祭、廢爲I母音矣。今世方音，惟泰、夬間有讀A母音者，然大多數皆讀ai母音者，祭、廢則無不讀I母音者，故注音字母泰、夬亦在ai，祭、廢亦在I。 侵、覃以下九韻之收鼻音，今世除廣東尚讀外，其他各處皆讀N，與眞、寒相同，故注音字母寒、覃皆爲ㄢ，眞、侵皆爲ㄣ。冬、東、鍾之與庚、耕、清、青、蒸、登，母音實不相同。而北人則謂東、冬諸韻爲庚、蒸之合口，故自明以來，等韻家多以東、冬與庚、蒸同攝，注音字母亦依用之。 支、脂之諸韻中兒、耳二諸字以其母音之「ㄧ」讀時頗不顯明，於是別製一「儿」母。 母音之ㄧ、ㄨ、ㄩ三

·国学概论·
上海大华书局
一九三四年版

母，又作介音用。介音即齊、合、撮三呼。（須行國語羅馬字，與錢氏異宜注意）

第三章　訓詁學

周、秦以前，以字音表字義，字各一義，無俟訓詁，然言語之變遷，略有數端。有隨時代而殊者，如爾雅夏曰歲，商曰祀，周曰年，唐、虞曰載；孟子夏曰校，商曰序，周曰庠，是也。同一事物，而歷代之稱謂各殊，則生於後世，必有不能識古義者，若欲通古言，必須以今語釋之，此一也。有隨方俗而殊者，如詩之用卬，左傳之用熸，公羊之用得來，是也。同一名義，而四方之稱謂各殊，則生於此地，必有不能識彼地之言者，若欲通方言，必須以雅言證之，此二也。有隨文體而殊者，如天子曰崩，諸侯曰薨，大夫曰卒，士曰不祿，庶人曰死；及牛曰一元大武，豕曰剛鬣，豚曰腯肥，羊曰柔毛，雞曰翰音，犬曰羹獻之類。凡此皆貴族文學修飾之詞，決非當時口語，有如是之區別者。蓋東周以降，語言既與文字分離，凡通俗之文必與文言之文有別，則典籍所用之文，又必以通俗之文解之，此三也。綜斯三故，而訓詁之學隨應運而產生矣。自此以後，輾轉引伸，互相通假，字音字義，日以孳生，如中有五借，桓有三同，繇有八通，離有十六義，辟有三十七義，衰有四音，率有五音，賁有七音，差有八音，敦有九音，甚有十四音等，非小學專家幾莫窺其涯涘，於是訓詁之學，遂成爲專門之業矣。其謂之訓詁者，訓順也，謂順其語氣以解之也。詁，古言也，謂以今語解古語也。順其語氣以解之，則逐句釋之者也。以今語解古語，則逐字或逐詞釋之者也。故訓詁明，而後古書可讀，方言可解，古文可知。然則訓詁之學實與繙譯之學同。簡言之，卽以此字釋彼字耳。本章分爲訓詁學之歷史及義例二節述之。

第一節　訓詁學之歷史

訓詁之學，始於東周，而以爾雅爲最古。爾雅一書，或謂作於周公，孔子、子夏遞有增益，此說雖不可信，然其中訓詁，要多周代之遺文，而漢儒集合以成書者也。爾雅凡十有九篇：釋詁一篇，釋今言異於古言者也；釋言一篇，釋方言異於雅言者也；釋訓一篇，釋直言異於文言者也；釋親以下十六篇，皆釋物名者也。其爲之注者，魏、晉之際，有舍人、李巡、樊光、孫炎、郭璞，宋有鄭樵；其爲之疏者，宋有邢昺，清有邵晉涵、郝懿行；而以邵氏之正義及郝氏之義疏，爲最精博。至後人仿爾雅體例而作之書，亦有七八種；如漢孔鮒之小爾雅，魏張揖之廣雅，宋陸佃之埤雅，羅願之爾雅翼，明朱謀㙔之駢雅，方以智之通雅，清吳玉搢之別雅，皆有裨於訓詁之學，而小爾雅、廣雅二書，尤爲著名。清儒對於此二書，多爲之疏釋，如宋翔鳳之小爾雅訓纂，葛其仁之小爾雅疏證，胡承珙之小爾雅義證，王念孫之廣雅疏證是也。而王氏之書，精博絕倫，就古音以求古義，引申觸類，不限形體。或博考以證其失，或參酌以悟其非。不特爲張揖之功臣，實爲訓詁學中空前之作也。

周代訓詁之書，舍爾雅外，又有史籀之史篇，本爲教授學僮之作。暴秦雖焚書坑儒，且享祚不永，然有李斯蒼頡篇、趙高爰歷篇、胡毋敬博學篇三書，皆字各爲類，兼有

·国学概论·
上海大华书局
一九三四年版

注釋者也。漢重經學，故訓詁之書，盛極一時。漢初書師，合秦之蒼頡、爰歷、博學三篇，而爲蒼頡篇；斷六十字爲一章，凡五十五章。武帝時，司馬相如作凡將篇；元帝時，史游作急就篇；成帝時，李長作原尙篇，皆蒼頡中正字也。凡將則稍有出入矣。元始中，徵天下通小學者以百數，令各記字於庭中，揚雄取其有用者，作訓纂篇以續蒼頡篇，又易其中重複之字，凡得八十九章，東漢班固，又續作十三章，凡得一百有二章，無有複字。和帝永元中，賈魴又作滂喜篇，於是以漢初所幷蒼頡篇爲上卷，訓纂篇爲中卷，滂喜篇爲下卷，稱爲三蒼。其爲之訓釋者，則揚雄、杜林，於蒼頡俱有所纂，而杜林又有蒼頡故一篇。以上諸書，除急就篇外，盡皆失傳。其存於今者，則有方言、釋名、說文、白虎通四書，實爲後世訓詁學之祖，爲學者所不可不讀者，故詳述於左：

方言十三卷，爲漢揚雄所撰。應劭風俗通義序云：『周、秦常以歲八月遣輶軒之使，求異代方言，還奏籍之，藏於祕室。及嬴氏之亡，遺棄脫漏，無見之者。蜀人嚴君平有千餘言，林閭翁孺才有梗概之法。揚雄好之，天下孝廉衛卒交會，周章質問，以次注續，

·国学概论·
上海大华书局
一九三四年版

二十七年，爾乃治正，凡九千字。』故此書舊本題曰輶軒使者絕代語釋別國方言，後人以其名太冗長，故省曰方言。晉郭璞爲之注，清戴震爲之疏證，錢繹爲之箋疏。揚雄以後，漢服虔作通俗文，詳於各土之殊言；唐顏師古作匡謬正俗，論俗語相承之同異；皆方言之支流。清杭世駿、陳先甲、徐乃昌皆有續方言之作，程際盛有續方言補正，則萃集古籍而輯爲一編者。至章太炎之新方言，則援據古字古音，而考正近代之方言者也。

釋名八卷，爲漢劉熙所撰。凡分二十篇，以同聲相諧，推論稱名辨物之意，雖間傷於穿鑿，然可因以考見古音；又去古未遠，所釋器物，亦可因以推求古人制度之遺也。清江聲、畢沅皆有疏證之作。而江聲又有續釋名，張全吾又有廣釋名，則搜羅劉氏之遺帙者也。

說文解字三十卷，爲漢許愼所作。書作於漢和帝永元十二年，凡十四篇，合目錄一篇，爲十五篇。分五百四十部，爲文九千三百五十三，重文一千一百六十三，注十三萬三千四百四十字。推究六書之義，至爲精密。其分部雖以字形爲綱，然說字之例，必先字義，而後字形。卽字義不待說而自明者，亦必有之。若兩形並列之字，必視某形與字義相近，然後以此字屬某部。故說文一書，非惟字書之津筏，亦爲訓詁之梯階也。至於後人注釋說文之書，已詳述於本書文字學章小篆節，不復贅述。

白虎通義四卷，爲漢班固所撰集。漢章帝建初中，大會諸儒於北宮白虎觀，詔廣平王羨及丁鴻、樓望、成封、桓郁、賈逵、楊終、班固等，論定五經同異奏上之，其議奏統名白虎通德論。後令班固撰集之，定名曰白虎通義，流俗省略，又稱爲白虎通。其書雖爲闡明典禮而作，然一字必窮其義，一義必溯其原。有以聲同、聲近之字釋本字者，如公者通也，侯者候也，伯者白也，子者孳也，男者任也等是；有旣以他字釋本字，復據他字之義以伸之者，如卿之爲言章也，章善明理也等是；有舍字義而釋微言以明其所以然之故者，如爵人於朝者，示不私人也，封諸侯於廟者，示不自專也等是。蓋漢代訓詁之書，未有若白虎通之究極其義者也。雖間流於穿鑿，然保存訓詁之功，豈可沒歟？

魏、晉以後，訓詁之學寖微。除前所舉廣雅匡謬正俗諸書外，以梁顧野王所撰玉篇爲最著。玉篇凡三十卷，仿說文例，分爲五百四十二部，原本注釋頗詳，觀羅振玉影寫日本祕藏原本玉篇殘卷可見。今世通行，蓋節本也。此書頗有裨於訓詁之學。

唐代訓詁，散見於諸經義疏，罕有撰成專書者，故不足述。

宋重理學，關於訓詁之書，更無足稱述者。惟司馬光類篇四十五卷，仿玉篇例，分部五百四十有四，其所收字數，增多於玉篇，亦研究訓詁之資也。

明代訓詁之書，大抵俗陋譌謬。如梅膺祚之字彙，張自烈之正字通，僅足供三家村學究檢字之用，不足掛齒也。

清代初年訓詁之書，如諸詞臣編纂之康熙字典，雖流行二三百年，然其陋略與字彙、正字通相伯仲，王引之雖曾作考證，然有所避忌，不敢毛舉其誤也。惟阮元纂輯之經籍纂詁一書，最爲翔實，洵爲研究國學者必備之工具也。

·国学概论·
上海大华书局
一九三四年版

第二節 訓詁學之義例

訓詁之義例，常因時代而異，今分周、漢、宋三時代述之：

（甲）周代訓詁學義例 散見於經子，彙述如左：

（1）以本字訓本字者 此由字包數音，音包數義；或以虛義釋實義，或以此音擬彼音。

【例】易經：蒙者，蒙也。 比者，比也。 剝者，剝也。

孟子：徹者，徹也。

禮記：冕而親迎，親之也；親之也者，親之也。

（2）以音近之字訓本字者 此由上古之時，一字一義，因語言不同，分爲數字；故音近之字，義卽相同，又可區爲四種：

（a）以有偏旁之字釋無偏旁之字者。

·国学概论·
上海大华书局
一九三四年版

【例】易經：咸，感也。 夬者，決也。 兌，說也。

荀子：君，羣也。

(b)以無偏旁之字釋有偏旁之字者。

【例】論語：政者，正也。

孟子：征之爲言，正也。

(c)以雙聲之字互訓者。

【例】易經：彖者，材也。

孟子：畜君者，好君也。 序者，射也。

(d)以疊韻之字互訓者。

【例】易經：乾，健也。 坤，順也。 坎，陷也。 離，麗也。

禮記：春之爲言，蠢也。 仁者，人也。 義者，宜也。

(3)數字遞相爲訓者 此由本義難明，惟旣以彼字訓此字，則彼字所含之義，亦爲此字所兼有矣。

【例】易經：易者，象也；象也者，像也。　福者，備也；備者，備百順之多也。

（4）一字不僅一義者　案字有數義，皆由音近故也。

【例】易乾鑿度：易，易也。變易也，不易也，佼易立節。

詩序：風，風也，教也。

以上四種，大抵字義與字音相合，皆以字音訓字義者也。蓋字音既同，字義亦必相近，則字義起於字音之故也。古人知字義起於字音，故說字以音爲本，而聲同、聲近、聲轉之字，皆可展轉相訓也。

（5）以字形解字者

【例】左傳：止戈爲武。　武本作從止戈，故卽以止戈訓武字。

皿蟲爲蠱。　蠱從皿蟲，故卽以皿蟲訓蠱字。

反正爲乏。　乏本作，卽正字之反文，故有不正之義。

·国学概论·
上海大华书局
一九三四年版

亥有二首六身。按此語見左傳襄三十年：或問絳縣老人之年，對曰：『臣小人也，不知紀年。臣生之歲，正月甲子朔，四百有四十五甲子矣。』吏走問諸朝。史趙曰：『亥有二首六身，下二如身，是其日數也。』蓋亥字古作𠀅上二形如數目二字。下乚及乀形，皆如古數碼丄及丅字，卽六字也。下二如身者，謂置亥字之首二字，及亥之身三個六字，則爲二六六六。卽其所有之日數，爲二千六百六十六旬。一甲子爲六旬，四百四十五甲子得二千六百七十旬，與亥字之數目相近也。此亦以字形解字義。

穀梁傳：人言爲信。　信从人言，故卽以人言訓信字。

韓非子：自環爲厶，背厶爲公。　厶本作ㄛ，卽私字。公本作公，从八从厶，八有背意，故曰背私爲公。

說文：一貫三爲王。　謂以一豎貫三横爲王字，卽表示古世帝王，貫通天、地、人三才之道也。

推十合一爲士。 謂士字从十合一，卽表示古之爲士者，能由萬殊

而得一貫之理，今所謂歸納法也。

黍可爲酒，禾入水。 黍本作上爲禾，中爲入，下爲水也。

以上所列，皆字義起於字形者也。

(6)以字義解字者 此可分爲十六種言之：

(a)以一字釋一字者。

【例】易：震，動也。 巽，入也。 艮，止也。

(b)以一義釋一字者。

【例】易經：元者，善之長也。 亨者，嘉之會也。 利者，義之和也。 貞者，事之幹也。

(c)以一事解一字之義者。

【例】左傳：正曲爲直。 參和爲仁。

(d)以數事解一字之義者。

【例】左傳慶賞刑威曰君。經緯天地曰文。

(e)有本文甚簡，其義難明，必增字釋之，然後本義乃可見者。

【例】禮記：射侯者，射爲諸侯也。

(f)有詮釋他文，增益虛字，而其義自見者。

【例】孟子：詩曰：『天生蒸民，有物有則，民之秉彝，好是懿德。』孔子曰：『故有物必有則，民之秉彝也，故好是懿德。』

(g)有兩字一訓，而用之又有稍別者。

【例】公羊傳：而者何，難也；乃者何，難也；乃難乎而已。

(h)有本文略言其義，而下節下篇伸明其義者。

【例】易經：六爻，其象曰以下之文，卽釋每爻之文。

墨子經說：上下二篇之文，卽釋經上、經下二篇之文。

·国学概论·
上海大华书局
一九三四年版

(i)以俗語釋雅言者。

【例】孟子：泄泄，猶沓沓也。　泄泄，古之雅言；沓沓，孟子時俗語。

(j)以一字或一詞代數字，而卽以此字或詞爲此事之名者。

【例】左傳：師一宿爲信。　大崩曰敗績。

(k)舉一字而伸其用者。

【例】禮記：禮者，因人之情，而爲之節文，以爲民坊者也。

(l)舉一字而窮其義者。

【例】左傳：夫武，禁暴、戢兵、保大、定功、安民、和衆、豐財者也。

(m)引他文而伸明其言外之義者。

【例】孟子詩曰：『雨我公田，遂及我私。』惟助爲有公田，由此觀之，雖周亦助也。

(n)以訓詁代正字者。

·国学概论·
上海大华书局
一九三四年版

【例】易經：天行健。 不言天行乾也。

（o）引他文而發揮其大意者。

【例】荀子詩曰：『明明在下，赫赫在上。』 此言上明而下化也。

（p）舉普通之文以釋別國之言者。

【例】左傳：楚人謂乳爲穀，謂虎於菟。

凡此，皆周代之訓詁學也。要而論之，訓詁之興，皆由不能同文之故。古人之文，不與今人同；諸侯各國之文，不與王都同，於是訓詁以興。延及漢代，此事遂成專門之業矣。

（乙）漢代訓詁學義例 漢儒於六經諸子，咸有注釋，大抵因其文難解之故耳。故訓詁之學，當以漢儒爲最精也。

（1）有直言某字訓某者 其所訓之字，或取同義，或取同音，約可分七種言之：

(a)以同義之字解本字者。

【例】毛傳：逑，匹也。 寐，寢也。

(b)以同音之字解本字者。

【例】尚書大傳：學，效也。

(c)以單字解疊字者。

【例】毛傳：濟濟，難也。 洸洸，武也。

(d)以雙聲之字改本字使叶韻者。

【例】毛傳：集，就也。 鞏，固也。

(e)以狹義解廣義者。

【例】鄭玄詩箋：祖，先祖也。 妣，先妣也。

(f)以音近之字互相訓釋者。

【例】尚書大傳：旋者，還也。璣者，幾也。微也。

·国学概论·
上海大华书局
一九三四年版

(g)以數字解一字者。

【例】鄭玄禮記注：宗者，祖禰之正體。

(2)有言某字之言某字及某字猶某字者　此卽以他字易本字，或以本字該有他字之義者也。約可分七種言之：

(a)本字爲借字，以正字訓之者。

【例】鄭玄詩箋：亡之言忘也。　射之言繹也。

(b)本字兼有他字之義，以音近之字訓之者。

【例】鄭玄詩箋：蘋之言賓也。　藻之言澡也。　芮之言內也。

(c)以雙聲之字易本字而訓之者。

【例】鄭玄禮記注：興之言喜也。

(d)以疊韻之字易本字而訓之者。

【例】鄭玄禮記注：仁，猶存也。　中，猶忠也。

(e)以音不相近之字易本字而訓之者。

【例】鄭玄詩箋：抱，猶任也。

(f)舍本字之義借用他字之義者。

【例】鄭玄詩箋：命，猶道也。

(g)以淺義釋奧義者。

【例】毛傳：咆哮，猶彭亨也。　囂囂，猶謷謷也。

(3)有言某謂某義者　此必本字含義甚廣，而注文以狹義解之。

【例】鄭玄禮記注：道，謂仁義也。　欲，謂邪淫也。

(4)有言某爲某者　此以一事釋一事之義，而確指之。

【例】賈逵左傳解詁：貪財爲饕。　貪食爲飻。

(5)有一字而兼有數義者　此由一字所含義廣也。

【例】毛傳：莫莫，言清靜而敬至也。

公羊傳何休解詁：去惡就善曰進。

(6)有一字數義而分用者。

【例】鄭玄周禮注：典，常也，經也，法也。王謂之禮經，常所秉以治天下也；邦國官法謂之禮法，常所守以爲法式也。

鄭玄三禮目錄：儒之言優也，柔也，能安人，能服人。又儒者，濡也，以先王之道能濡其身。

(7)有二字字義相近而分用者。

【例】鄭玄周禮注：德行，內外之稱，在心爲德，施之爲行。

(8)有本義深奧而以淺顯之語演繹之者。

【例】詩：窈窕淑女，君子好逑。毛傳：是幽閒貞靜之善女，宜爲君子之好匹。

(9)有就本文而伸言其所以然之故者。

【例】尚書大傳：食者，萬物之始，人事之本也。故人政先食。

·国学概论·
上海大华书局
一九三四年版

(10)有本文意曲而伸明其義者。

【例】鄭玄詩箋：如玉者，取其堅而潔白。

(11)有以今制況古制者。

【例】周禮鄭玄注：符節者、如今宮中諸官詔符也。璽節者，今之印章也。旌節，今使節所擁節是也。

(12)有舉三字而遞相爲訓者。

【例】尙書大傳：閑之者，貫之也貫之者，習之也。

(13)有言讀如讀若者 此可分五種言之：

(a)有讀如讀若之字，與本字音義形俱不異者。

【例】周禮陶人庾實二斛。鄭玄注：庾讀如清益與之庾之庾。

(b)有讀如讀若之字，與本字義異而音形不異者。

【例】周禮太宰以利得民。鄭玄注：利，讀如上思利民之利。 按謂此利字，雖

·国学概论·
上海大华书局
一九三四年版

與財利之利同音，不與財利之利同義也。

（c）有讀如讀若之字，與本字音義俱異而形不異者。

【例】周禮太祝奇拜。杜子春注：奇，讀如奇偶之奇。　按謂此奇字不與奇異之奇同義，並不與奇異之奇同音。蓋奇偶之奇音基也。

（d）有讀如讀若之字，與本字音形義俱異，而本字於讀如讀若之字祇取其音不取其義者。　此僅以此字之音比擬彼字之音也。

【例】禮記示諸掌。鄭玄注：示，讀如寘諸河干之寘。

（e）有讀如讀若之字，與本字音形義俱異，而本字於讀如讀若之字不惟取其音兼取其義者。　此即以讀如讀若之字改本字也。

【例】禮記竟信其志。鄭玄注：信，讀如屈伸之伸。

（14）有言讀爲讀曰者　此亦可分爲五種言之：

（a）有讀爲讀曰之字與本字音、義、形俱不異者。

【例】周禮掌訝。鄭玄注：訝，讀爲跛者訝跛者之訝。

(b)有讀爲讀曰之字與本字義異而音形不異者。

【例】周禮邦布。鄭玄注：布，讀爲宣布之布。

(c)有讀爲讀曰之字與本字音義俱異而形不異者。

【例】周禮旅賓。鄭玄注：旅，讀爲旅於泰山之旅。　按此旅字不與師旅之旅同義，亦不同音，當音臚，臚旅雙聲也。

(d)有讀爲讀曰之字與本字音、形、義俱異者。　按此以讀爲讀曰之字改本字也，非惟改其音，抑且改其義。實爲讀爲讀曰之正例也。其例有四：

I、讀爲讀曰之字與本字爲疊韻者。

【例】尙書鄭玄注：踐，讀爲翦。

II、讀爲讀曰之字與本字爲雙聲者。

【例】尙書鄭玄注：丕，讀曰不。

III、讀爲讀曰之字與本字同聲者。

【例】周禮鄭玄注：訓，讀爲馴。

IV、讀爲讀曰之字從本字得聲者。

【例】詩鄭玄箋：孫，讀爲遜。

(e)有讀爲讀曰之字與本字音、形異而義同者。按此則兩字之中，一爲古字，一爲今字也。

【例】周禮鄭玄注：祼，讀爲灌。

(15)有以方俗之音譬古音者。

【例】說文：䰉，髮皃讀若江南謂酢母爲䰉。𥛏，數祭也。讀若舂麥爲𥛏之𥛏。

以上所列十五種，漢儒訓詁學義例之概略也。漢代以後，魏、晉、南北朝之儒，其訓詁仍守漢儒家法，惟其語較繁耳。及唐代而義疏之學與，以疏釋注，與以注釋經例同。

·国学概论·
上海大华书局
一九三四年版

蓋漢、魏之文，又非隋、唐人之能解也。故有漢人之注，然後漢人可解古書；有唐人之疏，然後唐人可因漢注而讀古書。此訓詁之學所以可貴也。至宋儒之訓詁義例，則又與漢儒略異矣。

(丙)宋儒訓詁學義例　約可分爲五種：

(1)以字形解字者。

【例】如朱子言中心爲忠，如心爲恕，是。

(2)以字義解字者。

【例】如陸子言大地四方曰宇，往古來今曰宙，是。

(3)以字音解字者。

【例】如程子言雹字从雨从包，是大氣所包是。

(4)以佛書之語立訓者。

【例】如虛靈不昧、明性、復初、常惺惺、諸語是。

（5）以方俗之語立訓者。

【例】如工夫、東西、這個、模樣、諸語是。

以上所述，皆宋儒訓詁學義例之概略也。然朱子有言：『文義名物之詳，當求之注疏。』又云：『解經先要依訓詁說字。』又云：『後生以依本字認得訓詁之義分明爲急。』則宋儒曷嘗不重訓詁哉！故訓詁之學，由古迄今，莫之或廢也。

有明一代，儒者多困於八股文，故訓詁學不足稱述。及清之經學家，莫不精通訓詁學，其義例不獨盡包漢、唐、宋之所有，且有發漢儒所未發者。如校勘之義例，已見前章勘誤節。又有輯古訓詁而爲一書者，如惠棟九經古義、余蕭客古經解鉤沈、任大椿小學鉤沈等是。有補古訓詁之書者，如杭世駿續方言等是。詳見前編輯補章。其他有發明古書之義例者，如俞樾古書疑義舉例等是。有發明語詞之功用者，如劉淇助字辨略、王引之經傳釋詞等是。皆訓詁學之流別也。總之，訓詁之義例，至清代而大備，故學者不可不讀其書也。

·国学概论·
上海大华书局
一九三四年版

第四章　章句學

我國舊籍，除便蒙之本外，大率無圈點句讀。他種符號，更無論矣。近今肄習外國文字者日多，乃有謂我國文字，意義不明，宜加符號，以求清晰者；而守舊之徒，又深閉固拒，謂若加符號，意義轉將因之而晦，其實二說皆非也。符號本爲我國文字所固有，特當傳鈔翻刻之際，所據者未必善本，從事者又多苟簡，古書符號，遂至漸次亡失。後世用諸便蒙之本者，體例未必盡善，通人達士，訾其陋而不敢用，遂變而爲無符號耳。若推原其朔，則符號固我國所自有也。符號維何，則古之所謂章句者是。

考諸古書，古人之所謂章句，似卽後世之所謂傳注，如漢書藝文志載易、書、春秋三經，除經文外，施、孟、梁邱、歐陽、大小夏侯、公羊、穀梁皆別有章句，此所謂章句，卽易、書、春秋之傳注也。雖然，此非章句二字之本意也。章句二字之本意，則今所謂符號之類耳。何以言之？案說文章之義爲樂竟，則章本樂曲之名。故左傳已有『揚水卒章』之言，曲禮亦有『喪復常，讀樂章』之語。引而申之，則凡陳義已終，說事已具者，皆得謂之爲章也。又說文句字下云：『句，曲也。』鉤字下云：『曲，鉤也。』段玉裁說文注云：『章句之句，亦取稽留可鉤乙之意，古音總如鉤，後人句曲音鉤，章句音屨，又改句曲字爲勾，此淺俗分別，不可與道古也。』章句二字本義如此。故知古所謂章句者，實後世畫段點句之類，論衡謂『文字有意以立句，句有數以連章，章有體以成篇』是也。

昔日通人，對於圈點之法，多訾其陋，此實一偏之見也。曾國藩經史百家簡編序曰：『自六籍燔於秦火，漢世掇拾殘遺，徵能通其讀者，於是有章句之學；劉向父子，勘書祕閣，刊正脫誤，稽合同異，於是有校讎之學；梁世劉勰、鍾嶸之徒，品藻詩文，褒貶前哲，其後或以丹黃識別高下，於是有評點之學；三者皆文人所有事也。前明以四書經義取士，我朝因之，科場有句股點句之例，蓋猶古者章句之遺意。試官評定甲乙，用朱墨旌別其旁，名曰圈點。後人不察，輒倣其法，因以塗抹古書，大圈密點，狼藉行間。故章句者，古人治經之盛業也，而今專以施之時文；圈點者，科場時文之陋習也，而今反以

·国学概论·
上海大华书局
一九三四年版

施之古書，末流之遷變，何可勝道。』曾氏知句股點句，爲古代章句之遺，可謂卓識。然謂圈點不宜施之古書，則尚未免知二五而不知一十。夫圈點之用，所以抉出書中緊要之處，俾人一望而知，足補章句所不備，實亦可爲章句之一種。徒以章句爲古人所用而尊之，圈點起於近世而訾之，實未免猶有蓬心也。至於世俗所用圈點，誠十九妄陋可笑，然此乃用之者不善，非圈點本身得尸其咎也。

今將古世所用標點符號，及近世所用標點符號，分類述之：

第一節　古標點符號

（甲）句號　說文、字下云：『、，有所絕止、而識之也』。案此即古之句號，蓋凡前語與後語不相屬，則用、字於二語之中，以爲表識也。後人有變爲圓點如·，有變爲尖點如、，亦有變爲圓圈如。者，皆標於每句斷絕之字右下。然古人亦有不泛加句號，而特於斷聯疑似，不易明瞭之句，其下夾注句字或絕字，或句絕二字，以醒讀

·国学概论·
上海大华书局
一九三四年版

者之目。如周禮宮正：『春秋以木鐸修火禁。』注謂『鄭司農讀火絕之』是也。

(乙)讀號　凡語意已完者爲句，口中誦之當停頓而意尚未完畢者，則謂之讀。據宋岳珂相臺本五經，則讀常於一讀之下，其中間加一圓點以爲識別。與句之加在末字右角下者異。亦有不加中點，而夾注一讀字，或逗字，或豆字者，逗卽讀字，豆則逗之省也。

(丙)頓號　凡非句非讀而略須頓停者，舊時常加尖點於字旁以爲識別。舉例言之，如論語八佾：『禮、與其奢也・寧儉。喪、與其易也・寧戚。』禮字及喪字，各爲一頓；與其奢也及與其易也，各爲一讀；寧儉及寧戚，各爲一句。又如論語述而：『子以四教。文、行、忠、信。』子以四教爲一句，文行忠三字各爲一頓。

(丁)段號　說文乚字下云：『乚，鉤識也。』段玉裁注云：『鉤識者，用鉤表識其處也。褚先生補滑稽傳：「東方朔上書，凡用三千奏牘，人主從上方讀之，輒止乙其處，二月乃盡。」此非甲乙字，乃正乚字也，今人所書有所鉤勒卽此。』按今文章分段作乚或作一形者，卽乚之變也。

(戊)聯號　說文丨字下曰：『丨，上下通也。引而上行讀若囟，引而下行讀若退。』劉師培曰：『凡前語與後相聯者，古人用丨字於二語之中，以爲識別。

(己)起號　莊氏古文甲子篇以·爲古文甲字，劉師培謂凡文字起首之提詞，古人用·字於語首，以爲區別，按今人於標題之上，加一大點或大圈，正與此同。

(庚)兼號　說文以乀爲古文及字。劉師培曰：『古來造及字，凡二事或二物並言者，則用乀字爲標識。』按此與英文and之作&符號者正同。

(辛)私名號　舊時對於私有名詞，亦有各種符號，如人名則右旁作單豎如丨；地名則右旁作雙豎如‖；國名及朝代名則外加方匡如□，然亦有右旁作雙豎，與地名同者；書名則外加八角形之匡，如⬡。

(壬)篇章　古書凡篇皆有標題，卽所謂篇名也。篇名例居全篇文字之前，其命名之例，有總括全篇之意義者，如莊子之逍遙遊、齊物論、養生主、人間世等是；有僅舉篇首之數字者，如莊子之田子方、知北遊、庚桑楚、徐无鬼等是。惟詩經之篇名，則題於每篇之後，爲其例外，如關雎五章章四句，葛覃三章章六句等是。

分章則或有標題，或無標題。其有標題者，例居於全章文字之後，如管子牧民篇分爲五章，於各章之後，標明右國頌，右四維，右四順，右士經，右六親、五法等是。亦有不別標章名，而僅題曰右第幾章者，如大學、中庸等，皆宋儒所分也。其無標題者，則多以今提行之法別之。古亦謂之跳出。左傳疏曰：『魏、晉儀注，寫章表別起行者，謂之跳出。』如詩經每篇中之各章，皆別自起行是也。

（癸）抬頭　舊凡奏事，遇至尊，必高其字於衆行之上，蓋自古已然，魏志『景元元年，詔尊崇燕王之禮，凡奏事上書稱燕王者，皆上平，』可見古時凡稱君上，高出本文之上；今曰上平，蓋另行起，而與本文相平，以殺於天子之式耳。案上平卽後世所謂平抬也。後世又有所謂單抬、雙抬、三抬者，則變本而加厲耳。

（子）注語　古書注語，非如後世之兩端加括弧及破折號，亦非如西籍之標（

·国学概论·
上海大华书局
一九三四年版

1）（2）……於原文旁，而別注於每頁之末。惟皆雙行夾注於原文之下。此頗便於閱覽。然六朝以前書籍，則往往原文與注別行，如陸德明之經典釋文是也。

（丑）引語　昔人行文，以無引用符號，故艱困特甚，至不得已時，乃以文字代之。如周禮司刑注云：『夏刑大辟二百，臏辟三百，宮辟五百，劓墨各千，周刑變焉。所謂「世輕世重」者也。』賈公彥疏云：『世輕世重，呂刑文，故云所謂。』韓退之張中丞傳後序：『愈嘗從事於汴、徐二府，屢道於兩府間，親察於其所謂「雙廟」者。』按此雙廟二字，爲汴、徐人之稱呼，故亦加所謂二字。然則所謂二字實具引用號之作用者也，又諸經義疏之體，於所疏之語上加曰字，下加者字，不論文義合否，必施之，亦具引用號之作用者也。然此等方法，有時而窮，至必不得已時，乃於其下注曰：『以上皆某書之文，』或注曰：『某書之文止此。』則益形拙陋而可嗤矣。

（寅）刪節　古人無刪節符號，惟於句末或句中加云云二字以爲表識，如史記汲黯列傳：『上曰吾欲云云。』史公之意，蓋表武帝語未及竟，而汲黯已先搶言，故加

·国学概论·
上海大华书局
一九三四年版

云云二字，正如新式標點符號於語未及竟者，連作密點耳。三傳疏凡敍會盟征伐諸事，往往加云云二字於句中者，亦此例也。

（卯）增補　古人之於成書，往往續有纂輯，其中孰爲故有，孰爲新增，初亦有以爲別。如本草一書，爲新舊淆亂最甚者，然陶弘景修輯此書時，固嘗以朱字墨字爲別，神農本經用朱字，後人所增用墨字是也。及宋開寶重修，尙用黑白文爲別。唐愼微證類本草猶沿其例。而幾經傳刻，乃復混淆矣。

（辰）塗抹　古書符號，有傳之數千年，而仍未失墜者，則誤書之字，加點於上是已。爾雅釋器：『滅謂之點。』注曰：『以筆滅字爲點。』按今猶然。蓋他種符號，可以略去，誤書加點則必不容已，故相沿弗失也。

（巳）代名號　人地之名，有失考者，或隱諱者，古人常作厶以表之。如穀梁傳桓公二年：『蔡侯、鄭伯會於鄧。』范注曰：『鄧厶地。』陸德明釋文曰：『不知其國，故云厶地，本又作某。』按今人作書牘，於起稿之時，不書己名，而以厶字代之，即此例也。又如失考之名非一，則常用干支，依次代之。如史記萬石君傳：『長子建、次子甲、次子乙、次子慶。』甲乙皆非眞名也。失其名而假以名之耳。後人說部，往往用趙甲、錢乙、孫丙、李丁等，或失其名，或諱其名，亦此類也。

（午）闕文號　校書遇有闕文，不敢臆補，乃作方匡如口以識之，亦闕疑之意也。此種符號，常見於穆天子傳、逸周書、大戴禮記諸書中，迄今猶遵用之。

（未）重文號　古人遇有重文，常於字下加二畫如二以識之。如石鼓文之員=遙=是也。後人則多作二點，如：日本人則重一字作々重二字以上作〱以爲識別。

（申）破音號　一字數音者，漢時但借他字以比其音，鄭康成所謂倉卒無字，以音類比方假借者也。六朝以後，四聲漸分，乃始用點發之法。唐張守節云：『初音者皆爲正字，不須點發。字本數音，觀義點發，皆依平上去入。若發平聲，每從左起。』然則非本音而假借爲他字者，古人皆加點於上，故曰點發。後人則易以半圈，平在左下角，上在左上角，去在右上角，入在右下角是也。余曾編破音字舉例一書，凡列千字，皆通行之破音字也。

（酉）叶韻號　古人之文，往往間雜韻語，且古韻頗不易知。後世詞曲，其句語長短不等，音韻四聲通叶，初學者亦不易曉。然讀其文而不知其韻，不獨不能領略其文章之美。并有不能明其義者。故不可不有叶韻之符號也。然古書皆無此號，間有注釋家加韻字於下者，挂一漏萬，且嫌煩瑣。惟通行詞譜曲譜，則常於叶韻字之右下角作一橫，如一，以爲識別，可仿行也。

以上所舉二十種，皆古章句學之通例，惟今有失傳者，有不適用者，且體例亦殊不畫一，故近人又有新式標點符號之提倡。

第二節　新式標點符號

自歐風東漸，國人研究西方文學者日多，參互比較，於是我國舊有章句之符號，遂相形而見絀。民國初元，國人撰述，多有加以西式之標點符號者。厥後刊印古籍，亦

·国学概论·
上海大华书局
一九三四年版

有加以新式標點者。學者以其豁然醒目也，遂風行於一時。其雜誌採用新式標點最早者，當首推科學雜誌，因科學文字橫行，故便於採用也。厥後新青年、太平洋、新潮、每週評論、北京法政學報、大學月刊等之直行雜誌，亦悉採用。上海出版之東方雜誌等，復踵行之。迨民國八年，北京大學教授胡適、朱希祖、劉復、馬裕藻、錢玄同、周作人等撰定議案，請求教育部將新式標點符號頒行全國，欲令全國學校、報館、書肆，皆採用之。雖事未成，而流風所被，幾普徧於全國。今則政府之公文書亦用之矣。

其曰標點符號者，蓋諸符號之中，可分兩類言之，一爲標之符號，一爲點之符號。點卽點斷，凡用以點斷文句，使人明瞭句中各部分在文法上之位置及交互關係者，皆爲點之符號，如句號、點號、冒號、分號四者是也。標卽標識，凡用以標識詞句之性質種類者，皆爲標之符號，如表示疑問性質之問號，表示引用語句之引號，表示私有名詞之私名號等，皆是也。

學者研究英文有素，自能明瞭新式標點符號之用法；惟中西文法，結構間有不同，故標點用法，亦不無差異；今略述於左：

（甲）句號 **period** 。或．

凡成文而意已完者曰句。句末須用句號。

【例】論語：過則勿憚改。

（乙）點號 **Comma** 、或，

點號用途最廣，亦最複雜，今姑舉其重要者數種：

（1）凡數同類詞或兼詞連用者，須用點號分之。（兼詞者，數字相連而不成句，亦不成分句者也。）

【例】左傳：分魯公以大路，大旂，夏后氏之璜，封父之繁弱，殷民之六族。

（2）凡外動詞之止詞，因過長或重視故而置於首句者，須用點號分之。

【例】孟子：自鬻以成其君，鄉黨自好者不爲。（自鬻以成其君六字，乃外動詞爲字之止詞。）

·国学概论·
上海大华书局
一九三四年版

(3)凡介詞所屬之司詞，置於句首者，須用點號分之。

【例】史記：趙王所爲，客輒以報臣。（趙王所爲四字，乃介詞以字司詞。）

(4)凡主詞數者連類而列，或過長，欲重讀，皆須用點號分之。

【例】論語：子路、曾皙、冉有、公西華、侍坐。（主詞類列。）

孟子：人之所以異於禽獸者，幾希。（主詞過長。）

孟子：魚，我所欲也；熊掌，亦我所欲也。（主詞重讀。）

(5)夾注之詞句，須用點號分之。

【例】左傳：公子州吁，嬖人之子也，有寵而好兵。（嬖人之子也句，爲公子州吁之夾注。）

(6)凡副詞，副詞的兼詞，或副詞的分句，應讀斷時，須用點號分之。

【例】左傳：初，鄭武公娶於宋曰武姜。（初字爲副詞。）

孟子：以德，則子事我者也。（以德二字爲副詞的兼詞。）

孟子：民望之，若大旱之望雲霓也。（若大旱之望雲霓也句，爲副句的分句。）

(7)凡數個不長之平列分句，亦可用點號分之。

【例】孟子：君子之所以教者五：有如時雨化之者，有成德者，有達材者，有答問者，有私淑艾者。此五者，君子之所以教也。

(丙)分號 **Semicolon** ；

(1)凡一全句中，如包含數個甚長之平列兼詞或分句，則須用分號分之。

【例】大學：所惡於上，毋以使下；所惡於下，毋以事上；所惡於前，毋以先後；所惡於後，毋以從前；所惡於右，毋以交於左；所惡於左，毋以交於右：此之謂絜矩之道。

(2)兩個獨立之句，在文法上雖若不相聯貫，而意義實相連貫者，須用分號分之。

·国学概论·
上海大华书局
一九三四年版

【例】論語：甚矣，吾衰也；久矣，吾不復夢見周公。

(3)凡數個互相倚恃之分句，因過長故，亦常用分號分之。

【例】孟子：且一人之身，而百工之所爲備；如必自爲而後用之，是率天下而路也。

(丁)冒號 Colon ：

(1)總括上文。

【例】論語：賢賢易色，事父母能竭其力，事君能致其身，與朋友交言而有信：雖日未學，吾必謂之學矣。

(2)總起下文。

(a)其下文爲列舉之事。

【例】論語：君子有三畏：畏天命，畏大人，畏聖人之言。

(b)其下文爲引用之語。

【例】論語：詩云『如切如磋，如琢如磨，』其斯之謂與？

（戊）問號 Question ？

凡表示正問、疑問、反問等，皆須用問號。

【例】論語：汝得人焉耳乎？（正問）

論語：其然，豈其然乎？（疑問）

孟子：鄉黨自好者不爲，而謂賢者爲之乎？（反問）

（己）驚歎號 Exclamation ！

凡表示各種情感或命令、願望等，皆須用驚歎號。

【例】史記：唉！豎子不足與謀！（歎恨）

論語：野哉！由也！（責怪）

離騷：來！吾道夫先路。（令令）

孟子：王庶幾改之！予日望之。（願望）

·国学概论·
上海大华书局
一九三四年版

(庚)引號 **Quotation** 『 』或「 」

(1)表示引用語之起結。

【例】論語:詩云:『如切如磋,如琢如磨,』其斯之謂與?

(2)表示特別提出之詞句。

【例】荀子:然則『可以爲,』未必爲『能』也;雖不『能,』無害『可以爲;』然則『能不能』之與『可不可,』其不同遠矣。

(辛)破折號 **Dash** ——

(1)表示意義之陡轉。

【例】詩:坎坎伐檀兮,置之河之干兮,河水清且漣兮。——不稼不穡,胡取禾三百廛兮?

(2)表示夾注。

【例】論語:夫顓臾,——昔者先生以爲東蒙主,且在邦域之中矣,——是社稷

·国学概论·
上海大华书局
一九三四年版

之臣也，何以伐爲？

（3）表示總結上文。

【例】論語：所惡於上……毋以交於右：——此之謂絜矩之道。

（壬）删節號　Elipsis　……

表示删節或語氣未完。

【例】論語：夫顓臾，……是社稷之臣也，何以伐爲？

（癸）夾注號　Brackets（　）或【　】

【例】宋儒不明校勘訓詁之學，（朱子稍知之而不甚精）故流於空疏，流於臆說。

（子）私名號——

凡人名、地名、朝代名、學派名、宗教名等之一切私名，皆須於其名之右或左加一直線。如文字爲橫行者，可加橫線於下。地名及朝代名亦有加雙線者。

【例】孟子：齊宣王見孟子於雪宮。

(丑)書名號

凡書名或篇名，皆須於其名之右或左加一曲線。如文字爲橫行者，可加橫曲線於其下。

【例】孟子：吾於武成取二三策而已矣。

近時學者，對於我國文字之加新式標點符號，皆無異議。惟符號之格式，間有變更；而文字中所施用之符號，亦或有出入。然皆大同而小異也。

近人亦有別定⸮爲詰問號，??爲複問號，!!爲複歎號，⸮⸮爲複詰號，?!爲亦問亦歎或半問半歎號，～～爲聲音之延續號等，然施用之者殊鮮，故不足論。

關於研究標點符號之書籍及論文，則論古標點者，有呂思勉之章句論，胡適之請頒行新式標點符號議案及答慕樓書。論新式標點符號者，有高元之新標點之用法，馬國英之新式標點符號使用法及學藝所載之標點之革新，(一卷三號)華文標點論(一卷四號)新標點補編(七卷二號)科學所載之論句讀與文字符號(二卷一期)諸論文,皆足供學者參考者也。

第五章 版本學

版本學者,所以研究歷代書籍之制度,鐫刻之體例者也。吾人研究國學,不獨當知書籍之類別,內容,並當知其制度之變遷及版本之優劣,方不致昧於古今與日讀誤書俗本也。朱彝尊曰:『善讀書者,匪直明晰文義而已。其於簡策之尺寸必詳焉。』誠以書籍制度,代有不同。不知其制度,無以考簡策之形式,文字之得失也。張之洞曰:『讀書宜求善本。善本非紙白版新之謂,謂其爲前輩通人用古刻數本精校細勘付梨,不譌不闕之本也。善本之義有三:一足本,卽非節本,非改本也;二精本,卽精校本,精注本也;三舊本,卽舊刻本,舊鈔本也。』觀此,則吾人欲知書籍之優劣,不可不有識別版本之眼力也。

·国学概论·
上海大华书局
一九三四年版

我國古今之書籍：有鐫之金石甲骨者；有著之竹木者；有書之紙帛者；隋唐而後，刊版印刷之術始行；遜清季年歐洲印刷之術輸入；其間變遷至多，體例亦至繁複。今略依孫毓修、陳鐘凡之說，分四期述之：

第一節 第一期

述西周以前者。約可分爲三類：

（甲）刻石 刻石者，刻文字於峭壁峻巖之上也。史記封禪書曰：『管仲曰：古者封泰山禪梁父者七十二家，而夷吾所記者十有二焉。』司馬貞補史記三皇本紀引韓詩曰：『自古封泰山禪梁父者萬有餘家，仲尼觀之，不能盡識。』按此雖多屬上古帝王封禪刻石，用以記述功德，昭告神祇者；然其間亦必有民衆隨意刻畫，或以紀事，或以遊戲，如法國及西班牙洞穴之石壁上古石器時代人所作野牛毛象等之圖畫也。此種刻石遺風，至周、秦而尚未泯，如穆天子傳：『天子觀春山之上，乃爲銘疏於元圖之上，以貽後世。』而秦之石鼓及泰山瑯琊碑等亦皆此類。凡此皆我國最古之紀載，考古家所視爲先王之册府者，且爲後世立碑之權輿也。又如大戴禮保傅曰：『胎教之道，書之玉版，藏之金匱，置之宗廟，以爲後世戒。』素問曰：『著之玉版，每旦讀之，名曰玉機。』玉版者，蓋琢玉石爲平版，鐫文字於其上，便於執持諷誦者。此爲古代書籍之一體，而又爲後世石經之所昉也。昔年有客遊秦中者，見人掘地得古玉版，上有漆書古字大數寸，兩面書之，譯其文，乃趙人上諸秦之某王者，是古代上書，亦間用玉版也。

（乙）鏤金　周禮司約：『掌邦國及萬民之約劑，凡大約劑，書於宗彝，小約劑，書於丹圖。』鄭玄注：『劑，謂券書。大約劑，邦國約也，書於宗廟之六彝，欲神監焉。小約劑，萬民約也。丹圖未聞，或爲雕器簠簋之屬有圖象者與？春秋傳曰：「斐豹隸也，著於丹書。」今俗語有鐵券丹書，豈此舊典之遺言？』又說苑敬慎篇引黄帝金人之背銘，逸周書大聚：『周公旦陳營邑建都之制，別陰陽之利，水土之宜，命曰大聚。』武王乃召昆吾

·国学概论·
上海大华书局
一九三四年版

而銘之金版。』然則古代鏤金，大者著宗彝，小者書丹圖，亦有鐫諸金版，銘之偶像者。漢世傳有黃帝盤盂，是宗彝之制，起原當較古。厥後夏孔甲有盤杅之戒，商成湯有日新之觀，胥是物也。金版之制，始見於周禮及逸周書。莊子徐旡鬼篇亦有金版，六弢之說，蓋起於周初。厥後鄭人鑄刑書，見左傳昭公六年，晉人鑄刑鼎，見左傳昭公二十九年，皆冶金鑄文之明徵。古羅馬人定律，亦銅鑄之，可比擬也。

（丙）甲骨　周禮菙氏：『掌供燋契，以待卜事。凡卜，以明火爇燋，遂歙其燋契，以授卜師。』孫詒讓正義：『龜卜所用有金契、木契；金契用以鑽鑿，木契即楚焞，用以蒸灼；以二者皆刻削其耑，使鐵銳，故同謂之契。』按龜卜不特鑽鑿坎臽，亦鐫刻文字；不特用龜甲，亦兼用獸骨；不特通行於姬周，亦導源於殷商。觀乎殷墟所出之甲骨，概可覩矣。詳見文字學章甲骨文節，不復贅述。

綜而言之，上古書籍，大別爲石、金、甲骨三類，依社會進化之歷程言，刻石當在鏤金之前；蓋石器時代古於銅器時代也。而刻石之中，初迺刻於巖壁，後漸製爲玉版；猶之鏤金者，初鑄文字於鼎彝偶像，後乃改鑄金版也。至甲骨所刻，大抵命龜之辭，或占驗之兆，亦間有紀事者，當時帝系、都邑、祀禮、官名，亦十有八九，爲史官所掌，殆無疑義。是則此三者，皆太古以迄西周之書籍制度也。

第二節　第二期

逑周姬八百年中書籍之制度，可分爲兩類：

(甲)竹簡　爾雅釋器：『簡謂之畢。』小篆册字作說文册部曰：『册，符命也，諸侯進於王者也。象其札一長一短中有二編之形。』又竹部曰：『簡，牒也。』『篇，書僮竹笘也。』段玉裁注曰：『簡，竹爲之；牘，木爲之；牒，札，其通語也；等者，齊簡也。編者，次簡也。』按簡、畢、篇、笘，同以竹爲之。單執一札謂之簡。合編諸簡謂之册，册字亦作策。以册庋諸架上則謂之典，典，小篆作從册從丌也。至周代簡册之長短及所書之字數，亦略見於古籍，孝經鈎命訣曰：『易、詩、書、禮、樂、春秋，策皆二尺四寸。』孝經謙半之，一

·国学概论·
上海大华书局
一九三四年版

尺二寸，論語八寸，尺二寸者三分居二，又謙焉。』尚書鄭玄注曰：『三十字一簡之文。』服虔左傳注曰：『古文篆書，一簡八字。』漢書藝文志曰：『劉向以中古文校今文尚書，古文簡有二十五字者，有二十二字者。』然則簡之長短不同，字之多寡亦不同也。作書之法，則先截竹爲簡，破以爲牒，灸於火上，以去其液，俾不易朽蠹，謂之汗簡；刳去青皮，謂之殺青；然後以削刻之，或以漆書之。削者，古之書刀也。凡草創未定者，亦以削削之，是謂之删，故删之字，從刀册會意也。漆書之筆，方言互殊，楚謂之聿，燕謂之弗，秦謂之筆，吳謂之不律。書簡既成，或綴以韋，或組以絲，是謂之編，乃成册矣。故編册之稱，施於簡策時期，本甚確切，若今之裝訂，而亦謂之編册，則名存而實亡矣。

(乙)木版　爾雅釋器曰：『大版謂之業。』説文片部曰：『版，片也。』『牘，書版也。』『牒，札也。』木部曰：『札，牒也。』『柧，棱也。』『棱，柧也。』『槧，牘樸也。』蓋斷木而爲槧，片之則爲版，以刀刮削之，乃成爲牘，析而言之，粗者爲槧，精者爲牘。長大者曰槧，厚者曰牘，薄小者曰札、曰牒，牒之猶言葉也；札，櫛也；編之爲櫛，齒相比也。四方者曰版，亦曰

·国学概论·
上海大华书局
一九三四年版

方，方之大者曰業。牘之正立方形者曰棱，八面體者曰柧，柧亦作觚。然漢人之觚，則多作三棱柱形。考敦煌所出漢人書之急就篇及蒼頡篇皆三觚之木簡，故有奇觚之稱也。牘之長大抵一尺，故曰尺牘；然亦有逾尺者，如史記匈奴傳，稱漢文帝遺單于以尺一寸書牘，單于報以尺二寸，是也。至於牘之書法，大抵與簡策同。

上述簡策方版，雖竹木異製；然中庸混言：『文武之道，布在方策。』蓋析言之則異，通言之則同。儀禮聘禮記曰：『百名以上書於册，不及百名書於方。』杜預左傳序亦曰：『大事書於策，小事簡牘而已。』蓋方牘單行，故僅足識小事；簡策編集，故反足識大事也。至或謂古世祇有木牘而無竹簡，以北地不產竹，及近時西陲出土漢人遺簡，祇有木而無竹，以爲左證，此不足據也。夏后之世，揚州已貢篠簜，見諸禹貢，豈至周世而患無竹供筆削耶？況關於書籍之字，多從竹傍，亦足徵乎！凡此皆姬周一代下逮嬴秦書籍之制度也。

第三節　第三期

述戰國至隋、唐以前也。可分爲三類：

（甲）帛素　墨子魯問曰：『攻其鄰國，殺其民人，取其牛馬粟米貨財，則書之於竹帛，鏤之於金石。以爲銘於鍾鼎。』是戰國之時，不獨刻石鏤金，汗簡殺青，而亦通用縑素，以爲記事之具矣。然竹賤帛貴，故二者並行。風俗通謂：『劉向典校書籍，皆先書竹，爲易刊定；可繕寫者，以上素也。』是也。自易竹簡而爲帛素，於是筆之制改變，而硯墨亦隨興矣。春秋以前之筆，制雖未聞；然以之書漆，則非毛錐可知；而其字從竹，似或析竹之端爲細絲，以便漬染，如今漆刷之制。厥後改書帛素，不適竹筆，乃改爲兔毫竹管之制。世傳蒙恬造筆，特以恬筆著名於世，非自恬始也。墨則西漢以前，皆用礦產之石墨磨汁而後書之。山海經之石涅，孝經援神契之墨丹，皆此類也。晉陸雲於魏臺之上，得曹操所藏石墨數十萬斤。是魏晉之際，猶通行石墨也。惟人工所製之墨，漢時亦

·国学概论·
上海大华书局
一九三四年版

已有之。觀說文：『墨，黑也；松煙所成，土之類也』則已有煙煤所製之墨矣。研墨必當有硯，故硯亦當興於漢世。雖李之彥硯譜載太公金匱硯銘，然其說不足徵信。硯之制，古用銅鐵，或用玉石，至明代始有寶古之磚瓦者，如銅雀臺瓦硯是也。又竹簡既易爲帛素，而書籍部分之名稱亦變。章學誠文史通義曰：『向、歆著錄，多以篇卷爲計；大約篇從竹簡，卷從縑素，因物定名，無他義也。而縑素爲書，後於竹簡；故周、秦稱篇，入漢始有卷也。第彼時竹素並行，而各篇必有起訖；卷無起訖之稱，往往因篇以爲之卷，故漢志所著幾篇，卽後世幾卷，其大較也。』

(乙)紙　後漢書宦者傳：『蔡倫字敬仲，桂陽人也。位尚方令。自古書契多編以竹簡，其用縑帛者，謂之爲紙。縑貴而簡重，並不便於人。倫乃造意用樹膚，麻頭，及敝布，魚網以爲紙。元興元年，奏上之，帝善其能。自是莫不用焉。故天下稱蔡侯紙。』初學記：『古者以縑帛依書長短，隨事截之，名曰幡紙，故其字從糸。貧者無之，或用蒲寫書，則路溫舒截蒲是也。至後漢和帝元興中，中常侍蔡倫以故布擣剉作紙，故其字從巾。魏人河間張揖上古今字詁，其巾部云：「帋今紙，」則其字從巾之謂也。』是蔡氏以前，縑帛本亦稱紙；及蔡氏以後，紙遂爲故布所製者之專稱，亦或別造帋字也。紙雖作於後漢，然下逮魏、晉，猶不易得。後漢書儒林傳敍：『董卓移都之際，吏民擾亂；自辟雍、東觀、蘭臺、石室、宣明、鴻都諸藏，典策文章，競共剖散。其縑帛圖書，大則連爲帷蓋，小乃製爲縢囊，及王允所收而西者，裁七十餘乘。』可見當時紙之用仍未廣而縑帛若是其衆也。今西陲所出古簡札，其用紙者大不過二三寸，其書跡在魏、晉以後，至西域長史李柏書始有大幅，足徵當時得紙之不易矣。逮唐以後，始有造紙專業。成都居民多以浣花溪水漚麻楮而作牋，故唐時寫本多用益州麻紙。至五季南唐後主以桑皮造紙卽著名古今之澄心堂紙也。宋始造竹紙，質輕價廉，麻紙乃寖廢。及明以後，造紙之業，徧及蜀、湘、皖、贛、浙、閩諸省，其質則多取諸桑、楮、藤、麻、竹、棉。產多價廉，便於流布書籍。故紙之發明，實人類社會之一大進化也。

（丙）石經　以經書石，名爲石經。歷代石經，其文或科斗，或篆書，或隸書，或楷書；

·国学概论·
上海大华书局
一九三四年版

其經，或五或七，或十三；各有異同。然皆足以資校勘，爲研究國學者所不可不知也。石經之刻，始自新莽，至清而二十一刻。漢平帝元始元年，王莽命甄豐摹古文易、書、詩、左傳於石，此石經初刻也。後漢章帝命杜操增摹公羊、論語古文，而釋以章草，此再刻也。靈帝光和六年，命胡毋敬、崔瑗、張昶、師宜官以古文八分刻易、書、魯詩、儀禮、左傳、於太學講堂，此三刻也。熹平四年，詔蔡邕、楊賜、堂谿典、馬日磾等正定易、尚書、魯詩、儀禮、公羊、論語六經，而蔡邕乃以八分書丹，卽所謂熹平石經者，此四刻也。魏正始中，虞喜惜古文不傳，言於邵陵厲公，自摹古文於石。陳留邯鄲淳釋以小篆，鍾會注以小楷，刻於鴻都學宮，卽所謂正始石經，亦謂之三體石經，此五刻也。晉惠帝永熙武庫火毀之。梁武帝得漢榻本三種，詔蕭子雲等以小楷刻之金陵，易用費直，書用姚方輿，詩用毛，禮用小戴，春秋用三傳，此六刻也。北魏太武帝神龜元年，從崔光之請，以漢、魏石經遭亂殘缺，命元暉、于烈、韓毅等補之，此七刻也。隋煬帝大業中，取北魏遺書於祕書省，唐太宗貞觀六年，魏徵請發而傳之，詔歐陽詢補以八分，此八刻也。時孔穎達爲義疏，請以王弼易、孔安國書、毛詩、三禮、三傳、論語、爾雅、孟子、孝經頒行天下，爲十三經；開元四年，張說請補古易、魯詩，詔禮部郎中殷仲容摹古文於石，此九刻也。玄宗天寶九年，從李林甫請，詔侍書徐浩等以小楷刻九經於長安，此十刻也。鄭覃以經籍刓謬博士淺陋不能正，建言願與鉅學鴻生共力讎刊，鏤石太學，曰九經文字，此唐太宗開成二年事，故亦謂之開成石經，此十一刻也。蜀孟昶命李仁罕、毋昭裔楷書，刻易、詩、書、三禮、三傳、論語、孟子十一經，卽世所謂蜀石經，此十二刻也。南唐以楷書刻十一經，增孝經、爾雅此十三刻也。宋太宗淳化六年，翻刻蜀十一經於汴，此十四刻也。南宋高宗御書五經於臨安府學，才人吳氏續之，此十五刻也。洪适摹鴻都遺字於利州，此十六刻也。范成大摹於少城，此十七刻也。天章閣待制胡元質復摹於成都學宮，並三禮刻之，此十八刻也。明宣宗宣德六年，淸江王又摹於本府，此十九刻也。英宗天順元年，秦府又摹刻，而古易、魯詩復完，此二十刻也。淸高宗乾隆五十八年，詔刻十三經於太學，嘉慶八年，復命磨改盡善，此二十一刻也，然其文字今尙可考見者，則不過熹平、正始、開成、蜀、北、宋、南宋及淸七種而已。

此戰國以訖隋、唐書籍之制度也。而論紙及石經，因牽連而述至淸代。夫紙帛之用，視方策輕省；筆墨之事，亦較漆削簡易。況製石勒經，取便臨摹，幾與鋟版印行，功效無別，故此時期，實爲古今文化轉變之一大關鍵，學者所不可不注意者也。

第四節　第四期

述隋、唐發明印刷術以後也。可分爲兩類：

(甲)雕版　世言書籍之有雕版，始自馮道。其實不然。以今考之，蓋張本於漢，託始於隋，行於唐世，擴於五代，精於宋人。後漢書儒林傳載漢靈帝時，懲賄改蘭臺漆書金字之弊，熹平四年，命蔡邕寫刻石注，樹之鴻都門，頒爲定本。一時車馬闐溢，摹榻而歸。則已有頒諸天下，公諸同好之意，於雕版之事已近。歷魏、晉之隋，好學之士，多手自鈔錄，以供披覽。及隋文帝開皇十三年十二月，敕廢像遺經，悉令雕造。(見陸深河汾

·国学概论·
上海大华书局
一九三四年版

燕間錄）近時敦煌石室所出之書，有大隋永陀羅尼經，上書宋太平興國五年翻雕隋本。此皆隋時已有雕本之明證。然所雕之書，多屬釋藏，於此可見我國最古之印版書，當首推佛經也。逮唐之末年，益州始刊行術數小學字書。（見國史志及石林燕語）是次於佛經而刊行者，蓋爲技術文字之書。惟唐時雕本，宋人已無著錄者。蓋經五季兵戈之亂，片紙隻字，盡化雲煙，久等於三代之漆簡，六朝之縑素，可聞而不可見矣！其至今而猶存於天壤間者，惟江陵楊氏藏有開元雜報七葉，葉十三行，行十五字，字大如錢，有邊線界欄，而無中縫，猶唐人寫本款式，惜墨影漫漶，不甚可辨。其他則日本藏有唐高宗永徽六年阿毗達磨大毗婆娑論刻本，此二者，皆唐刻本之僅存者也。五代之時，雖廣刻經籍，然其版本，今亦罕見。惟後蜀大字本爾雅上題『將仕郎守國子四門博士臣李鶚書』一行，故家往往有之，然頗不易見。近年則敦煌石室所出金剛經刻本，上題『弟子歸義軍節度使特注校太傅曹元忠普受持，天福十五年，雕板押衙雷延美』字樣；按天福爲晉高祖年號，蓋石晉遺物也。最近則吳越遺物，因杭縣雷峯塔傾頽而赫然出世焉。民國十三年九月二十五日午後一時有半，雷峯塔自傾。塔爲吳越忠懿王妃黃氏所建，距今已將千年。全以紅色方甎砌成，磚一端有小孔，深二寸許，每孔藏有一切如來心祕密全身舍利寶篋印陀羅尼經一卷。卷端題曰：『天下兵馬大元帥吳越國王錢俶造此經八萬四千卷，捨入西關甎塔，永充供養，乙亥八月紀。』題後有方圖，圖一女子禮佛，疑即所謂黃妃者也。圖後爲經，凡二百七十一行，行十字。印刻工整，字迹娟秀，頗具晉、唐小楷神韻，宋版之高曾矩矱，可於此覘之。惜完整者不過千之一，而未全脫爛者，亦不過百之一耳。至宋中葉以後，下逮胡元，則版本今尚多有，惟價昂貴，不易購置也。

雕版書籍，可由其雕刻之處所及形式，區爲六種言之：

(1)官刻本　五代史載後唐明宗長興三年，宰相馮道、李愚請令判國子監田敏校正九經，刻板印賣。後歷唐、晉、漢、周四朝，七主，（唐明宗後帝，晉高祖出帝，漢高祖隱帝，周太祖）至周太祖廣順三年六月，田敏始奏刻工告竣，進印板九經書五經字樣各二部，一百三十册，前後凡歷二十有四年。周世宗顯德二年二月，國子監祭酒尹拙又雕刻經典釋文三十卷。同時後蜀孟昶亦有爾雅之雕刻。宋太宗雍熙中有說文解字之刻。端拱中有孔穎達五經正義之刻，至眞宗咸平二年書成，即世所稱端拱五經正義者也。太宗淳化五年，至仁宗嘉祐八年，陸續校刻史記、前後漢書、三國志、晉書、南北史、梁書、陳書、隋書、唐書，凡歷七十年，雕刻始竣，此北宋官刻書籍之概略也。高宗倉皇南渡，官雕版片，消毀無遺。紹興九年九月，始下諸道州學，取舊有官刻書籍，復鏤版頒行。洎紹興末年，次第告竣。即世所稱監本書籍者也。謂之監本者，以官書多由國子監刊刻故也。遼、金雖以外族入主中原，然遼有諸經義疏、龍龕手鑑之刻，金設宏文院，亦譯寫經書而刻之，元世祖以興文署隸祕書監，掌雕印文書，召集良工，刊刻諸經子史。又取杭州在官書籍版及江西諸郡書籍版至京。其見於本紀者，則世祖時刊行通鑑，成宗時刊行孝經，武宗時刊行貞觀政要，仁宗時刊行大學衍義、列女傳而已。明太祖初定天下，徐達即入元都，收取宋、元監造墨版，盡入金陵國子監，修補刊印，頒行全國。有明一代，內府刊印書籍，凡一百六十餘種。而以南北監本之二十一史爲最巨。南監爲金陵之國子監，北監則北京之國子監也。清朝入關以後，雕刻書籍於武英殿。據劉錦藻皇朝續通考藝文志所載，當時欽定御製書名，凡經類二十六部，史類六十五部，子類三十六部，集類二十部，而翻刻者不與焉。蓋自古刻書之多，未有過於有清者。咸、同之交，江寧、蘇州、杭州、武昌，同時設立官書局；淮南、南昌、長沙、福州、廣州、濟南、成都繼之。於是局本書籍，風行全國矣。

今有一事爲學者告吾人，所見木刻本方整膚廓字體，常稱之爲宋體字，其實非也。古書俱爲能書之士隨字體書之，本無所謂刊刻字體也。至五季時，孟蜀頒行書範，以爲雕刻模範；鮑昌熙金石屑中所載反書韓文銅笵『易奇而法，詩正而葩，春秋謹嚴，左氏浮誇』十六字是也。宋太宗初年，亦頒行天下刻書之式，今流行宋本書籍精美秀媚字體是也。至於今世木刻本方整膚廓字體，乃明季刻書匠之字體耳。又宋元時官私刊本，多記繕寫人及刻工姓名。刻工姓名，皆記於版心，或在上方，或在下方。繕寫人姓名，多記於書末；如麻沙本文心雕龍末刻『吳人楊鳳繕寫，』是也。此亦考古者所不可不知者。

(2)家塾本　私人刊印之書，俗稱爲家塾本，亦始自五季。五代史和凝傳：『集百餘卷，自鏤版行書。』王明清揮麈錄『蜀相毋昭裔，先爲布衣，嘗從人借文選、初學記，多有難色。後顯於蜀，因命工日夜雕版，印成二書。復雕九經諸史，西蜀文字由此大興』此實私人刻書之嚆矢。宋時家刻善本，如賈師憲所刻九經，凡以數十種比對，百餘人校正而後成，以撫州萆鈔紙及油煙墨印造，以泥金爲籤，精美絕倫。其他如相臺岳珂刻五經，眉山程舍人家刻東都事略，永嘉陳玉父刻玉臺新詠，寇約刻本草衍義，崔尚書宅刻北磵文集，祝穆刻方輿勝覽，皆非率爾雕印者，諸書今尚多流傳。元人家刻本，如花谿沈伯玉家所刻之松雪齋集，字倣文敏，最爲精妙。明代家刻，其著者如郭雲鵬所刻李、杜、韓、柳、歐陽諸集，汪文盛所刻兩漢書，顧元慶所

·国学概论·
上海大华书局
一九三四年版

刻顧氏文房小說，世德堂所刻六子全書等。而虞山汲古閣毛晉及其季子扆，刻書至數百種，汲古閣本經史，今尚流行於世，可謂盛矣。有清諸收藏家，皆喜刻書。其仿印宋元本，有精絕者。校勘之勤，更非前人所及。如歙縣鮑廷博之知不足齋，廣州伍崇曜之粵雅堂，皆以私家之力，刻書至數百種。若刻至數十種者，尤數見不鮮云。

（3）坊刻本　書肆刊印之書，謂之坊刻本，亦曰坊本。雕刻印賣，始於唐季，至宋而盛。宋時書肆鏤版之地有四：曰蜀、曰吳、曰越、曰閩，而閩爲尤盛。建寧一府，尤爲書肆薈萃之區。如劉日省、三桂堂、王氏世翰堂、王懋甫、桂堂、王八郎書鋪、虞平齋、務本書坊、慎獨齋、劉尗剛宅等皆是也。而余氏勤有堂創業於唐，歷宋、元、明而猶未替，爲書林中之最古者。當時有書籍爲建寧府土產之稱，其麻沙、崇化兩坊，號爲圖書之府。麻沙版本書籍銷行四方，無遠不屆，後人至通稱書肆刻本爲麻沙本，可見其多矣。金元二朝，官設書肆於平水，一時坊肆亦聚於是。其他吳、閩、越之盛，亦不減於宋。明代書肆聚集之地有四：曰燕市、曰金陵、曰閶闔、曰臨安。而閩、楚、滇、黔、秦、晉、川、洛、亦多有刊刻之肆，清時書坊刻書之多，莫如蘇州席氏掃葉山房，如十七史、四朝別史、百家唐詩、元詩選等，其最著者。販夫盈門，席氏之書，不脛而走天下。而湖南、江西、福建三省，以刻工紙墨皆廉，坊肆聚焉。惟其本惡劣，不及宋之麻沙諸刻。最近則以滬、平二地，爲出版業之總匯，蓋一則文化之中心，一則舊都也。

（4）活字版　木版雕書，一成而不可變，價值既巨，庋置亦頗不易，故後人遂有活字印書法之發明。宋仁宗慶歷中，有布衣畢昇者，始創活版。其法用膠泥刻字，薄如錢脣，每字爲一印，火燒甚堅。先設一鐵版，其上以松脂蠟和紙灰之類冒之。欲印，則以一鐵範置鐵版上。乃密布字印滿鐵範爲一版，持就火煬之，藥稍熔，則以一平版按其面，令字平整。雖印數百千本，極爲神速。後元代王楨改良之，乃雕木質而爲活字。時亦有鎔錫製之者。宋、元人之活字本書，今已無流傳者矣。明代活字本，以無錫蘭雪堂華氏、桂坡館安氏爲最著。其所用之活字，則多銅鑄者，當時所印之活字本小名錄、吳中水利考、墨子等書，今尚有流傳者。至崇禎間，邸報亦改寫而用活字，取便拆換。清武英殿聚珍版書，亦用活字，惟其字以棗木雕之。及清末鉛字盛行，而前所用之活字，皆淘汰以盡矣。

(5)巾廂本　巾廂本者，刊行之小册也。以其可藏懷袖，故亦別稱袖珍本。南史『齊衡王鈞，嘗親手書五經，都爲一卷，置巾廂中，諸王聞之爭效爲巾廂。』巾廂之名本此。其制始於宋時。宋巾廂本五經易、詩、春秋、禮記經文，春秋左氏、經傳，不分卷，行密字展，朗若列眉。清代科舉盛時，坊賈縮印小本，爲士子挾帶計。故巾廂本風行全國。逮光緒間，石印法行，刻木者知不能爭勝，乃不復雕印矣。

(6)朱墨本　朱墨本者，以朱墨兩色印書者也。俗亦稱爲套版。明神宗萬曆間，烏程閔齊伋始創之。而廣東人爲之最精，有以五彩套印者。如流傳之欒城集，以綠格墨印墨子及急就章，以綠格藍印，皆套板也。此法自彩石印及三色版行，亦遂廢矣。

(乙)裝訂　唐以前書籍皆無卷軸，蓋今所謂一卷，卽古之一軸也。舊唐書經籍

·国学概论·
上海大华书局
一九三四年版

志曰：『凡四部庫書，兩京各一本，共十二萬五千九百六十卷，皆以益州麻紙寫。其集賢院御書：經庫皆鈿白牙軸，黃縹帶，紅牙籤；史書庫，鈿青牙軸，縹帶，綠牙籤；子庫，皆雕紫檀軸，紫帶，碧牙籤；集庫，皆綠牙軸，朱帶，白牙籤；以分別之。』此唐時書籍裝訂之制度也。惟卷軸皆束而爲卷，每讀一卷，或每檢一事，披閱展舒，甚爲煩數。故唐以後，皆改爲葉子裝。宋時書籍，以葉子黏連而成，如今之碑帖及佛經，謂之蝴蝶裝。逐葉翻看，展轉之末，仍合爲一，故亦謂之旋風葉。外裝綾錦，標以絹籤。或更裝成帙，護以函而標以號。其精緻者，以白紙數葉爲副。其後改用線裝之書，則與今之裝訂無異矣。

右述古今書籍之制度，其變遷約分四期，關係文化之盛衰，可得言焉。上古刻石鏤金，鑽骨契龜，事至繁難，功同神祕；非帝王巫師，幾莫知其奥窔。及簡牘繼興，事較平易，然竹木沈重，未便取攜；故當時書登天府，官守其業，民之言盲，猶未足語於學林也。逮竹帛之用既宏，百家之學丕著，師承授受，各成一家之言；然創獲之功，未之或見。嗣是雕版既興，傳播乃易，盈箱插架，昕夕觀成，賞奇析疑，隨方易得；由是學術之流傳日

·国学概论·
上海大华书局
一九三四年版

廣，文化之淬厲日新矣。惟帝政之世，祕籍孤本，悉深藏殿閣，非民間所得窺睹。更姓易代之際，摧毀漂流，罕有完璧。定鼎之後，復徵諸民間，而民間遺存之孤本祕籍，日益少矣。雖清代四庫之書，分鈔七部，徧貯七閣，然再經兵燹，今所存者，不過三部有半耳。故翻印四庫之書，爲今日所不容緩，且宜廣貯全國各圖書館，庶不致歷代文化，澌滅殆盡也。

第六章　文法學

學者在學校肄業，關於中文之科目，常較英文爲多，而觀書也、閱報也、作文也、通信也，其接觸於中文者，亦倍蓰於英文。然而英文之進步，往往較中文爲速，是何也？蓋英國文字，有文法之專書，凡字法句法，皆部分類別，以縷述之；學者循聲按譜，不難一覽而知。我國昔無文法專書，近三十年來，雖有數種文法書出，然不失之淺陋，卽病其艱深，求如英國通行之文法教科書，適合於學生年齡程度，俾可拾級以升者。實渺不可得。且爲敎師者，大抵就書衍說，以爲卽盡能事，至於逐字之部分類別，與夫聯句成章之榘矱，敎師固昧然也。爲學生者，亦不求甚解，終日咿唔，待其自通。卽有一二好學深思之生徒，執書問難，而爲敎師者，亦鮮不曰此在神而明之耳。非可以言辭傳授也。如此，又奚怪乎文學之日益退化，而能研治古代之典籍者日益減少邪？夫我國之科學，步人後塵，猶可言也，若文學則素自炫耀，以爲有五千年之歷史者，至今日而亦落伍，眞無顏自厠於人羣矣。故研究文法學，實爲學者所不容緩也。

文法學之範圍，有狹義的及廣義的兩種：以狹義的言之，則論詞性及句法者是也。以廣義的言之，則可別爲詞性論、句讀法、修辭學三種。本章所言，則屬廣義的，故以下分述之：

第一節　詞性論

（甲）沿革　詞性論者，所以區別詞類之性質者也。古人區別詞類，僅有虛字、實

·国学概论·
上海大华书局
一九三四年版

字兩種，至清康熙間，確山劉淇武仲始區別虛字爲三十種，著助字辨略一書，其分類如左：

(1)重言　重言者，上下二字之意相同，其重之者，欲增加語勢也。

【例】庸何　左傳襄公二十五年：將庸何歸！

庸義與何同。將庸何歸，猶言將安歸也。

【例】滋益　家語：三命滋益恭。

滋亦益也，謂三命益恭耳。

(2)省文　省文者，謂省略『不詞』或『反詞』者也。

【例】可　書五子之歌：雖悔可追。

此省略不詞『不』字。謂雖悔不可追也。

【例】不　論語：不曰堅乎？磨而不磷，不曰白乎！涅而不緇。

此省略反詞『豈』字。不曰，猶言豈不曰也。

(3)助語　助語者，其字本無意義，不過以助語勢使稍緩耳。

【例】寧　左傳襄公三十一年：無寧菑害。

此『寧』字不爲義。無寧菑害，謂無菑害也。

【例】之　孟子：庾公之斯　尹公之佗

凡人名中所間之『之』字，皆語助，不爲義也。

(4)斷辭　斷辭者，決定之辭也。

【例】信　史記田齊世家：信未有如夫子者也。

信未有，猶言決未有也。

【例】也　論語：君子人與？君子人也！

此先作疑問，再決定其爲君子也。

(5)疑辭　疑辭者，所以助疑問之語氣者也。

【例】乎　論語：學而時習之，不亦說乎？

·国学概论·
上海大华书局
一九三四年版

【例】邪　莊子天道：敢問公之所讀爲何言邪？

(6)詠歎辭　詠歎辭者，所以助反覆歎美之語氣者也。

【例】與　禮記中庸：舜其大孝也與！

【例】哉　論語：洋洋乎盈耳哉！

(7)急辭　急辭者，承上趨下，辭之急者也。

【例】則　論語：行有餘力，則以學文。

【例】卽　漢書高帝紀：項伯許諾，卽夜復去。

(8)緩辭　緩辭者，亦承上趨下之辭，惟其語氣寬緩耳。

【例】斯　論語：杖者出，斯出矣。

【例】乃　周禮小司寇：正歲，帥其屬而觀刑象，令以木鐸，曰：『不用灋者，國有常刑。』令羣士乃宣布於四方，憲刑禁；乃命其屬入會；乃致事。

(9)發語辭　發語辭者，發言之始，所以提絜語句者也。

【例】　夫　左傳隱公四年：夫州吁，阻兵而安忍，——阻兵無象，安忍無親；衆叛親離，難以濟矣。夫兵，猶火也；弗戢，將自焚也。夫州吁弑其君而虐用其民，於是乎不務令德而欲以亂成，必不免矣。

蓋　漢書高帝紀：蓋聞王者莫高於周文，霸者莫高於齊桓。

繄　左傳隱公元年：繄我獨無。

維　史記太史公自序：維三代尚矣！

(10)語已辭　語已辭者，所以絕句之辭也。

【例】　而　論語：已而！已而！今之從政者殆而！

【例】　思　詩漢廣：漢之廣矣，不可泳思；江之永矣，不可方思。

(11)設辭　設辭者，推想之辭也。

【例】　雖　論語：雖曰未學，吾必謂之學矣。

·国学概论·
上海大华书局
一九三四年版

【例】縱　史記呂后本紀：諸君縱欲阿意背約。

【例】假　荀子性惡：假之有弟兄資財而分者。

【例】藉　史記陳涉世家：藉第令毋斬，而戍死者固什六七。

(12)別異之辭　別異之辭者，謂於諸事或諸物中，特提出一端而言之也。

【例】其　論語：孔子於鄉黨，恂恂如也，似不能言者，其在宗廟朝廷，便便言，唯謹爾。

【例】若　左傳哀公十四年：若以先臣之故，而使有後，君之惠也。若臣，則不可以入矣。

上若字，設辭；下若字，別異之辭也。

(13)繼事之辭　繼事之辭者，謂繼承上文所述諸事之辭也。

【例】爰　書盤庚：我王來，既爰宅於茲。

【例】於是　左傳襄公三年：君子謂祁奚於是能舉善矣。

祁奚三舉皆不私，故云於是能舉善皆因前事而爲論定也。

(14)或然之辭　或然之辭者，假設或爲如是之辭也。

【例】容或　水經注：遺文逸句，容或可尋。

【例】儻　陳書後主紀：雖因革儻殊，弛張或異。

(15)原起之辭　原起之辭者，謂追溯前事之詞也。

【例】初　左傳隱公元年：初，鄭武公娶於申曰武姜。

【例】先是　漢書食貨志：先是十餘歲。

(16)終竟之辭　終竟之辭者，謂敘一事結果之辭也。

【例】終　漢書卜式傳：上於是以式終長者。

【例】畢　史記蕭相國世家：列侯畢已受封。

(17)頓挫之辭　頓挫之辭者，語意尚未完畢，殿以助字，使語氣極頓挫之致者也。

·国学概论·
上海大华书局
一九三四年版

【例】矣　論語：惡不仁者，其爲仁矣，不使不仁者加乎其身。

【例】也者　論語：孝弟也者，其爲仁之本與！

(18)承上　承上者，謂專承上文之辭也。

【例】然則　詩關雎序：然則關雎麟趾之化，王者之風。

正義曰：『然者，然上語；則者，則下事；因前起後之勢也。』

【例】是故　詩周南召南譜：是故二國之詩。

正義曰：『是故者，緣上事生下勢之稱。』

(19)轉下　轉下者，謂下文別轉一意也。

【例】而　論語：不好犯上，而好作亂者，未之有也。

【例】抑　論語：子夏之門人小子，當灑掃應對則可矣；抑末也。

(20)語辭　語辭者，謂各處方言俗語之辭也。

【例】夥頤　史記陳涉世家：客曰：『夥頤！涉之爲王沈沈者！』

夥音禍。夥頤，驚歎之聲。猶今俗語之嘜呀也。

【例】寧馨　晉書王衍傳：何物老嫗！生寧馨兒！

寧馨，卽今吳語之那哼也。

(21)通用　通用者，謂辭之假借者也。

【例】亡　漢書司馬相如傳：亡是公者，亡是人也。

亡與無通，古音陽部與魚部對轉也。

【例】由　孟子：王由足用爲善。

由與猶通。言王尙可以爲善也。

(22)專辭　專辭者，謂專指一事一物之辭也。

【例】獨　史記齊悼王世家：乃常獨早夜掃齊相舍人門外。

【例】唯　論語：唯我與爾有是夫！

(23)僅辭　僅辭者，僅有而非盡有之辭也。

【例】稍　漢書周勃傳：吏稍侵辱之。

【例】略　孟子：此其大略也。

(24)歎辭　歎辭者，感歎之辭也。

【例】嗚呼　書五子之歌：嗚呼！曷歸？

嗚呼亦作於戲、嗚嘑、烏乎、烏虖、於虖、烏呼、於乎。

【例】噫嘻　詩：噫嘻！噫嘻！成王！

(25)幾辭　幾辭者，將及之辭也。

【例】將　論語：吾將問之。

【例】殆　詩七月：殆及公子同歸。

(26)極辭　極辭者，極盡之辭也。

【例】殊　漢書韓信傳：軍皆殊死戰。

顏師古注曰：『殊，絕也。謂決意必死也。案殊云絕者，極辭也。今云絕如

·国学概论·
上海大华书局
一九三四年版

此，絕不如此，猶云了如此，了不如此也。』

【例】 絕 史記封禪書上與公卿諸生議封禪，封禪用希曠，絕莫知其禮儀。

【列】 盡 左傳昭公元年：周禮盡在魯矣！

【例】 悉 史記五帝本紀：悉舉貴戚友疏遠隱匿者。

（27）總括之辭 總括之辭者，包括總數之辭也。

【例】 都 魏文帝與吳質書：頃撰其遺文，都爲一集。

【例】 凡 孟子：故凡同類者，舉相似也。

【例】 無慮 漢書食貨志：天下大抵無慮皆鑄金錢矣！無慮，猶言一切，亦作亡慮。

（28）方言 方言者，謂方俗所用之辭也。

【例】 不成 高觀國鳳棲梧詞：不成日日春寒去？

不成猶今言難道，宋人方言也。

【例】格是　白居易詩：如今格是頭成雪。

按亦作隔是，唐人方言也。元微之詩：隔是身如夢。洪邁容齋隨筆云：『格，隔，義同，猶云已是也。』

(29)倒文　倒文者，謂文句倒裝者也。

【例】左傳閔公元年：晉侯作二軍，公將上軍，太子申生將下軍。……士蔿曰：『太子不得立矣！分之都城而位以卿，先爲之極，又焉得立。不如逃之，無使罪至；爲吳大伯，不亦可乎？猶有令名。與其及也。』

『與其及也』句當在『不如逃之』句前，此倒裝句。

(30)實字虛用　實字虛用者，本爲實字，今用作虛字也。

【例】今　漢書汲黯傳：君薄淮陽邪？吾今召君矣。

此今字猶卽也，謂卽召其還也。

【例】時　魏志明帝紀：及宣王至遼東，霖雨，不得時攻。

此時字亦猶卽也。謂不得卽攻也。

劉氏所分之類，煩瑣重沓，絕鮮條理。然此實爲我國學者論詞性之嚆矢，其創始之功，未可沒也。

厥後清嘉慶間王引之有經傳釋詞之作。其援據之該博，訓釋之精密。迥非劉氏所及。然王氏僅採經傳中通用之虛字一百六十有一，分爲十卷而訓釋之，未嘗區別某詞屬於何類；故僅足爲研究虛字之參考書，不得謂詞性論也。

清道、咸間，曾國藩亦曾論及詞性，見其復李眉生論古文家用字之法書今節引於左：

『虛字者，實字而虛用，虛字而實用也。何以謂之實字虛用？如「春風風人；夏雨雨人，」上「風」「雨」，實字也下「風」「雨」則當作養字解，是虛用矣。「解衣衣我；推食食我，」上「衣」「食」實字也；下「衣」「食」則當作惠字解，是虛用矣。「春朝

·国学概论·
上海大华书局
一九三四年版

朝日秋夕夕月，」上「朝」「夕，」實字也；下「朝」「夕」則當作祭字解，是虛用矣。「入其門，無人門焉者；入其閨，無人閨焉者，」上「門」「閨，」實字也；下「門」「閨」則當作守字解，是虛用矣。後人或以實者作本音讀，虛者破作他音讀，若風讀如諷，雨讀如籲，衣讀如裔，食讀如嗣之類，古人曾無是也。何以謂之虛字實用？如「步，」行也，虛字也；然管子之「六尺爲步，」韓文之「步有新船，」輿地之「瓜步，」「邀笛步，」詩經之「國步，」「天步，」則實用矣。「薄，」迫也，虛字也；然因其叢密而林曰「林薄，」因其不厚而簾曰「帷薄，」以及爾雅之「屋上薄，」莊子之「高門懸薄，」則實用矣。「覆，」敗也，虛字也；然左傳設伏以敗人之兵，其伏兵卽名曰覆，如「鄭突爲三覆以待之，」「韓穿帥七覆於敖前，」是虛字而實用矣。「從，」順也，虛字也。然左傳於位次有定者，其次序卽名曰從，如「荀伯不復從，」「豎牛亂大從，」是虛字而實用矣。

至用字有譬喻之法，後世須數句而喻意始明，古人止一字而喻意已明。如「

駿，」良馬也，因其良而美之，故爾雅駿訓爲大；馬行必疾，故駿又訓爲速；商頌之「下國駿厖，」周頌之「駿發爾私，」是取大之義爲喻也；武成之「侯衞駿奔，」管子之「弟子駿作，」是取速之義爲喻也。「膍，」牛百葉也，或作肶，或作毗，音義並同，牛百葉重疊而體厚，故爾雅毛傳皆訓爲厚；節南山之「天子是毗，」采菽之「福祿膍之，」是取厚之義爲喻也。「宿，」夜止也，止則有留義，又有久義。子路之「無宿諾，」孟子之「不宿怨，」是取留之義爲喻也；史記之「宿將，」「宿儒，」是取久之義爲喻也。「渴，」欲飲也，欲之則有切望之義，又有急就之義；鄭箋雲漢詩曰：「渴雨之甚，」石苞檄吳書曰：「渴賞之士，」是取切望之義爲喻也；公羊傳曰：「渴葬，」是取急就之義爲喻也。

至於異詁云者，則無論何書，處處有之。大抵人所共知，則爲常語；人所罕聞，則爲異詁。昔郭景純注爾雅，近世王伯申注經傳釋詞，於衆所易曉者，皆指爲常語而不甚置論；惟難曉者，則深究而詳辨之。如「淫，」訓爲淫亂，此常語，人所共知也；然如

·国学概论·
上海大华书局
一九三四年版

詩之「既有淫威，」則淫訓爲大；左傳之「淫刑以逞，」則淫訓爲濫；書之「淫舍梏牛馬，」左之「淫芻蕘者，」則淫當訓爲縱；莊子之「淫文章，」「淫於性，」則淫字又當訓爲贅，皆異詁也。「黨」訓鄉黨，此常語，人所共知也；然說文云：「黨，不鮮也，」黨字從黑，則色不鮮乃是本義；方言又云：「黨，智也。」郭注以爲解寤之貌；鄉射禮「侯黨」鄭注以爲黨旁也；左傳「何黨之乎」杜注以爲黨所也，皆異詁也。「展，」訓爲舒展，此常語也；卽說文訓展爲轉，爾雅訓展爲誠，亦常語，人所共知也；然儀禮「有司展羣幣，」則展訓爲陳；周禮「展其功緒，」則展訓爲錄；旅獒「時庸展親」則展當訓爲存省；周禮之「展犧牲」「展鐘」「展樂器，」則展又當訓爲察驗，皆異詁也。』

按曾氏所述，雖分爲虛實、譬喻、異詁三門，然實不過詞性之轉變，如名詞之變爲動詞、形容詞、副詞，或動詞、形容詞、副詞之變爲名詞，非有畫然界限，其分爲三類，亦殊未當也。

逮清光緒間，丹徒馬建忠眉叔倣西人文法，分我國之詞類爲九，始爲不刊之論。

今引馬氏文通九種詞類之界說於左：

(1)名字　凡實字以名一切事物者曰名字，省曰名。

(2)代字　凡實字用以指名者曰代字。

(3)動字　凡實字以言事物之行者曰動字。

(4)靜字　凡實字以肖事物之形者曰靜字。

(5)狀字　凡實字以貌動靜之容者曰狀字。

(6)介字　凡虛字以聯實字相關之義者曰介字。

(7)連字　凡虛字用以爲提承展轉字句者曰連字。

(8)助字　凡虛字用以煞字與句讀者曰助字。

(9)歎字　凡虛字以鳴人心中不平之聲者曰歎字。

清宣統初，長沙章士釗行嚴中等國文典出書，其分類與馬氏相同，惟名稱則根

·国学概论·
上海大华书局
一九三四年版

據日譯。而侯官嚴復又陵之譯英籍，則又別立名稱，而以日名爲最流行，今列表於左：

馬氏名稱	章氏名稱	嚴氏名稱
名字	名詞	名物字
代字	代名詞	稱代字
動字	動詞	動作字
靜字	形容詞	區別字
狀字	副詞	疏狀字
介字	介詞（或前置詞）	介系字
連字	接續詞	絜合字
助字	助詞	
歎字	感歎詞（或嗟歎詞）	間投字

（乙）演化　我國自古文人，皆以爲文無定法，惟在作者之意匠慘澹經營耳。自

馬建忠文通出世以後，始信古文確有一定之法則存乎其間，其觀念至此而一變。然馬氏以千載前之文句，爲千載後人立法則，其意若曰時間雖古今遞變，而文法則千古不變也。其見解之錯誤，實與曩昔文人之以文無定法者無殊也。吾人苟以歷史的眼光觀察古今文字，則不特古今之文法，隨時世而變遷不居；且其變遷中，顯然有軌跡可尋，絕非漫無系統者也。德國語言學家列斯金 Leskin 以爲語言之變遷爲有規則的，而反對其師科爾的夫 Curtwe語言散亂變遷之學說。厥後白勒門 Brugmann 等皆主列斯金之說，並謂求同律爲語言史上最要之原則。夫文法既隨語言而變遷，則其演進之規律，當亦爲求同作用。我國文字，既爲世界文字之一，其演進之規律，亦詎能外是求同作用耶？今據盧自然中國文法演化的兩條公律一文略述之。

間嘗觀察我國文法，卽知其演進有兩種途徑：一爲不必要之語詞或散名，逐漸淘汰以盡，吾人可名之曰簡化律；一爲必要之文法上成分，逐漸精密，吾人可名之曰精化律。二者雖似相反，然實並行而不悖者也。

(1)簡化律　簡化律者，卽將繁冗無用之散名逐漸消滅，而代之以類名；或將無甚意義之語詞逐漸删減，使文字歸於簡捷者也。若細言之，又可別爲兩種：

(a)散名之消滅　人類學家嘗言，野蠻人之語言，祇有物品之散名而無概括一切之類名。蓋人類知識漸開，始知將性質相同各物，以一類名呼之，故類化作用，實爲人知啓發之基本要素也。文化愈進，則抽象之類名愈多，而具體之散名愈少，此進化之公例也。

【例】爾雅釋獸：『麋、牡麔、牝麎、其子麇，其跡躔，絕有力狄。鹿、牡麚、牝麀、其子麛，其跡速，絕有力麉。麕、牡麌、牝麜、其子麆，其跡解，絕有力豜。』同一鹿也，乃因其大小牝牡强弱之不同，而立名稱十有五，甚至其足跡之名稱，亦別而爲三，其煩瑣甚矣。今概以類名鹿字稱之，而上加牝牡大小猛馴等字以爲區別，其省事爲何如？

【例】爾雅釋宮：『一達謂之道路，二達謂之歧旁，三達謂之劇旁，四達謂之

·国学概论·
上海大华书局
一九三四年版

衢，五達謂之康，六達謂之莊，七達謂之劇驂，八達謂之崇期，九達謂之逵。』同一道路也，因歧出之多寡而立名稱九。使古人生於今日，見倫敦、巴黎道路歧出之多，幾如車輪之三十輻共一轂，不知將何以稱之？今則概以路字、道字或道路二字稱之，而加歧出之數於其上，曰幾達，或幾岔而已。

右爲名詞之簡化者也。

【例】同一老也。禮記曲禮曰：『六十曰耆，七十曰老，八十九十曰耄，百年曰期頤。』釋名釋長幼曰：『六十曰耆，七十曰耄，八十曰耋，九十曰鮐背，或曰黃耇，或曰胡耇，或曰凍梨，或曰齯，百年曰期頤。』說文老部曰：『七十曰老，八十曰耋，九十曰𦒱。』是不特因老之年齡不同而異其名稱，且各書之名稱，又互相抵捂。今人口語，皆無是稱也。

右爲形容詞之簡化者也。

【例】同爲繼續之意，今則稱之爲繼續或繼承足已。而古則用紹、承、胤、嗣、似、

·国学概论·
上海大华书局
一九三四年版

續、繼、纂、綏、績、武、係等十餘字之多。

【例】同爲死意，今則用死一字足已。而古則天子曰崩，諸侯曰薨，大夫曰卒，士曰不祿，庶人曰死，羽鳥曰降，四足曰漬，外寇曰兵，壽考曰卒，短折曰不祿等之區別。他如就木、無祿、殂落、仙逝、逝世、卽世、去世、殪、殁、亡、終、夭、殤、斃、殪等等，幾不勝枚舉。亦可笑甚矣！

右爲動詞之簡化者也。

【例】關於自稱之代名詞，古有我、吾、予、余、朕、台、卬、言、身、躬等稱，今則用我字足已。

【例】關於對稱之代名詞，古有若、戎、汝、而、爾、乃、等稱，今則用你字足已。

【例】關於他稱之代名詞，古有若、夫、匪、之、彼等稱，今則用他字足已。

右爲代名詞之簡化者也。

由此觀之，可知一切詞類，皆有從多數之同義的或近似的繁冗散名漸變而為少數之概括的及簡單的類名之趨勢。雖代名詞等，多因方言之不同或通借之關係而孳生者，今亦漸歸淘汰。豈非詞類日趨簡化之徵乎？試一檢爾雅、說文、廣韻、集韻諸書，其中繁冗無用之散名，經淘汰而成為廢字或死字者，不知凡幾，是皆詞類簡化之結果也。

（b）語詞之刪減　古人文中，往往有一種詞類，絕無意義，而亦羼廁句語之間，或以增加語勢，或以湊足字數，或借此以發端，謂之語詞，亦謂之語助詞，或謂之發語聲。此種詞類，既無意義，又鮮功用，加入句語之間，徒亂人之心目，而致初學者之懷疑與誤解。苟刪薙之，於文法及文義，皆不發生如何之影響。故自秦、漢以後，亦多歸自然淘汰，而有日趨簡化之傾向。

【例】古世文中往往於固有名詞或普通名詞之前，冠一『有』字，以為語助。如書曰：『我不可不監于有夏。』又曰：『亮采有邦。』又曰：『皇建其有極。』諸『有』字皆屬發聲之詞，與今俗語之『阿』字略同。先秦頗多，漢後漸廢除

·国学概论·
上海大华书局
一九三四年版

矣。

【例】古人於姓名之中往往間一『之』字，以助語勢。蓋古人語緩，於姓氏之後略頓，而後始出其名，故不知不覺間，自發生一種聲音，記之簡冊，遂爲一字矣。如論語人名有孟之反，孟子人名有庾公之斯、尹公之佗，禮記人名有公罔之裘。諸『之』字皆所謂發語聲也。他如句吳之『句』字，於越之『於』字，孟施舍之『施』字，鱄設諸之『設』字，皆此物也。又如詩曰：『玼兮玼兮，其之翟也。』又曰：『鮮民之生，不如死之久矣。』是不特人名國名常加發語聲，卽普通名詞亦加之。洎漢以後，除沿襲古語外，不復有此例矣。

【例】三百篇於形容詞之前，間有冠以『式』字者，亦語助之一。如『式微式微』及『式相好矣』諸『式』字是也。

【例】三百篇又常於動詞之前冠以『薄』字，亦語詞之一。如『薄汙我私，薄澣我衣。』及『薄言采之，薄言有之』等句中諸『薄』字是也。

【例】三百篇又常用『思』字爲句中語助詞。如『旨酒思柔』『無思不服』等句中諸『思』字是也。

右所述者，不過千百中之一二耳。凡語詞之見於經典諸子中者，幾不勝枚舉，而尤以詩經及楚辭爲特多。詳見劉淇助字辨略及王引之經傳釋詞，茲不多述。

要之，古人語詞，約可分爲三種；（一）句前或詞首之發語聲，如『有』『於』『句』『式』『薄』等；（二）句中之語助詞，如『之』『施』『設』等；（三）句末之助詞，如『焉』『哉』『乎』『也』等。今人文言文中，句首及句中之語詞，僅沿襲或模倣古人文字而用之，未有特創者；句末之助詞，則相仍而不廢。至語體文中，僅詞首之『阿』字及『老』字，猶沿襲古人之軀殼；而句末之『呢』『嗎』『哩』『啊』諸字，尙居重要之地位。然今既採用新式符號，疑問及命令感歎等口氣，已有？！等符號以表示之，則句末之助詞，亦未嘗不可廢除。故近人所作語體文中，往往有刪薙『呢』『嗎』『哩』『啊』諸助詞者矣。

·国学概论·
上海大华书局
一九三四年版

（2）精化律　上所述之簡化律，爲將文法中不必需之成分，逐漸淘汰而歸於簡潔；今所述之精化律爲將文法中所必需之成分，逐漸分化而趨於精密也。若細言之，又可別爲四種：

（a）詞性漸趨固定　古世文法，無論何字，絕無確定之詞性；非審察其句語中上下諸字之關係，決不能判斷爲何種詞類。例如『人』字本名詞也；而韓愈原道曰：『人其人，』則上一人字轉爲動詞矣；左傳曰：『豕人立而啼，』則轉爲副詞矣。又如『手』字，亦名詞也；而公羊傳曰：『曹子手劍而斥之，』則轉爲動詞矣；潘岳馬汧督誄曰：『手劍父仇，』則轉爲副詞矣。今則『人』字『手』字皆爲名詞，未有作動詞副詞用者矣。是可知古人對於詞性，可以隨意轉變；後世則日趨固定，不能任意活用也。今更舉古人活用詞性之例數則於左：

【例】史記司馬相如傳：『手熊羆；足野羊。』此『手』『足』二字，作以手足拍蹋而殺之解，爲動詞矣。

【例】史記項羽本紀：『馬童面之。』此『面』字作以面向人解，動詞也。

【例】戰國策：『魏桓子肘韓康子；韓康子履魏桓子。』此『肘』字作掣肘解，『履』字作躡足解，皆動詞也。

【例】詩：『出入腹我。』此『腹』字作懷抱於腹解，動詞也。

右名詞活用爲動詞者也。

【例】傅毅舞賦：『目流涕而横波。』『横』本形容詞，此變爲動詞。

【例】戰國策：『韓强秦乎？强魏乎？』『强』作判斷爲强解，則動詞矣。

【例】淮南子：『上求魚，臣乾谷。』『乾』作使谷中水乾涸解，則動詞矣。

【例】孟子：『匠人鑿而小之。』『小』作使之小解，則動詞矣。

右形容詞活用爲動詞者也。

【例】左傳：『所謂生死人而肉白骨也。』『生』本內動詞，此變爲外動詞，作使之復生解。

·国学概论·
上海大华书局
一九三四年版

【例】左傳：『先王居檮杌於四裔。』『居』本內動詞，此變爲外動詞，作位置其人解。

【例】戰國策：『坐之堂下。』『坐』本內動詞，此變爲外動詞，作使之坐解。

【例】北史：『寢其女於帳中。』『寢』本內動詞，此變爲外動詞。作使之寢解。

右內動詞活用爲外動詞者也。

【例】孟子：『庶民子來。』『子』本名詞，此作如子之順從解，則爲副詞。

【例】戰國策：『嫂蛇行匍伏。』『蛇』本名詞，此作行如蛇解，則爲副詞。

右名詞活用爲副詞者也。

【例】孟子：『景公悅大戒于國。』『大』本形容詞，此作副詞用。

【例】孟子：『其爲人也小有才。』『小』本形容詞，此作副詞用。

右形容詞活用爲副詞者也。

由前所舉諸例觀之，古人文字中詞性甚寬，幾無一字不可活用者。今語體文對於上列諸例，不許有活用者。是詞性漸趨固定之證也。

(b)文法漸趨精密　此條又可分爲七項述之：

1代名詞及人稱名詞之單複數逐漸區分　古世文法，不獨文言文中代名詞不分單複數；卽唐代以前之白話文，其代名詞之單複數，亦多不加區別。唐代之禪宗語錄，常用白話文，而考其代名詞，往往無單複數之區別。例如義玄語錄曰：『你諸方道流。』宗景語錄曰：『你諸人還會怎麽疑著麽。』既稱爲諸方道流，諸人，則決非一人可知，而上僅用『你』字，不用『你們』或『你等』則其單複數之不分可知矣。逮乎宋代平話，亦用白話文——今所遺留，有大宋宣和遺事、五代史平話、大唐三藏取經詩話、京本通俗小說四種。——其代名詞之單複數，有區分者，有不區分者，頗爲混亂。例如宣和遺事曰；『俺三十六員猛將，並已登數，』又曰：『交你兩口兒完聚如何，』此複數而仍曰『俺』曰『你』者也。又曰『恐帶累咱們，』又曰：『不干小人每事，』此複數而加『每』字『們』字以爲區別者也。故知此時期中，尙在渾沌時代。下及乎元，則凡小說曲本及官本書之爲語體者，其單複數幾莫不區別矣。是可見文法之組織，日漸精密之一般。今舉數例如左：

【例】元曲中，對人稱代名詞之複數，必爲『你們』或作『你每』『每』與『們』同屬明母，爲雙聲字，故可通用。有時或用『恁』字以代表複數，恁爲你們二字之合音也。如漢宮秋第二折牧羊關曰：『你們乾了皇家俸，著甚的分破帝王憂？』又鬬蝦蟆曰『昭君共你每有什麽寃仇？』又第二折隔尾曰：『空有滿朝文武，那一個與我退番兵？都是畏刀避箭的。恁不去出力，怎生教娘娘和番？』其對人稱複數代名詞，有用你們者，有用你每者，又有用恁者。又元之語體文詔令中，於自稱及他稱之複數代名詞，亦有區別。如天寶宮聖旨碑文：『如今阿依著在先的聖旨體例裏，不揀甚麽差發，休著告天者，咱每根底祈福者麽？……他每的不揀是誰，休使氣

·国学概论·
上海大华书局
一九三四年版

力者。……他每是不怕那甚麼聖旨。』『咱每』即今之我們，『他每』即今之『他們』也。按其初對人稱複數代名詞，或僅爲『您』字；他稱複數代名詞，或僅爲『怹』字。您字讀如**Nim**，怹字讀如**Tam**（今北平附近尚有此稱，音變爲**Tan**，與恁音變爲**Nin**同例）後由恁字變爲你每，由你每又變爲你們；由怹字變爲他每，由他每又變爲他們。至於『我們』當由『俺們』或『俺每』變來；俺們、俺每，當由『俺』字變來，因俺字古本讀如**am**也。

【例】人稱代名詞之分單複數，要亦起於宋、金之時。如前所舉宣和遺事之『小人每』是也。他如金人董解元西廂記柳葉兒曲曰：『俺也不是厮虎，孩兒每早早地伏輸。』雪裏梅曲曰：『小和尚每按頭束項。』又元曲漢宮秋楔子曰：『衆頭目每，沙堤射獵一番多少是好！』哭皇天曰：當日未央宮裏女主垂旒，文武每，我不信你敢差排呂太后』曰孩兒每、小和尚

·国学概论·
上海大华书局
一九三四年版

每、衆頭目每、文武每，皆人稱代名詞之爲複數者，每與今之們字，一音之轉變也。

II 代名詞領位之區分　代名詞用爲領位時，今語體文皆加一『的』字，如我『的』書是也。古人則僅作『吾書』，省去介詞『之』字或『的』字。不獨文言文如此，卽唐代禪宗語錄亦如此。如道一語錄曰：『莫記吾語。』義玄語錄曰：『終不得他活祖意。』克勤語錄曰：『覔你意根。』代名詞後，皆不加的字。至宋人小說，則有時加的字，有時不加，頗爲混淆。如五代梁史平話曰：『這個孩兒眞個作怪！若不與吾宗，定是滅吾族。』又曰：『燕孔目是咱姊夫。』代名詞吾字、咱字後，皆不加的字。又曰：『咱是您的姊夫。』則代名詞您字後加的字矣。及元以後之小說曲本，則領位以後加的字者更多，不勝枚舉。

III 他稱代名詞性之區分　數年以前，無此區分。無論男性、女性、中性，省用一『他』字而已，今則男性用『他』字，女性用『她』字或『伊』字，中性用『牠』字或『它』字，以爲區分。此亦文法精化之一例也。

Ⅳ動詞之主動被動之區分　在漢以前，無此區分。如公羊傳：『伐者爲客，伐者爲主。』上伐者爲主動而下伐者爲被動，二者全無區別。老子：『故大國以下小國，則取小國；小國以下大國則取大國。』上取字爲主動，下取字爲被動，亦無分別。史記范雎蔡澤列傳：『人固不易知，知人亦未易也。』上知字爲被動，下知字爲主動，亦無區別。此爲古人文法最大缺陷之處，往往引起後人誤會。又如授受、賣買、糴糶等字，一爲主動，一爲被動，而古音相同，讀時亦易誤會。迨漢以後，一般動詞之爲被動者，常加『見』字『被』字『爲』字等於前，而授受、賣買、糴糶等字，亦有去、上兩聲與去、入兩聲之區別矣。此不可不謂文法之精化也。

Ⅴ指示形容詞彼此二義之區分　古文法中，指示形容詞之此義與彼義無所區別。如荀子解蔽曰：『不以夫一害此一。』此『夫』字爲彼義。禮記檀

·国学概论·
上海大华书局
一九三四年版

弓曰：『從母之夫，舅之妻，夫二人相爲服，』鄭玄注曰：『夫二人，猶言此二人也，』是此『夫』字又用爲此義矣。又古文法中指示形容詞，常不分單複數。如『此』『彼』『之』『夫』等字，既可用作單數，亦可用作複數也。今語體文則有別矣。此義用『這』字，彼義用『那』字；單數用『這個』『那個』，複數用『這些』『那些』，絕不相亂也。至於何時起始分彼此及單複數，則頗難斷定。惟唐代之禪宗語錄，則顯已分別矣。如希賢語錄曰：『有般外道見人做工夫便冷笑，猶有遮個在。』又曰：『遮些關捩子甚是容易。』唐人之所謂『遮個，』即今之所謂『這個；』唐人之所謂『遮些，』即今之所謂『這些，』『遮』與『這，』一聲之轉也。

四　的底地三詞之分化　古文法中形容詞、副詞雖間有用『然』字『爾』字作語尾，如『勃然』『怫然』『卓爾』『率爾』等然多數不加詞尾。及至唐代，文言文雖與古文無殊，而語體之中則已多加詞尾；大抵形容詞之語尾用『底』

字，副詞之語尾用『地』字。

【例】希運語錄：『那得樹上自生底木杓。』此形容詞語尾之用『底』字者也。

【例】義玄語錄：『祇如自古先德皆有出人底路，卻見乘境底人。』此亦形容詞語尾之用『底』字者也。

【例】義玄語錄：『你若自信不及，卽便茫茫地徇一切境轉。』此副詞語尾之用『地』字者也。

【例】義玄語錄：『道流，若欲萎萎隨隨地，則不得也。』此亦副詞語尾之用『地』字者也。

【例】克勤語錄：『敎無始妄想，時空索索地豈不慶快？……現前路里慢慢地都不知何往。』此則前一『地』字用爲副詞之語尾，後一『地』字用爲形容詞之語尾，分辨尚未清楚。

·国学概论·
上海大华书局
一九三四年版

迨乎宋、金之時，則形容詞與副詞之語尾，多不混淆。如董解元西廂記，於形容詞之語尾則用『的』字，於副詞之語尾則用『地』字；宋儒語錄於副詞之語尾，亦多用『地』字，於形容詞之語尾則多用『底』字或『的』字。今語體文中，多規定『的』字爲形容詞語尾，『地』字爲副詞語尾，而『底』字則用爲名詞或代名詞領位之介詞，比宋、金時之文法益精密矣。

四　名詞作動詞用者之加語尾　古文法中，名詞、作動詞用者雖甚習見，然不加語尾，往往極易混淆。如韓愈原道：『人其人；火其書，廬其居。』『人』『火』『廬』三字皆名詞之作動詞用者也。然與普通名詞，絕無區別。今則受西文之影響，凡名詞之作動詞用者，多加一『化』字於其後以爲語尾，如言『歐化』、『詩化』、『神化』、『黨化』、『科學化』、『美術化』、『工業化』、『社會化』等皆是也。此亦文法日趨精化之一例。

以上七項，皆古今文法逐漸演進，而日趨精密之徵也。

（c）句語中主要成分之省略日漸減少　古世文字，對於文法上之主要成分，往往任意省略主語 **Subject** 者，有省略賓語 **Object** 者，有省略述語 **Predicate** 者，有省略補足語 **complement** 者。故常致意義含混不明，非通觀上下文，有不易索解者；而真正之完全句語，頗爲難得。詳見馬建忠文通，茲不贅述。若今之國語文，則主要成分之省略，漸見減少矣。

（d）新式標點符號之使用　舊時典籍，多不加標點符號，雖間有之，亦未完善，故古人文字，往往易起後人之誤會，而釐無謂之紛爭。我國學術之不能普及，此亦一大原因也。近來標點符號之使用，日益廣博，舊籍亦有新加標點符號者，此亦文法精化之一也。詳見前章句學中，不復複述。

第二節　句讀法

句讀法者，論句讀之種類及其結構之方法者也。我國古籍之論句讀法者，當首

·国学概论·
上海大华书局
一九三四年版

推劉勰文心雕龍章句篇，其言曰：

『夫設情有宅，置言有位。宅情曰章，位言曰句。故章者，明也；句者，局也。局言者，聯字以分疆；明情者，總義以包體。區畛相異，而衢路交通矣。』

右述章句之定義也。又論章句結構之方法曰：

『夫人之立言，因字而生句，積句而成章，積章而成篇。篇之彪炳，章無疵也；章之明靡，句無玷也；句之清英，字不妄也。振本而末從，知一而萬畢矣。』

（甲）句之種類　文心雕龍論句之種類曰：

『若夫筆句無常，而字有條數。四字密而不促，六字格而非緩。或變之以三五，蓋應機之權節也。至於詩頌，大體以四言爲正。唯祈父、肇禋，以二言爲句。尋二言肇於黃世，竹彈之謠是也。三言興於虞時，元首之詩是也。四言廣於夏年，洛汭之歌是也。五言見於周代，行露之章是也。六言、七言，雜出詩騷。』

惟劉氏僅以句中字之多寡分類，尚未知以句之性質分類也。又論聯句之虛字曰：

『至於夫、惟、蓋、故者，發端之首唱。之、而、於、以者，乃劄句之舊體。乎、哉、矣、也，亦送末之常科，據事似閒，在用實切。巧者迴運，彌縫文體，將令數句之外得一字之助矣。』

觀右所述，可知齊、梁之際，句讀之法，已略有規範矣。至近世馬建忠文通以句之結構分類如左：

（1）意無軒輊之排句：

【例】孟子：昔者禹抑洪水而天下平；周公兼夷狄、驅猛獸而百姓寧；孔子成春秋而亂臣、賊子懼。

（2）意別淺深之疊句：

【例】莊子：以敬孝易，以愛孝難；以愛孝易，而忘親難；忘親易，使親忘我難；親忘我易，兼忘天下難；兼忘天下易，使天下兼忘我難。

·国学概论·
上海大华书局
一九三四年版

(3)兩商之句：

【例】公羊傳：祭仲不從其言，則君必死，國必亡；從其言，則君可以生易死，國可以存易亡。

(4)反正之句：

【例】史記：吾視郭解狀貌不及中人，言語不足採者；然天下無賢與不肖，知與不知，皆慕其聲。

章士釗國文典則以句之性質分類如左：

(1)敘述句：

【例】左傳：晉靈公不君。

(2)疑問句：

【例】史記：張良曰：『誰爲大王爲此計者？』

(3)命令句：

【例】韓愈進學解：先生曰：『吁！子來前！』

(4)感歎句：

【例】論語子曰：『小人哉！樊須也。』

(乙)讀之種類　馬建忠文通以讀之功用區別之如左：

(1)其功用如名字者，謂之名讀：

【例】莊子：五帝之所連，三王之所爭，仁人之所憂，任士之所勞，盡此矣。

(2)其功用如靜字者，謂之靜讀：

【例】左傳：子之宅近市，湫溢囂塵，不可以居。

(3)其功用如狀字者，謂之狀讀：

【例】左傳：楚子聞之，投袂而起，屨及於窒皇，劍及於寢門之外，車及於蒲胥之市。

句讀之種類，略如上述。至其結構之方法，非短幅所能詳，學者參觀馬建忠文通

·国学概论·
上海大华书局
一九三四年版

及章士釗國文典可已。

第三節　修辭學

修辭學者，所以修飾辭句，使徑直變爲曲折，粗俚變爲精妙，質樸變爲華麗者也。古世著述之家，已知此法。觀乎文心雕龍情采篇所言，卽可知之。其言曰：

……『聖賢書辭，總稱文章，非采而何？……故立文之道，其理有三：一曰形文，五色是也；二曰聲文，五音是也；三曰情文，五性是也。五色雜而成黼黻，五音比而成韶夏，五性發而爲辭章。……老子疾僞，故稱美言不信；而五千精妙，則非棄美矣。莊周云：「辯雕萬物，」謂藻飾也。韓非云：「豔采辯說，」謂綺麗也。綺麗以豔說，藻飾以辯雕，文辭之變，於斯極矣。』

今列修辭之各種格式於左：（依據唐鉞修辭格之分類）

（甲）根於比較者，分爲兩種：

(1)類似　又可分爲三式：

(a)顯比　卽將兩種不同之事物，以其中相似之點爲比較也。

【例】詩：手如柔荑，膚如凝脂，領如蝤蠐，齒如瓠犀。

(b)隱比　顯比與隱比之區別，卽前爲明言比較，後則含蓄於文字中而不明言比較也。

【例】孟子：民以爲將拯己於水火之中也。

(c)寓言　假託他人他事，或其他物類，以爲本人本事之比喻也。

【例】莊子：臧與穀二人相與牧羊，而俱亡其羊。問臧奚事，則挾策讀書；問穀奚事，則博塞以遊。二人者事業不同，其於亡羊均也。伯夷死名於首陽之下，盜跖死利於東陵之上。二人者，所死不同，其於殘生傷性，均也。

(2)差異　又可分爲四式：

(a)相形　以兩者相反之事物並言之，俾互相襯託者也。

·国学概论·
上海大华书局
一九三四年版

【例】李白越中懷古詩：越王句踐破吳歸，壯士還家盡錦衣，宮女如華滿春殿；祇今惟有鷓鴣飛。

(b)反言　一語之中，驟視前後似相矛盾，而實有深義蘊蓄其中者也。

【例】老子：善閉無關鍵而不可開；善結無繩約而不可解。

(c)階升　作文之時，語意逐句漸重者也。

【例】司馬遷報任安書：太上不辱先；其次不辱身；其次不辱理色；其次不辱辭令；其次詘體受辱；其次易服受辱；其次關木索、被箠楚受辱；其次剔毛髮、嬰金鐵受辱；其次毀肌膚、斷肢體受辱；最下腐刑極矣！

(d)趨下　作文之時，語意逐句漸輕者也。

【例】莊子：東郭子問於莊子曰：『所謂道，惡乎在？』莊子曰：『無所不在，』東郭子曰：『期而後可？』莊子曰：『在螻蟻。』曰：『何其下邪？』曰：『在梯稗。』曰：『何其愈下邪？』曰：『在瓦甓。』曰：『何其愈甚邪？』曰：『在屎溺。』

(乙)根於聯想者，分爲三種：

(1)伴名　不言人名、物名，惟以其隨伴或附屬之物稱之者也。

【例】常建昭君墓詩：蛾眉爲枯骨。

史記：臣飲一斗亦醉，一石亦醉。

(2)類名　以公名代專名，或以專名代公名者也

【例】語林：俗物已復來敗人意。

鄒陽獄中上吳王書：白頭如新；傾蓋如故。

孟子：人皆可以爲堯、舜。

(3)遷德　以人類所有之德性，遷移於其他生物或無生物之上，而形容之者也。

【例】史記：怒髮上衝冠。

(丙)根於想像者，分爲四種：

·国学概论·
上海大华书局
一九三四年版

(1)擬人　卽將無知覺情感之事物，使人格化者也。

【例】李白春夜宴桃李園序：況陽春召我以煙景，大塊假我以文章。

(2)呼告　作文者對於意中所想像之人物或抽象觀念，視爲列於眼前，突然間耳提而面命之者也。

【例】李白蜀道難：嗟爾遠道之人，胡爲乎來哉！

杜甫桃竹杖引：重爲告曰：杖兮！杖兮！爾之生也甚正直。

(3)想見　文中敍過去或未來之事物，或想像中之觀念，一似作者所目擊者也。

【例】李白梁父吟：君不見高陽酒徒起草中，長揖山東隆準公，入門開說騁雄辯，兩女輟洗來趨風。

吳越春秋：臣必見越之破吳，豸鹿遊於姑胥之臺，荆棘蔓於宮闕。

杜甫兵車行：君不見青海頭，古來白骨無人收，新鬼煩寃舊鬼哭，天陰雨溼聲啾啾。

（4）揚厲　文辭之鋪張夸飾，言過其實者也。

【例】杜牧阿房宮賦：明星熒熒，開妝鏡也；綠雲擾擾，梳曉鬟也；渭流漲膩，棄脂水也；煙斜霧橫，焚椒蘭也；雷霆乍驚，宮車過也。

（丁）根於曲折者，分爲九種：

（1）徵辭　作者不明言本意，而以含蓄出之，使閱者於言外自得之者也。

【例】宋玉登徒子好色賦：天下之佳人，莫若楚國；楚國之麗者，莫若臣里；臣里之美者，莫若臣東家之子。臣東家之子，增之一分則太長，減之一分則太短；著粉則太白，施朱則太赤；眉如翠羽，肌如白雪，腰如束素，齒如含貝；嫣然一笑，惑陽城，迷下蔡。然此女登牆窺臣三年，至今未許也。登徒子則不然。其妻蓬頭攣耳，齞脣歷齒，旁行踽僂，又疥且痔。登徒子悅之，使有五子。王孰察之，誰爲好色者矣？

·国学概论·
上海大华书局
一九三四年版

(2)舛辭　言者不表明真意，故作相反之語，使聽者自能領悟其真意者也。

【例】史記：二世欲漆其城。優旃曰：『善！主上雖無言，臣固將請之。漆城雖百姓愁費，然佳哉！漆城蕩蕩，寇來不能上。』

(3)冷語　以尖刻雋冷之語，諷刺他人者也。

【例】史記：始皇嘗議欲大苑囿，東至函谷關。優旃曰：『善！多縱禽獸於其中，寇從東方來，使麋鹿觸之，足矣！』

(4)負辭　文中以負式之語，鄭重申明正意者也。

【例】孟子：不仁哉！梁惠王也！

(5)詰問　作者自問而自答之，或作者祇問而不答，使讀者心中自答之者也。

【例】李康運命論：何以守位？曰：『仁；』何以正人？曰：『義。』
戰國策：苟無歲，何有民？苟無民，何有君？

(6)感歎　心中蘊蓄强烈之情感，不以尋常語言出之，而以驚歎口吻發之者也。

【例】莊子：山林與！皋壤與！使我欣欣然，而樂與！樂未畢也，哀又繼之！

(7)同辭　以同類之語言，解釋同類之詞句，驟視之似覺無理，細察之含有深意。釋道家多作如是語，以詮釋玄理者也。

【例】世說：鍾士季先不識稽康，要於時賢儁之士俱往尋康。康方大樹下鍛。揚鎚不輟，旁若無人。移時不交一言。鍾起去。康曰：『何所聞而來？何所見而去？』鍾曰：『聞所聞而來，見所見而去。』

(8)婉辭　對於他人或事物有不滿意者，不便徑率言之，乃出以和婉之辭者也。

【例】史記：今盜宗廟器而族之，有如萬分之一，假令愚民取長陵一坏土，陛下何以加其法乎？

(9)紆辭　作者不以簡直之語出之，而故作紆迴冗長之辭，或藻飾之辭者也。

【例】戰國策：秦王一旦捐賓客而不立朝。

莊子：夫子無意於橫目之民乎？

(戊)根於重複者，分爲四種：

(1)反覆　欲表現强烈之情感或意志，乃用複雜之語述之者也。

【例】論語：子曰：『賢哉！回也！一簞食，一瓢飲，在陋巷，人不堪其憂，回也不改其樂。賢哉！回也！』

(2)儷辭　凡兩種相似，或相反，或相對，或相連之觀念，以字數語法相同之兩語表出之者也。

【例】易：日往則月來，月往則日來，日月相推而明生焉；寒往則暑來，暑往則寒來，寒暑相推而歲成焉。

·国学概论·
上海大华书局
一九三四年版

書：滿招損；謙受益。

易：同聲相應，同氣相求；水流溼，火就燥；雲從龍，風從虎。

孟子：食而弗愛，豕交之也；愛而不敬，獸畜之也。

（3）排句　有若干種並列或交遞之觀念以同式之語述之者也。排句與儷辭不同者，後者字數須相同，字義須相對，前者則不必拘此也。且後者常限於兩句，前者則不限兩句也。

【例】戰國策：吾妻之美我者，私我也；妾之美我者，畏我也；客之美我者，欲有求於我也。

中庸：博學之；審問之；愼思之；明辨之；篤行之；有弗學，學之弗能弗措也；有弗問，問之弗知弗措也；有弗思，思之弗得弗措也；有弗辨，辨之弗明弗措也；有弗行，行之弗篤弗措也；人一能之，己百之；人十能之，己千之。

（4）複字　以同一之字重複用於各句者也。

【例】列子：故有生者，有生生者；有形者，有形形者；有聲者，有聲聲者；有色者，有色色者；有味者，有味味者。

上文所列修辭格式，凡五類二十七種，通常所見之辭句，略已具備於此矣。然此不過就劉氏文心雕龍所謂情者言之。至於色與聲，尚多未述，學者可於古人文中自得之。

第七章　言語學

言語學爲民族文化之一重要學科，人皆知之矣。我國言語學雖發源遠在東周，歷代亦不絕有所述作，然東鱗西爪，罕有有組織的研究與有系統的論著。直至民國十六年廣東中山大學所設立之語言歷史研究所，始爲有組織的研究。於同年十一月，開始編印語言歷史學週刊。洵爲我國言語學放一曙光。惜至二十年五月第一百三十二期而中絕。且過涉專門，非初學者所能盡解。惟何仲英曾撰中國方言學概論

·国学概论·
上海大华书局
一九三四年版

一文，登載十三年東方雜誌，最有系統。原文爲語體，今本其意，爲讀者介紹之如左：

我國言語，比較他國，自更紛歧。蓋以種族言之，既分漢、滿、蒙、回、藏五族，各操其土音；而各族土音之中又可分爲若干種，他若苗、猺、獞、黎等尚不與焉。以行政區域言之，則爲三特別區域二十二行省，一千二百縣；嚴格言之，幾乎一縣即有一種方言，甚至城之內外不同，城之東南西北亦各不同，其種數之多可知矣。以言語本身之性質言之，人民之階級不同，其語氣自有雅俗之殊，於是有所謂官話焉、市語焉；而同一市語之中，凡百職工，各異其趣，出詞吐氣，非個中人，幾瞪目而莫解也。

我國方言之最混亂者，厥爲習用之辭類，而尤以家族之稱謂爲最。例如滬、甬等處呼女兄爲阿姐；而福建之漳州，則稱其母爲阿姐；湖南之長沙，則又稱其祖母爲阿姐；行輩相逾三世，而稱呼莫改也。又有一處通常之語言或尊敬之稱呼，易一地而爲辱詈之辭，如北平人之諱言蛋，嘉定之諱言老先生，其例也。是一音之訛，一詞之差，其意義已判若天壤矣。

·国学概论·
上海大华书局
一九三四年版

今欲統一各地之語言，破除感情之睽隔，自非提倡國語不可。顧國語之提倡，迄今已十有餘年，早經討論時代而入於實行時代矣。乃其效果何如？是固由於官廳之不力，人才之缺乏；然一般學者，不能溝通方言與國語之界限，引起學習國語者之興味，實亦其一大原因也。蓋研究語言之方法，與研究一切科學之方法同：第一步，宜搜集材料而分析之；第二步，宜將分析之結果歸爲若干類；第三步，宜用歸納方法造成理論。觀乎歐人探討印度、日耳曼語之精神及方法，卽可知矣。今觀江、浙、閩、粵等處，姑無論一般平民，對於國語絕無感情；卽莘莘學子，亦各言其言，而無溝通之望。且各處人民，對於方言，常發生下列兩種現象：

(一)鄙棄方言　各人皆以本處之方言爲正音，而譏他處之方言爲刺耳。如北人嘲南人爲南蠻鴃舌之音，南人則笑北人爲灣舌，無入聲，是也。

(二)固執方言　各人皆不欲破除習慣，學習國語。以爲國語與方言，其中界限，儼若鴻溝，遂畏難苟安而不肯努力。

吾人爲解釋第一種迷誤，宜先將方言之起源、發育、異同之原理，詳細說明，俾知各地之方言各有其價值，可並行而不悖；所謂殊途同歸，絕無優劣是非之分。古音學家嘗謂秦、漢古音，往往存於閩、粵之間；隋、唐雅言，猶多遺於江、浙之地；亦可見中原之未必夏言，而南方亦未必盡蠻音也。況一地方言之發展，全視其環境之消長。苟其地之交通便利，文化發達，則其地之方言，自不知不覺間流行於各處。如通常所用之『出鋒頭』『掉鎗花』『槓木梢』『坍臺』『蹩腳』『像煞有介事』等，無一非滬瀆一隅之方言，而今則演講用之、報章用之、小說用之、劇本用之，無形中已成爲國語，豈非因滬瀆爲全國交通文化中心故乎？故方言爲雅俗，要視其環境如何耳。

吾人爲解釋第二種迷誤，宜溝通方言與國語之界限，俾知國語之聲韻、詞類、語法，雖間有不同；然推本窮源，其相同者，實十之八九也。且國語之文學，雖日漸擴充，而方言之文學，絕不因是而喪失其價值，固無庸杞憂也。昔顧亭林有言曰：

『五方之語，雖各不同；然使友天下之士，而操一鄉之音，亦君子之所不取也。

·国学概论·
上海大华书局
一九三四年版

故仲由之諺，夫子病之；鴂舌之人，孟子所斥。而宋書謂：「高祖雖累葉江南，楚言未變，雅道風流無聞焉爾。」又謂：「長沙王道憐素無才能，言音甚楚，舉止施爲多諸鄙拙。」世說言劉真長見王丞相，既出，人問：「見王公云何？」答曰：「未見他異，唯聞作吳語耳。」又言王大將軍年少時，舊有田舍名，語音亦楚。又言支道林入東，見王子猷兄弟還，人問：「見諸王何如？」答曰：「見一羣白項烏，但聞喚啞啞聲。」北史謂：「丹陽王劉昶呵罵僮僕，音雜裔夏，雖在公坐，諸王每侮弄之。」夫以創業之君，中興之相，不免時人之議，而況士大夫乎？北齊楊愔稱裴讞之曰：「河東士族，京官不少，唯此家兄弟全無鄉音。」其所賤可知矣。至於著書作文，尤忌俚俗。公羊多齊言，淮南多楚語；若易傳、論語，何嘗有一字哉！若乃講經授學，彌重文言，是以孫洋、蔣顯曾習周官，而音乖楚、夏，則學徒不至；李業興學問深博，而舊音不改，則梁人所笑；鄴下人士，音辭鄙陋，風采蚩拙，則顏之推不願以爲兒師。是則惟君子爲能通天下之志，蓋必自發言始也。』

顧氏論國語之應學習，方言之應避免，其義甚正，爲吾人所應取法。惟因語帶方音，而譏之爲『白項烏』，而爲人所侮弄，甚至公羊、淮南，亦爲所詆諆，此則大悖乎言語學之原則矣。況如孟子之『舍』，楚辭之『些』，子夜讀曲之『儂』，顧況之『囝，』韓魏公之『絮』傳奇之『顚不剌』等，多出於聖賢經傳名士詩歌，豈亦在屏棄之列歟？至章太炎，則與顧氏之言適得其反，其言曰：

『今之俚語，合於說文、三倉、爾雅、方言者正多：雙聲相轉而字異其音，鄰部相移而字異其韻。審知條貫，則根柢豁然可求。

今者音韻雖宜一致，而殊言別語，終合葆存，但令士大夫略通小學，則知今世方言上合周、漢者衆，其寶貴過於天球九鼎，皇忍撥棄之爲？彼以今語爲非文言者，豈方言之不合於文，顧士大夫自不識字耳。』

章氏以方言於學術上爲有研究之價值，頗有特識；惟必視若天球九鼎，而竭力以葆存之，亦已甚矣。況語言隨時間而變遷，卽欲永葆之，亦非人力所能及也。總之，

·国学概论·
上海大华书局
一九三四年版

國語之統一，爲政治上、教育上之問題；方言之價値，爲文學上、言語學上之問題。吾人固宜提倡國語，亦宜研究方言，更宜研究方言以達到學習國語之興味與需求也。今分本章爲淵源、結構、類別、時別、地別、典籍六節，以研究之。

第一節　淵源

語言之性質，爲流動的而非固定的。彼此語言相傳，或憑口耳，或憑載籍，授受之間，常易訛淆。因各人之口腔不同，知識不同，故各人之發音用詞，自亦不同也。不特此人與彼人如此，卽發自一人之口，今昔之語言，亦微有不同，蓋音色之强弱，往往有殊；更無論父子兄弟，其言語自必有區別，一若人之面貌思想，各不相同也。故嚴格言之，卽謂一人有一人之方言，亦無不可。

語言之差別，又常因人之品流而生。工商百業，各守其職，又各守其門內語；不足爲外人道，亦非外人之所知也。又如孩提之語，與成人之語不同；健康人之語，與非健康人之語不同;是皆因個人生理之差別者也。凡此皆謂廣義之方言。

方言之範圍,既如是龐雜而廣溥,則吾人之情愫,何由相通乎?惟其於不同之中,有大同焉,故無辭不達意之患。所謂大同者,卽人之發音措辭,固各有所偏,然於普通意義之傳達,則無所窒礙。蓋語言爲社會所制定,必非個人或少數人所能變革也。故一羣之中,苟舟車輻湊,交通頻繁,則情意相孚,方言卽無由而生。若山川隔閡,老死不相往來;或疆域畫分,經理各有範圍,則方言卽產生焉。

語言之變遷與統一,與文化極有關係。大抵文化所及之處,其語言必趨於保守;文化之浸漬愈深,則語言之變遷愈難。反之,如一羣之中,文野參半,則卽有文語、俗語之分;歷時既久,俗語則通行無阻,而文語則廢棄不用矣。臘丁語族之由來,卽此理也。當羅馬滅亡時,其語言流入北方諸蠻族,諸蠻族沾染羅馬文風,棄其原有之土音,而用較雅馴之臘丁語,遂成臘丁語族。惜源遠流分,加以羅馬國勢衰弱,無駕馭諸族之能力,語遂漸失其真,而與諸族原有之方言同化;此卽今法蘭西、意大利、西班牙等語

·国学概论·
上海大华书局
一九三四年版

之由來也。諸國語言，對於臘丁語，亦可謂之方言。

至於日耳曼語之歷史，則又不同。日耳曼語當西元之初，已極紛歧，且日趨龐雜，本無所謂國語也。及至十六世紀，政局劇變，國政既統於一尊，語言亦日趨統一，紛歧龐雜之方言，遂日就澌滅矣。惟中有二支方言，超軼於其勢力範圍之外，其一、爲英語，由德國北部語蛻嬗而來，因偏處北隅。距大陸頗遠，遂自趨一途，不受德語之同化；其二、爲荷蘭語，其自由變遷，亦與英語相似。

更察今之美國，就其本國言之，其語言似乎代趨微異；然自與英分立以後，迄今數百年，而變遷則綦微。蓋兩國交通便利，思想易傳，絕無窒礙故也。

從上所述，可立一言語變遷之原則如左：

『方言之起源，由離心力與向心力之相抵；凡離心力較向心力强，則分爲各派——例如羅馬語分而爲法蘭西、意大利、西班牙諸國語是也；凡向心力較離心力强，則統於一尊——例如日耳曼語族皆用德語，及美國之用英語是也。』

我國方言，說者皆以爲龐雜極矣。然就地理言之，有崇山峻嶺、長江大河以限制之，交通既不便利，氣候又各不同。就歷史言之，漢族來自西北，佔據中原，自古迄今，外患未嘗稍息；如唐、虞之苗，周之玁狁，秦、漢之匈奴，晉之五胡，唐之突厥、回紇，宋之契丹、女真、蒙古，自明迄今之滿洲，蹂躪中國，不爲不久。然語言之向心力極强，常能吸收外族而融合於我，其受外族語之影響者，不過千百中之一二。卽各地風土不齊，有方言之產生，然亦不至如歐洲各國之甚。此何故歟？是非積極而强迫之使歸於一致，乃消極的有防阻紛歧之大勢力在焉。

何爲大勢力？曰：『漢族之特殊文化是已。』當漢族在部落時代，其方言、方音之繁，自不待言。洎乎漢族發達至一定程度，文化之中心乃定，政治既由部落進而爲國家，統於一尊；方言亦因代表語言之符號——文字，爲衍形制而非拼音制，不能隨方音之差別而任意切合，及秦、漢以後，文字既達乎書同文之盛軌，而語言常受文字之轄制，亦不得不漸趨於一致矣。由此可知文化之中心，實防阻方言、方音之一種向心力也。

惟語言之性質，爲流動的，而非固定的，前旣言之矣。卽文化能維持一時之統一，而方言之孳生變遷，決不因是而稍殺。觀乎爾雅、方言、釋名等書之訓詁及六書之轉注，可見閉關時代，各操土語，同義異音之字，日日增多，日日變化，初僅發生於一區域一階級之中，其後發揮光大，遂成爲一種方言。此又語言發達上自然之運命，非人力得而操縱者也。

第二節　結構

我國方言如何構成？章太炎言之頗詳，其新方言序曰：

『有誦讀占畢之聲旣用唐韻，俗語猶不違古音者；有通語旣用今音，一鄉一州猶不違唐韻者；有數字同從一聲，唐韻已來，一字轉變，餘字則猶在本部，而俗語或從之俱變者；迆陌紛錯，不可究理，方舉其言，不能徵其何字，曷足怪乎？若夫「矜」

·国学概论·
上海大华书局
一九三四年版

之爲「光棍」也,「耿」之爲「耳卦」也,「亞腰」之爲「呼腰」也,「和門」之爲「歡門」也,其語至常,其本字亦非僻隱不可知者。不曉音均變轉之友紀,遽循其脣吻所宜,以檢字書,則弗能得。』

觀此,則欲研究我國之方言。當先研究所謂本字之語根。語根既得,則其輾轉訛誤之方言,自不難尋得其變遷之軌迹矣。章太炎卽據此法定方言構成之六條規則,今逐條舉例證明如左:

(甲)一字二音,莫知誰正　謂一字而有二音、三音,輾轉變化,不知所本,無所適從,乃起方言也。

(1)衣服闕曰『傢』:從音類則音如『啓』;依多聲則音如『叉』。

(2)事物亂曰『縮』:準唐韻則音如莤;隨轉語則聲如『糟』。

(3)說文:『余,語之舒也,從八,舍省聲』;訓何。通借作『舍』。今通言曰『甚麽』,——或作『什麽』,舊籍中或作『拾沒』,皆舍之切音也。川、楚之間曰『舍子』；江南曰『舍，』俗作『啥，』本『余』字也。又有單用『甚』或單用『麽』者；如水滸演義之『管他則甚，』聊齋志異之『作麽生，』及天津語之『麽玩意兒，』『幹麽』皆割裂古語根之音而爲方言者也。

（乙）一語二字，聲近相亂　謂一字因雙聲疊韻關係孳生爲若干字，形雖不同，其義則一也。

（1）謂『去』曰『朅』：『去』『朅』雙聲，故言『朅』者猶書『去』。

（2）謂『喫』曰『啜』：『啜』『喫』疊韻，故言『啜』者猶書『喫』。

（3）廣雅：『侻，可也』；今南人曰『對了，』北人曰『得啦，』其聲相近，其義相同。

（4）胡適白話遊戲詩：『古人叫做「欲，」今人叫做「要」；古人叫做「至，」今人叫做「到」；古人叫做「溺，」今人叫做「尿」本來同是一字，聲音少許變了。並無雅俗可言，何必紛紛胡鬧。』

·国学概论·
上海大华书局
一九三四年版

也。

（丙）餘言重語，迷誤語根　謂於單語詞之下，增加雙聲疊韻之形式上附屬語

（1）『楬』曰『楬剌』：以『剌』無義，則蔽『楬』。

（2）『紇』曰『紇怛』：以『怛』無義，則蔽『紇』。

（3）『釜』曰『釜盧』：以『盧』無義，則蔽『釜』。

（4）古一『道』字，今則曰『道德』、『道理』、『道路』，『德』爲『道』之雙聲附屬語，『路』『理』與『道』皆爲古音疊韻附屬語。

（丁）音訓互異，淩亂難曉　謂因類推作用，而發生方言也。

（1）『貞』、『偵』、『盛』古音皆與『朾』近，『朾』字形又變『打』，故『貞卦』曰『打卦』，『偵聽』曰『打聽』，『盛飯』曰『打飯』，於是『打疊』、『打量』、『打睡』、『打米』、『打魚』、『打肉』、『打䴵』、『打傘』、『打稿』……無所不用其『打』，其言『打』雖同，而所以爲『打』者異矣

·国学概论·
上海大华书局
一九三四年版

(2)在面曰『巴』爲輔；在孔曰『巴』爲魄；在尾曰『巴』爲把。其言『巴』雖同，而所以爲『巴』者異。『巴』與『攀』音近，於是曰『巴結』。『巴』有冀希意，於是曰『巴不得』、『眼巴巴地』。把者，有柄可持也；於是曰『把柄』、曰『火把』、曰『一把刀』、『一把頭髮』、『一把辛酸淚』皆類推之作用也。

(戊)就聲爲訓，皮傳失根　謂因聲音相近而通借，乃起方言也。

(1)據地不起曰賴菱；因以聲訓，則曰賴詐。

(2)受人誰蔽曰謾在兆裏；因以聲訓，則曰鞔在鼓裏。

(己)總別不同，假借相貿　謂因意義相近而通借，乃起方言也。

(1)凡以手斂持，通曰叉；以手斂脅，則別曰侈。

(2)凡有所攝受，通曰用；以口受食，則別曰嗇。

以上所述，皆就方言之本字設想，故關於音變通轉者居多，其實方言之範圍廣漠，決非僅就其本字說明語根，卽可謂對於方言構造之原理已盡能事也。蓋方言之構造，除音轉外，其關於形體之組織，尚有若干不成文之規律在。昔胡以魯從心理上立言，謂我國國語之起源，具有梵語之六合釋：曰帶數釋、曰有財釋、曰限定釋、曰重複法、曰連置釋，中分並立、對立二法，見國語學草創。近黎錦熙作複音詞類構成表：分合體的、並行的、相屬的三類，細目別爲四十三種，見國語月刊漢字改革號。其分類舉例，不可謂不詳明，惜皆僅屬於國語詞類範圍以內，對於方言成語之組成，猶未論及，今略就宋、元以來小說劇本以及近代方言分類如左：

（甲）加語尾及類似語尾之介詞助詞副詞

（1）獃子　扇子　今兒　明兒　西仔　豬仔　……

（2）快活殺　熱鬧煞　嚇得慌　罵得兇　迫得緊　熱得肆　好得很

……

（3）驀然　兀的　颼地　活潑潑地　堂堂正正底　……

（4）喫喫看　試試看　……

(5)跳起來　拿進來　丟下去　滾出去　……

(6)說著　喫得　走罷　好哩　來哉　去噓　怎麼辦呢　老孫去也

好一個膽大的馬謖吓　果然把街亭失守了　……

(7)頑一下　打一下　……

(乙)否定詞及疑問詞

(1)瞧不起　巴不得　熬不過　犯不著　識不透　學不來　打不得

官司告不得狀　……

(2)行不行　錯不錯　動不動　好弗好　……

(丙)雙關語

(1)不但……而且……豈但……就是……既經……何苦……與其……

……寧可……倘且……何況……

(2)既非……難道……不是……就是……若然……也就……倘或……

·国学概论·
上海大华书局
一九三四年版

……那麽……並不是……實在是……

(丁)疊字

(1)般般 樣樣 回回 統統 剛剛 ……

(2)沸沸揚揚 昏昏沈沈 拉拉扯扯 口口聲聲 ……

(3)黑油油 好端端 侃侃而談 索索的抖 ……

(4)一點點 一陣陣 一雙雙 一件件 ……

(5)將信將疑 不瞅不睬 必恭必敬 拼死拼活 ……

(6)一沖一撞 一起一落 一摟胭脂一摟粉……

(7)且……且…… 越……越…… 一來……一來…… 一頭……

一頭…… 還是……還是……

(戊)夾用數目字之成語

(1)一長二短 三朋四友 五顏六色 七零八落 九拿十穩 千奇

百怪　百孔千瘡　千變萬化……

(2)的一確二　低三下四　牽五挂四　呼么喝六　橫七豎八　亂七八糟……

(己)夾用身體字之成語

(1)眉花眼笑　頭輕腳重　目定口呆　心驚肉跳……

(2)抛頭露面　細皮白肉　賊頭狗腦　改頭換面……

(3)無頭無腦　毛手毛腳　老皮老臉　劈頭劈腦……

(庚)夾用動詞形容詞之成語

(1)海闊天空　風調雨順　天誅地滅　朝令暮改……

(2)豐衣足食　長吁短歎　開天闢地　循規蹈矩……

(3)借刀殺人　弄假成真　隔靴搔癢　含血噴人……

(4)瓜熟蒂落　水漲船高……

·国学概论·
上海大华书局
一九三四年版

（5）節外生枝　笑裏藏刀　海底撈針　甕中捉鼈……

（6）狐羣狗黨　酒囊飯袋……

（辛）摹聲字

（1）霍霍　得得　撲通　叮噹　咯吱吱　嘩拉拉　滴搭滴搭　咯噔咯噔　鬧的一聲　噗哧一笑……

（2）絮絮叨叨　囉哩囉蘇　胡哩嗎嗎　嘰哩咕嚕……

（3）唉　呸　呵　咦　嗄　喳　喂　喝　嚶　哦　咳　唔　呀　哼　唵　哈哈　啊呀　啊唷唷……

（壬）利用陳語故事

（1）果不其然　之乎者也　溜之乎也　逃之夭夭　不亦樂乎　發昏章第十二　醉翁之意不在酒……

（2）大意失荆州　陪了夫人又折兵……

(癸)用譬喻法加倍形容……

(1)飛也似的跑 叫得連珠箭的苦……

(2)蒸籠頭 三隻手 沒腳蟹 撞木鐘 一刻千金 一錢逼死英雄漢……

右列十類，雖未能盡方言之結構，然其組織之繁重，亦概可見矣。學者欲知其詳，可檢閱郭後覺國語成語大全、方賓觀白話詞典等。

第三節 類別

方言本爲社會心理之產物，前以言之矣。夫社會之環境及階級，既各不同；而人類之知識應用於語言之方法，或明或暗，亦各不同；故方言之種類，精密分之，當不知其幾何。明郭子章，編纂六語。分爲謠語、諺語、隱語、讖語、譏語、諧語六種；實則尚未能全也。他若射覆語、了語、危語、歇後語、反切語、雙聲語、千字文語、酒令語、曲語、諢語、鳥語、犬語、鈴語……等，雖有時形式相同，而性質則完全不同，今姑分爲三大類如左：

·国学概论·
上海大华书局
一九三四年版

（甲）諺語　說文：『諺，傳言也。』段玉裁注傳言爲古語；一切經音義引謂傳世常言也；說文長箋謂是一時民風士著論議。按諺之含義本兼此三種，偏舉一端，皆未當也。郭紹虞諺語的研究曰：『諺是人的實際經驗之結果，而用美的言詞以表現者，於日常談話，可以公然使用，而規定人的行爲之言語。』此定義尚覺完善，可遵用也。

諺語之結構形成，其要素約有四種：

（1）句主簡短　大抵短則四五字，長亦不過十餘字耳。例如：

肉多嫌肥。　蠻棋對瞎著。　睡不著，嫌牀歪。　遠水不救近火。　上臺容易下臺難。

（2）調主整齊　例如：

前怕狼，後怕虎。　拳不離手，曲不離口。　在家千日好，出家一時難。　只許州官放火，不准百姓點燈。　龍生龍，鳳生鳳，賊生兒子會打洞。

（3）音主和諧　此又可分爲五項言之：

·国学概论·
上海大华书局
一九三四年版

(a)疊同音　例如：

一人做事一身當。公說公有理，婆說婆有理。

(b)顚倒字句　例如：

人欺病，病欺人。忙者不會，會者不忙。喫力弗賺錢，賺錢弗喫力。

(c)尾韻　例如：

善人好欺，善馬好騎。急驚風，碰著慢郎中。

(d)首韻　例如：

狐假虎威。種瓜得瓜，種豆得豆。

(e)平仄相對　例如：

你生薑，我皂角。聰明一世，懞懂一時。

(4)辭主靈巧　此又可分爲三項言之。

(a)對偶　例如：

人爲財死，鳥爲食亡。 雪中送炭真君子，錦上添花濫小人。

（b）比喻 例如：

死馬當作活馬醫。 前人種樹，後人乘涼。

（c）似非而是 例如：

强弓易折。 人窮世富。 自做郎中無藥醫。

關於諺語之著作，有徐子長、梁達善等之民諺，每語下皆有解釋。又史襄哉之中華諺海，凡萬二千四百餘條，搜羅頗富，然猶未盡也。

（乙）謡語 謡之稱甚多，就大體言，約分數種：或稱堯時謡，（列子載堯時謡）周時謡，（國語載周宣王時謡）秦時謡，漢時謡，（述異記載秦始皇時謡及漢末謡）此以時代爲標題者也。或稱長安謡，（漢書石顯傳載長安謡）京師謡，（漢書黃琬傳載京師謡）王府中謡，（南史徐侃傳載湘東王府中謡）鄴郡謡，（魏書李孝伯傳載趙郡鄴郡謡）二郡謡，（後漢書黨錮傳序載汝南、南陽二郡謡）天下謡，（

漢書五行志載桓帝初天下童謠）此以地域爲標題者也。或稱軍中謠，（舊唐書竇建德傳載軍中謠）諸軍謠，（明史猛如虎傳載諸軍謠）民謠，（晉書五行志載民謠）百姓謠，（南史蕭正德傳載百姓謠）童謠，（左傳載童謠）兒謠，（史記晉世家載晉國兒謠）女謠，（魏書高車國傳載北方女謠）小兒謠，（舊唐書五行志載元和小兒謠）嬰兒謠，（戰國策載齊嬰兒謠）此以人類爲標題者也。此外尚有風土謠、農家謠等，流傳至今，指不勝屈。惟古人典籍，僅採一謠一歌，以資點綴，未有薈萃而成一集者，亦未有以謠歌爲對象，作具體之研究者也。直至晚近，始有人採集成書：如北京大學有歌謠週刊，江蘇第一師範有中國兒歌集，商務印書館有各省童謠集，（朱元善編）兒歌，（計志中編）中國童謠，中華書局有歌謠。（吳啓瑞等編。）外人亦有編纂成書者，如美人何蘭德 Headland 有儒子歌圖，意人韋大列 Vitale 有北京歌謠，新中國評論雜誌（The New China Review）有華英對照附加說明之中國謠歌。（Chinese Ditties）其以謠歌爲對象而研究之者，則有胡懷琛之中國民

·国学概论·
上海大华书局
一九三四年版

歌研究，（商務印書館出版）朱湘之古代的民歌，劉經菴之中國民衆文藝之一斑——歌謠，汪馥泉之民歌研究的片面，褚東郊之中國兒歌的研究，（皆見小說月報十七卷號外中國文學研究）以上諸書，皆可供學者研究謠語之參考者也。今略分謠語之體例如左：

（1）三字式 例如：

小蜜蜂，哼哼哼，採百花，苦營生。做成蜜，叫人喫；小蜜蜂，枉費力。

（2）四字式 例如：

大頭大頭，落雨不愁，你家有傘，我有大頭。

（3）五字式 例如：

大雪紛紛下，柴米多漲價，老鴉滿地飛，板櫈當柴燒，嚇得牀兒怕。

（4）七字式 例如：

一顆豆子圓又圓，堆成豆腐賣成錢；人人說我生意小，小小生意賺大錢。

·国学概论·
上海大华书局
一九三四年版

(5)長短句式 例如:

花喜鵲,站樹梢;張三娶了一個女姣姣,擔擔水,擰擰腰,可把張三疼極了!

(6)問答式 例如:

你爲什麼不點燈?外面刮大風。爲什麼不梳頭?沒有桂花油。爲什麼不洗臉?沒有胰子鹼。爲什麼不帶花?丈夫不在家。爲什麼不關門?外面還有人。

(7)呼喚式 例如:

門鈴子響,爺回了。爺呀爺!我要金銀手飾龍井茶。娘呀娘!我要紅漆踏板象牙牀。哥呀哥!我要銅盆錫器多。嫂呀嫂!我要紅裙套綠襖。妹呀妹!我要紅緞鞋子十八對。弟呀弟!我要一本影子戲。嬸呀嬸!我要一對鴛鴦枕。叔呀叔!我要一對鴛鴦燭。

(8)遞進式 例如:

一螺貧。二螺富。三螺開當鋪。四螺作賣買。五螺賣買作。六螺六合。七螺做賊。

八螺挖窟。九螺打死人。十螺賣老婆。

(9)連環式 例如:

燕子飛，飛過天。天門關，飛過山。山頭白，飛過麥。麥頭搖，飛過橋。橋上姊姊打花鼓，橋下妹妹做新婦。

(10)嵌字式 例如:

一個大嫂上正東，掽著一園青菜成了精；青頭蘿蔔坐寶殿，紅頭蘿蔔掌正宮。河南反了白蓮藕，一封戰表進京城；豆芽菜跪到奏一本，胡蘿蔔挂印去出征，白菜打著黃羅傘，芥菜前部作先行；小葱使的銀槍桿，韭菜使的兩刃鋒，牛腿瓠子掌大纛，青豆角子掌火繩。只聽得，古碌碌三聲大礮響隆隆。打得茄子滿身青，打得黃瓜一包刺，打得扁豆扯成蓬，打得豆腐屎黃屎，涼粉嚇得戰兢兢，藕王一見心害怕，一頭鑽進稀泥坑。

(11)顛倒式 例如:

反唱歌，倒起頭：我家園裏菜喫牛。蘆花公雞咬毛狗。姐在房中頭梳手。老鼠刁著狸猫走。李家廚子殺螃蟹，鮮血淹死王三姐。

(12)拗口式　例如：

駱老伯，郭老伯，畢老伯，柏老伯，駱、郭、畢、柏四老伯，約著城北買菱角。買得菱角閣上剝，各剝各各喫各。閣腳莫落菱角殼，戳了駱、郭、畢、柏四位老伯腳。

(丙)隱語　文心雕龍有諧讔篇曰：讔者，隱也；遯辭以隱意，譎譬以指事也。按隱語古亦曰廋辭，亦曰射覆，亦曰風人。蓋人之言語，有時宜乎徑淸直說，有時宜乎藏匿本意，俾人暗中摸索，則其意彌永，其趣彌雋也。隱語自古有之：如『時日害喪，予及女偕亡』，遠見殷商初年；『麥麴鞠窮，河魚腹疾』，亦見春秋之世。降至戰國、秦、漢，侏儒優伶，隨口編造，孳生愈繁。劉向別錄曰：『隱書者，疑其言以相問，對者以慮之，可以無不喻。』此所謂隱書，疑卽編纂隱語而成一書，如漢書藝文志所錄隱書十八篇是也。

·国学概论·
上海大华书局
一九三四年版

蓋逮西京之時，已褒然成帙矣。今世流行之隱語，約可分爲四種，分述如左：

(1)市語　市語者，市井流行之語，所謂三百六十行之門內語也。蓋起於唐、宋之間。委巷叢談曰：『杭州人好爲隱語以欺外方：如物不堅緻曰戇大，暗換易物曰搠包兒，麤蠢人曰杓子，樸實曰艮頭。白獺髓言：「杭俗澆薄語年甲則曰年末，語居止則曰只在前面，語家口則曰一差牙齒，語仕錄則曰小差遣。」此皆宋時事耳。乃今日三百六十行各有市語，不相通用，倉猝聆之，竟不知爲何等語也。』輟耕錄曰：『有曰四平市語者：以一爲憶多嬌，二爲耳邊風，三爲散秋香，四爲思鄉馬，五爲誤佳期，六爲柳條金，七爲砌花臺，八爲霸陵橋，九爲救情郎，十爲舍利子；小爲消梨花，大爲朵朵雲，老爲落梅花，風諱低，物爲靸，以其足下物也，復諱靸爲撒金錢，則又意義全無，徒以惑亂觀聽耳。』按今工商百業，皆有市語；且時時變更，以塗蔽外人耳目，惜未有精密調查，以編纂成書耳。惟徐滄水編有上海商業習慣用語字彙一書，僅限於滬瀆之語；且所謂商業者，不過銀行、錢莊、公估局、銀爐子、交易所、證券業等數種，而搜羅亦尚未全。特有此一書，聊勝於無耳。

（2）切口　切口者，各種祕密團體及不正當營業所用之隱語也。自星命、堪輿、相人、測字，以及社會黨、梟匪、盜賊、乞丐，莫不有之，授受詭祕，諱莫如深，非是中人，不得而知。且各黨各業，各有其切口，絕不相通。如哥老會謂會員曰圈子，曰在玄，集會曰開山，而三合會則謂集會曰開檯，曰放馬，會員曰香，曰洪英，曰豪傑也。昔年滬上書肆纂集之黑幕大觀諸書，往往有之。

（3）謎語　謎語者，遊戲之一種；隱其事物之本名，別撰切合之語句，或叶韻，或不叶韻，俾人探索，以資消遣者也。大抵分爲二支：一爲文人之詩文謎，謂之春燈，亦曰商燈，燈虎、文燈，此與言語學無多關係，不過爲文藝之一種；一爲通俗之猜謎，則販夫走卒、村女頑童，莫不知之，是與言語學有深切之關係者也。其起源最古，凡舊籍所謂隱語、廋辭，多指此言。演繁露曰：『古無謎字，若其意制，卽伍舉、東方朔謂之爲隱者是也。隱者，藏匿事情不使暴露也。至鮑照集則有『井』謎矣。鮑之井謎曰：

·国学概论·
上海大华书局
一九三四年版

「一八五八，飛泉仰流。」飛泉仰流也者，垂綆取水而上之，故曰仰流也。一八者，井字八角也。五八者，拆井字而四之，則其字爲十者四也四十卽五八也。凡謎皆倣此。』齊東野語曰：『古之所謂廋詞，卽今之隱語，而俗所謂謎。』玉篇謎字釋云：「隱也。」人皆知其始於黃絹幼婦，而不知自漢伍舉、曼倩時已有之矣。用字謎云：「一月後一月，兩月共半邊，上有可耕之田，下有長流之川，六口共一室，兩口不團圓。」日字謎云：「晝時圓，寫時方，寒時短，熱時長。」又云：「東海有一魚，無頭亦無足，除去脊梁骨，便是這個謎。」蜘蛛云：「上不在天，下不在田，中心藏之，玄之又玄。」又云：「自東至西，自南至北，無思不服。」按此皆古人之謎語也。今人編纂成書者，則有計丁中之兒童謎語，吳翰雲之謎語等書。其專研究謎語者，則陳光垚有謎語的研究一文，登載十七年三月間時事新報之文藝週刊。

(4)歇後語　歇後語者，標舉上句而隱匿其下句，耐人尋味，亦隱語之一種也。都市鄉村，莫不流行。溯其起源，似在唐代。唐詩紀事曰：『唐鄭綮善詩，其語多俳諧，世共號鄭五歇後體。及爲相，自言曰：「歇後鄭五作宰相，事可知矣！」固辭不讓。』今滬語之『黃連樹下彈琴，』謂苦中作樂；金陵語之『一張紙上畫一個鼻子，』謂大臉面；揚州語之『三天喫六頓，』謂窮發歡；皆歇後語也。上海指南之滬蘇方言紀要多記此種語言，特未有專輯一書者也。

第四節　時別

明陳第曰：『一郡之內，聲有不同，繫乎地者也；百年之中，語有遞轉，繫乎時者也。』語言之變遷，要不外乎『時』與『地』二者之關係而已。

太古時代之語言，未有典籍，莫可稽考矣。惟據許愼說文敍曰：『五帝、三王之世，改易殊體，對於泰山者七十有二代，靡有同焉。』又曰：『諸侯力征，不統於王，……言語異聲，文字異形。』可知言語之不同，自古已然，非始於今日矣。故爾雅有釋詁、釋訓、釋言三篇，揚雄有方言之作，何休之注公羊，鄭玄之注三禮，王逸之注離騷，皆標某事

·国学概论·
上海大华书局
一九三四年版

某地之方音也。今將周、秦以迄最近之方言，分爲六朝言之：

（甲）周、秦方言　此時期中，又可分爲數區言之：

（1）東方齊魯方言　如論語：『說而不懌。』方言：『悛、懌，改也；自山而東，或曰悛，或曰懌。』郭璞注即引論語爲證。可見『懌』字即山東之方言。又公羊傳宣公八年：『廢其無聲音。』何休解詁以『廢』爲『置』；『置』者，不去也。齊人語。今論語『中道而廢』之『廢』，與『今女畫』之『畫』對文；中庸『遵道而行』之『行』與『半途而廢』之『廢』對文，其字義亦當訓置；可見『廢』字爲齊魯之方言。又毛詩：『黽勉從事，』韓詩作『密勿，』而論語則曰『文莫吾猶人也。』欒肇論語駁謂『燕、齊謂勉强爲文莫。』蓋『黽勉』、『密勿』、『文莫，』皆一語之轉，齊魯方言也。他若論語中之『斯』、『適』、『彼哉』、『其諸』等，亦齊、魯之方言也。

（2）南方荊楚方言　如方言：『汨，疾行也；南楚之外曰汨，』而離騷有『汨予若將不及兮』句。又方言：『莽，草也；南楚曰莽，』而離騷有『夕擥洲之宿莽』句。

他若楚人以君爲『敖』，以長爲『尹』，皆見左傳，而天問則言『堵敖』，離騷則言『靈修』，皆楚語也。

（3）其他各處方言　東南二方之外，各國亦皆有方言。如說文：『周人謂餉曰饟』，則周頌：『其饟伊黍』，爲周人之方言。爾雅郭璞注：『河北以待爲徯』，則書益稷：『惟動丕應徯志』爲河北之方言，因是時帝都在河北也。顏師古匡謬正俗：『今關中俗呼二更，三更爲夜央夜半。』則周詩之『夜未央』，秦詩之『宛在水中央』，爲關中之方言。又匡謬正俗：『江淮田野呼區爲丘』，則左傳倚相所謂『八索九丘』，或即江、淮間之方言。

總之，地域不同，語言亦因之而異。在今日交通便利之時尚如此，則周當封建時代，其『言語異聲，文字異形』，實勢所必然，無足怪也。特是時朝聘會盟等交際之事頻繁，自必有一種標準之語言文字以爲通用，如今之所謂國語者然。故當時所作之詩歌，其用韻幾乎一致也。章太炎對於十五國風之用韻，嘗曰：

·国学概论·
上海大华书局
一九三四年版

『或疑古韻不同於今韻；就古韻言，自必與方音不同；何以十五國風韻皆一律？且古時未有韻書，而用韻皆能一致，此最不可解者。答曰：古無韻書，卽以官音爲韻書；今之官音，古稱「雅言」。論語云：「子所雅言，詩書執禮，皆雅言也。」雅言者，正言也。謂造次談論，或用方言；至於諷誦詩書，臚傳典禮，則其言必出於雅正。國風異於謠諺，據小序說，大半刺譏國政，此非田夫野老所爲可知也。其他里巷細情，民俗雜事，雖設爲主客，託言士女，而其詞皆出於文人之手。觀於漢、晉樂府，可以得其例矣。田夫野老，或用方音，而士大夫則無有不知雅言者。故十五國風不同，而其韻部則同。亦猶今時戲曲，直隸有京腔，山西有梆子腔，安徽有徽調，湖北有漢調，四川有渝調，江西有弋陽調，雖各省方言，彼此異撰；而戲曲則無不可以相通，大概皆以官音爲正。特其節奏有殊，感人亦異，此所以各成其腔調也。今之官音，豈有韻書規定，而演唱者皆能相合，則何疑於十五國風乎？』

此段所言，雖未必盡是；然亦可謂罕譬而喩，發前人之所未發者矣。章氏所謂『

·国学概论·
上海大华书局
一九三四年版

官音，』所謂『雅言，』實卽周室之音。『雅』字本卽『夏』字之假借。詩：『以雅以南，』荀子儒效：『居楚而楚，居越而越，居夏而夏，是非天性也。積靡使然也。』荀子之所謂『夏，』卽詩之『雅；』所謂『楚』『越，』卽詩之『南』也。是可見當時方言各國雖屬不同，然不同之中，實有大同者在。卽北方語言之勢力比較爲大也。又雅言之外，當時似尚有一種流行之常語，凡古書中明白曉暢之言，多屬此類。如管子之『知子莫若父，知臣莫若君；』呂覽之『以不解解之；』國策之『鷸蚌相爭，漁翁得利；』莊子之『姑妄言之，姑妄聽之』等，疑皆周末通行之常語，流傳至今而猶存者也。（趙翼陔餘叢考卷四十三，收羅古書成語甚多，可供參考。）

（乙）兩漢方言　周自春秋以前，列國承認周室爲共主，故各國皆以雅言爲當時之標準音。及至戰國，分崩離析，周室既不推戴爲共主，而雅言亦失其爲標準音矣。當時七國既各稱王，卽各以其國之方言爲標準音；而宋、衞、中山等小國，亦各用其方言，故爲語音最龐雜之時期；及秦始皇兼幷六國，令天下書同文字，罷其不與秦文合者，則當時之語言，自亦以秦音爲標準。惟秦享祚不永，雖厲行統一之政策，其效殊鮮。洎漢興以後，既不欲推行秦音，亦無由恢復周音，惟聽諸自然，不加統一而已。故兩漢四百年間，實無標準音之可言。觀夫淮南、史記諸書，以及當時之詩歌樂府，可推測其一斑也。

（丙）魏、晉、南北朝方言　是時各國割據一方，政體既無統一之可言，語言自亦不能一致。惟是時有一種潛勢力發生，使語言有統一之傾向，故較之兩漢時代，已整齊多矣。潛勢力何耶？曰：學者所編纂之韻書是已。如魏李登之聲類，晉呂靜之韻集，南齊周顒之四聲切韻等書，皆有混合方言，規定標準，使各地之讀音及語言，不至劇變之功效也。顏之推家訓音辭篇曰：『孫叔然創爾雅音義，是漢末人獨知反語，至於魏亡，此事大行。……自茲厥後，音韻蠭出，各有土風，遞相非笑。共以帝王都邑，參校方俗，考覈古今，爲之折衷。』據此，則當時學者所撰韻書，大抵以首都之音爲標準，而又參酌各地之方言俗語者也。特此時期中，其初蜀、魏、吳三國鼎立，中則五胡十六國各據一隅，末則南北朝相對峙，撰韻書者，既各以其生長國家首都之音，定爲標準，則諸書之音，未能畫一，亦可推想而知。上舉諸韻書雖皆失傳，無從稽考其韻目，然當時之詩賦，今猶有存者。苟將其叶韻之字，依顧炎武、段玉裁等研究古音之法，分列韻部，必可考見其一二。而當時各國標準音之不同，亦可由是推校而得也。他若陸德明之經典釋文採取六朝人之反切極多；釋氏音譯之梵書，亦復不少，皆可考證當時之字音。餘如詩歌樂府、語錄、世語新語，及郭璞所撰爾雅、方言、山海經、穆天子傳諸書之注解，記錄各地方言甚多，皆可爲此時期語言參考之資也。

（丁）隋、唐、宋方言　隋、唐迄宋，六百年間，實爲我國思想、學術、文化、習俗大混合之時期。雖唐末有五代十國之分裂，宋代有遼、金之對峙，然一則因分裂之年代不久，一則因舟車之交通便利，故尚未爲文化統一之大阻礙。語言亦文化之一，要亦不外是例。故此時期爲方音統一最進步時期，亦爲韻書編撰最完備之時期也。其韻書之最著名者：如隋陸法言之切韻，唐孫愐之唐韻，宋陳彭年等之廣韻，丁度等之集韻。而

·国学概论·
上海大华书局
一九三四年版

尤以切韻一書爲諸書之祖。陸氏切韻序曰：『因論南北是非，古今通塞；欲更捃選精切，除削疏緩。』是切韻一書實集古今南北方言之大成者也。至於隋、唐方言，散見唐人所著傳奇、詩詞及釋家語錄中，特東鱗西爪，採集爲艱耳。宋代方言，資料較多，如宋人所作之詩詞、平話、小說、筆記、儒家語錄，隨處可以發見。莊季裕雞肋編中，所載當時方言訓詁頗多，亦可供參考也。

（戊）元、明、淸方言　此時期中，因政治之改變，文學之革新，故語言之標準音，亦隨之發生變化。今分述如左：

（1）政治之改變　自五代晉石敬塘割讓燕、雲十六州以和契丹，啓外族覬覦之漸，及胡元、滿淸，兩朝入主中國，於是外族之勢力，偏於中原。當時漢族除少數逃避南方，保存固有方音；餘皆俯首降服，供職虜廷。語言之音，亦由此而改變。元、淸兩朝，皆建都於北京，明雖初都金陵，及燕王篡國以後，亦遷都於北京。於是北京遂爲政治勢力之中心點，而北京之方音，亦無形成爲全國通行之官話。當時之官吏及紳衿，皆以能講官話爲榮；眩耀鄉里，壓迫平民；而窮鄉僻壤之編氓，亦競相仿效，於是官話遂爲全國之標準音矣。

(2)文學之革新　元曲興盛以後，作北曲者，大抵隸籍北方。曲中文句，多用北方語言，且間雜蒙古方言；而所用之韻，亦叶北方方音，自陸法言切韻以來，韻目之界限，潰決無餘。於是元周德清有中原音韻之作、明宋濂等有洪武正韻之作，韻書之面目一新，而標準音亦由此劇生變化矣。

北音既在政治上及文學上佔有極大之勢力，於是文人學士，撰著通俗之小說，亦不得不以北方言語爲標準。如水滸傳、西遊記、金瓶梅、紅樓夢、儒林外史、兒女英雄傳等，皆此時期之出品；或純用北京語，或用山東、河南語，或用江、淮語，大抵偏於北方。此等小說，流行甚廣，幾乎戶有其書，人誦其語，於是北音北語，普及於全國矣。

(己)現代方言　方言積數千年之習慣而成，其變也漸，其入也深。故政府雖有標準語、標準音之規定，官吏士大夫雖亦從風而靡；然方言之勢力，仍潛匿於一般民

·国学概论·
上海大华书局
一九三四年版

間，與時俱長也。特交通日益便利，學習標準語音之工具及方法，日趨簡易及普徧，則國語之推廣，自比較爲易；而方言則依然存在，未能廢除。今我國卽在如此現象之中，其標準語雖尙未明文規定，而標準音卻已成立，卽注音字母是也。至於今日流行方言，究當分爲若干種，俟下節詳述之。

第五節　地別

禮記王制曰：『五方之民，言語不通。』淮南子曰：『清土多利，重土多遲；清水音小，濁水音大。』是可見方言與風土之關係。

我國版圖遼闊，統計缺乏，全國方言，究當分爲幾種？世界言語學家，未有精密之畫分也。昔劉師培嘗分爲十種，已見前音韻學章，音隨地殊一段，然注重於音調，非盡方言之區別也。章太炎檢論方言篇分本部之方言爲九種。胡以魯國語學草創祖述章氏之說，而分湖北、湖南爲二，故得十種。其說稍稍精密矣。今錄其說如左：

·国学概论·
上海大华书局
一九三四年版

(甲)黃河以北，其北境至塞，東至海，卽直隸、山東、山西以及彰德、衞輝、懷慶等一區域爲一種。韻雖不完，多唐、虞之遺音；高亢殆無入聲，爲此種方言之特色。

(乙)陝西自成一種。漢、唐舊都，久爲文化之中心地，中原之遺風逸韻，猶有存者。明晰簡易，爲此種方言之特色。

(丙)開封以西，汝寧、南陽等處，今之河南，卽古之所謂荆、豫錯壤也；自是沿江而下，至湖北、鎭江爲一種。居中國之中，爾雅正大之夏音產地也。其中武昌、漢陽之音，又爲醇中之醇。

(丁)其南湖南自爲一種，古所謂楚音是也。

(戊)福建、廣東各爲一種。漳、泉及嘉、潮各屬之佶屈聱牙，在兩者中，又別成特色。此二種最龐雜；然中原古音，猶有作化石之保存者。

(己)開封以東，由山東之曹、兗、沂以至江、淮間，大體似朔風，具有四聲，特成一種方言。

(庚)江南之蘇州、松江、太倉、常州，及浙江之湖州、嘉興、杭州、寧波、紹興等，又爲一種。其中寧、紹固甚羼雜，論其大體則沿海居民之代表也。海濱卑溼，且其中多湖沼，故濡弱之音，構成此種方言之特色。

(辛)東南之地，獨徽州、寧國之爲高原別一種。而浙江之衢州、金華、嚴州，江西之廣信、饒州等屬之。

(壬)四川上下與秦、楚接，其音與關中大同而小異；以其地域特異，或亦別爲一種。

(癸)其他雲南、貴州、廣西三部最偏僻，古來爲苗族所蟠踞，其方言極紛雜，自沐英氏爲雲貴總督，以兵力脅從中原之音，略得一定。然其所發音，不如沐英氏所豫期之直隸音，而爲湖北、四川之音；廣西亦受雲、貴之影響。亦可見人心所趨，孰爲適者矣。

又有如湖南沈州與貴州同音；浙江之溫、處、台大體與福建之福、寧相似；福建之汀州，且似江西之贛州，此則山陵隔絶，難言同化；欲解以理由，殆移住之史因耳。

按胡氏所分，雖大致無誤；然專按地域而分，往往有失諸牽强者。例如滬、漢巨埠，五方雜處，雲、貴數省，苗、黎錯居，豈容以地域分哉？昔年黎錦熙分爲五大系，登載時事新報學燈之上，比較妥善，然猶未盡也。一九二一——一九二二年耶穌教會出版之中華歸主（Tne Christian Occupation of China）中，載有中國方言表，統計頗詳；雖未必至確，然尚足依據，今譯錄於左，以供參考：

（甲）漢語與方言

（1）官話

（A）官話　分南、北、西三大部分，約三〇〇・〇〇〇・〇〇〇人。其中代名詞及虛、助各部分有區別。

（B）客家語　其中一部分說官話；一部分說廣東話，而以官話爲重要原質。此種人來自江南，十四世紀漸遷至廣東，約七・〇〇〇・〇〇〇人。

·国学概论·
上海大华书局
一九三四年版

按章太炎新方言附錄嶺外三州語，謂廣東惠、嘉應二州，東得潮之大埠、豐順，其民自晉末踰嶺，宅於海濱，言語敦古，與土著不相能，廣東人謂之客家。清稗類鈔方言類亦謂其語之節湊句度，較之內地，不甚相遠，與六朝音韻相合。

(C)杭州俗語　南宋因遼、金之亂，遷都臨安，北土語言，多有留存者；後因環境不同，遂與官話別。約一·〇〇〇·〇〇〇人。

(D)海南官話　有不易識之特別字甚多；語尚普通。

(E)其他　範圍較小。在完全言語學上，可以分類，茲不贅述。

(2)濱海語

(A)吳語　因昔爲吳國之地而得是稱，包括今江蘇省長江以南，及浙江東部三分之二。細別之如左：

Ⅰ　蘇州語　在一〇·〇〇〇·〇〇〇人以內。

II 上海語 在一〇・〇〇〇・〇〇〇人以內。

III 寧波語 浙江重要之方言，約六・〇〇〇・〇〇〇人。

IV 台州語 異於寧波語者，約五〇〇・〇〇〇人。

V 金華語 浙江金華之土語，約三〇〇・〇〇〇人。

VI 溫州語 約一・〇〇〇・〇〇〇人。

(B)閩語

I 建陽語 約五〇〇・〇〇〇人。

II 建安語 同前。

III 邵武語 約一〇〇・〇〇〇人。

IV 福州語 約八・〇〇〇・〇〇〇人。

V 汀州語 約一・〇〇〇・〇〇〇人。

VI 歸化語 約二・〇〇〇・〇〇〇人。

·国学概论·
上海大华书局
一九三四年版

Ⅶ 厦門語 約一·〇〇〇·〇〇〇人。

Ⅷ 海南語 即厦門語之別支。

(c)粵語

Ⅰ 汕頭語 約三·〇〇〇·〇〇〇人。

Ⅱ 客家語 見前官話項。

Ⅲ Samkong 語 約三〇〇·〇〇〇人。

Ⅳ 廣州語 又分四邑語，三邑語，兩種。 一五——二〇·〇〇〇·〇〇〇人。

Ⅴ 其他

(乙)非漢語與方言

(a)mon-Khmer Family

Ⅰ miao- Vao Group

·国学概论·
上海大华书局
一九三四年版

Ⅱ minkia Group

Ⅲ Wa- Palaung Group

(b) Shan or Tai Family

(c) Tibeton—Burman Family

Ⅰ Tibetan Group 6,000,000人

Ⅱ Sifan Group

Ⅲ Lolo Group (Lirsu, nosu)

Ⅳ. Burmese

Ⅴ. Kachia

(d) Mongolian 3,000,000人

(e) Kalmuch 200,000人

(f) Nogai-Turki 4,000,000人

(g)Manchu

(h)Zazaq-Turki　500,000人

按滿洲語爲雙音語根；其時有變更者，爲連合語根之接尾語。滿人必以其所有之物，始有名稱；否則襲用漢語。

蒙古語亦雙音語根，多形容詞，而動詞常多變更，且常在語尾。蒙古語雖因地而彼此音韻不同，然約可分爲三種：一爲口扣滿恰語，一爲活通語，一爲普通蒙古語。而普通蒙古語，各旗亦微有不同，特無大殊耳。惟口扣滿恰語，僅烏梁海人知之；活通語，僅杜爾伯特親王旗下一部分人知之。此兩種語言，聲音極輕，非常靈便，與土耳其語相似。惟勢力不大耳。

青海近邊者皆能說漢語；其遠者，則非通譯不能達意。然亦有不解蒙古語而知番語者。因番語與西藏語音近，青海風土與西藏相同故也。

回語有二大別：其在內地與漢族雜處已久者，本音已變；居新疆等處者，則

不同。其接近蒙、藏者，則多用蒙、藏語。藏語雜有梵音，其東境則多參用漢語；東北多參用蒙古語；南境則多參用印度語。

雲南苗人之語，種類甚多，有東北苗語，有西南苗語。白苗、紅苗，久與漢族相習，雖婦孺無不通漢語者；青苗、黑苗、花苗，則罕有通漢語者。

猓玀亦苗種之一，其語雖湊合單音而成，似亦有變化。其與漢族交際者，則多知漢語。

我國方言之地別情形，已略如上述。其實方言不過爲比較的相對之名詞，常隨觀察點之不同而異。同一漢語，閩、粵語對於國語則爲方言。廣言之滿、蒙、回、藏語，對於漢語亦爲方言；狹言之，嘉、潮語對於廣州語亦爲方言。前既於音韻學章，述國音學之概略；故本章所研究，多屬於狹義的之方言。

·国学概论·
上海大华书局
一九三四年版

方言之起源：一由於命名之不同；二由於同名而異變；三由於代謝之異致。故方言祇有異同，無是非之可言；祇有變遷，無優劣之可言。例如就吳語言之，今之所謂吳語者，已非周、秦時之吳語；本皆中原舊語，因遷移而至吳，故謂之吳語耳。嘗考揚雄方言，列吳揚、吳越、荆吳、吳楚之語，凡三十餘條；率與詩書中之吳語相合，而與今日通行之吳語迥殊。然今日通行之吳語，亦往往見諸方言，特方言不謂之吳語，而反謂爲北方之語。如方言謂小兒慧了曰懇，爲晉語；女子美好曰姝，爲趙、魏、燕、代語；嫽好曰釥，爲青、齊、海、岱語；肥盛曰儴，小痛曰憡刺，爲關西、秦、晉語；凡此之類，西漢時皆北土方言也，今則皆爲吳語矣。郭璞注爾雅引用江東語多至百餘條。爾雅是否周時之書，雖尚待考定，然爲中原古語無疑。郭璞所引之江東語，既與爾雅多同，則中原古語，至晉時已輸入江東，亦可知矣。蓋自五胡亂華以後，中原大族盡遷江東，東渡士夫，習用北語，未肯改從江東，於是江東舊有之語，受其影響，混合變化，遂發生而爲一種新江東語。例如爾雅：『瓴甋謂之甓。』詩：『中唐有甓。』是『甓』在周時，明明中原古語也。及郭璞注

·国学概论·
上海大华书局
一九三四年版

爾雅，則曰：『甗、甎也，今江東呼爲瓴甓。』證以陶侃運甓而不曰運甎，是東晉時江東沿中原古語稱『甓』，而中原之通語則又改稱『甗甎』矣。今則吳人又稱曰『甗甎，』未有稱「甓」者，是東晉時之中原通語，今又輸入江東矣。又如唐釋慧琳一切經音義謂關中名泔，江南名潘，然今江南名『泔』而不名『潘』；又謂中國言脂，江南言膋，然今江南言『脂』而不言『膋』。按『潘』與『膋』見於禮記，在周時本爲中原語，至唐時則遷移而至江南，而中原則別有『泔』與『脂』之新名發生；逮至今日，則唐時之『潘』與『膋』，江南已歸消滅，而中原之『泔』與『脂』，又遷移而至江南矣。綜觀上引諸證，可見同一吳語，其變遷可分爲數時期：有周、秦以前之吳語，有揚雄時代之吳語，有郭璞時代之吳語，有東晉以後之吳語，有南宋以後之吳語。故今日之所謂吳語，與其謂爲吳語，不如謂爲中原舊語；而今日北方通行之語，與其謂爲中原語，不如謂爲中原新語也。吳語如是，其他閩、粤語亦莫不如是。故今之所謂某地方言云者，要不過一時之現象，爲稱呼之便利起見，姑名之曰某地方言耳；非一成不變，終古如斯也。由此，吾人可得一結論如左：

方言爲活動的，而非固定的；爲隨時隨地而變遷者，非一成而不變者；爲有本有原者，非突然發生者；爲有同等之價值者，非有高下優劣者；爲與其他方言並存者，非用人力可以强迫取消者。

由上結論觀之，則無論何種方言，皆有可爲標準語之資格；惟某種方言之勢力最大，卽能言或喜言之人最多，自然寖假而公認之爲標準語耳。

關於標準語、標準音之問題，國內學者辯論紛紜：昔時一般國學家及音韻學家皆以爲宜採取湖北語，是固必不能行。及讀音統一會製定注音字母，後又編纂國音字典，十之八九採取北京音，十之一二採取各地方音之長，以補其不足，自謂調濟得宜矣。然一般崇尙學理之語言學家，以爲國音當以一地方之語爲標準，決不容淆雜不清。況今國民革命業已成功，國都亦既定於南京，昔日之以北京語爲標準音者，於時勢似亦未適宜。則將來之國音，恐又當發生糾紛矣。

·国学概论·
上海大华书局
一九三四年版

第六節　典籍

自來典籍之研究方言，約可分爲兩類：一，古代方言；二，現代方言。

最古典籍之中，頗多方言之記載。如書有商盤周誥，詩有十五國風；禮則名物器數，代各不同；春秋則名從主人，傳自爲說。故在西元之前千年，我國已有古方言學之發生。至最古方言學之第一部大著作，自當首推爾雅。

爾雅一書，時經數代，纂輯非出一人，大抵自周末至漢初皆有之。其關於言語學之功用則有三：(一)以今語證古語，如釋詁篇；(二)以方言證雅言，如釋言篇；(三)以俗語釋文言，如釋訓篇。釋親以下，其一物而異名者，亦多爲當時各地之方言。

爾雅以後，朝野之士，多喜研究方言，而尤以漢時爲盛。應劭風俗通義序曰：『周、秦常以歲八月，遣輶軒之使，求異代方言。』劉歆與揚雄求方言書曰：『昨詔問三代、周、秦軒車使者，逌人使者，以歲八月巡路，求代語，僮謠歌戲，欲得最目。因從事郝隆求之，有曰篇中，但見其目，無見文者。』揚雄答書略謂：『天下上計孝廉及內郡衛卒會者，抱三寸弱翰，齎素油四尺，以問其異語，歸卽以鉛摘次之於槧。』葛洪西京雜記亦曰：『子雲好事，常懷鉛提槧，從諸計吏訪殊方絕域之語。』揚雄當西漢交通未便，見聞不廣之際，而研究方言之精神若此，實可與柏拉圖、亞里斯多德等並比矣。

至於方言中所收之語言，約共有五類：

(1)通語，凡通語，凡語，通名。　按此皆無地域性之普通語。

(2)某地某地之間通語，四方之通語，四方異語而通者。　按此爲通行區域較廣之方言。

(3)古今語。　按此爲語言生滅之際所殘留之古今異語。

(4)某地語，某地某之間語。　按此爲語言因地域交通之關係而發生變異之各地方言。

(5)轉語，(或曰語之轉)代語。　按此兼包古今及地域兩方面因聲音轉變而

·国学概论·
上海大华书局
一九三四年版

發生之語言。

方言編纂之條例，約有四端；

（1）一義而方言不同，字亦隨之而異。

虔、儇，慧也；秦謂之謾；晉謂之㦖；宋、楚之間謂之倢；楚謂之𧬈；自關而東趙、魏之間謂之黠，或謂之鬼。

（2）方言不同，且其中有淺深之分別。

咺、唏、㣻、怛，痛也；凡哀泣而不止曰咺；哀而不泣曰唏。於方，則楚言哀曰唏；燕之外鄙，朝鮮、洌水之間，小兒泣而不止曰咺；自關而西，秦、晉之間，大人小兒泣而不止謂之唴，哭極音絕亦謂之唴；平原謂啼極無聲謂之唴哴；楚謂之噭啕；齊宋之間謂之喑，或謂之惄。

（3）一物因方言不同而有數名。

汗襦：江、淮、南楚之間謂之襘；自關而西謂之祇裯；自關而東謂之甲襦；陳、魏、宋、楚之間謂之襜襦，或謂之褌襦。

（4）一物有分別而異名。

凡箭鏃胡合嬴者四鐮或曰拘腸；三鐮者謂之羊頭；其廣長而薄鐮謂之錍，或謂之鈀；其小而長中穿二孔者，謂之鉀鑪；其三鐮長尺六者，謂之飛虻；風者謂之平題。所以藏箭弩謂之箙；弓謂之鞬，或謂之韇丸。

東漢之時，則服虔有通俗文，亦詳於各土殊言，惜已久佚，其遺文僅見諸書援引耳。

劉熙之釋名，亦採入方言數十條：如釋天：『天、豫、司、兗、冀以舌腹言之，天，顯也，在上高顯也；青、徐之舌頭言之，天，坦也，坦然而高遠也。』此釋各地之殊聲也。釋車：『車、古者曰車，聲如居，言行所以居人也；今曰車，車，舍也，行者所處若車舍也。』此釋古今之異音也。凡此皆可供學者研究漢以前方言之參考。

許慎之說文，亦多載漢時之方言：如聿部，『楚謂之聿，吳謂之不律，燕謂之弗，秦謂之筆。』辵部『關西曰迎，關東曰逆。』全書凡關於方言者，二百數十條。近人劉盼遂有說文漢語疏，考證頗詳，載清華研究院國學論叢一卷一號中。又許愼注淮南子，亦多引用方言如注原道訓曰：『楚人謂寡婦曰孀。』注齊俗篇謂：『綄，候風之羽也，楚人謂之五兩。』惟皆以楚言爲限耳。劉盼遂亦有淮南子許注漢語疏，見國學論叢一卷一號。

魏張楫之廣雅，其體例全倣爾雅，亦可考見六朝以前之方言。

晉郭璞之注爾雅及方言，亦詳各地之殊語，惜無系統耳。

唐代關於方言之典籍：釋慧琳著一切經音義，記載唐時方言頗多，與郭璞之爾雅方言注，有同等之價値。顏師古撰匡謬正俗，論俗語相承之異點，亦有可取者也。

宋代之著作，則以廣韻、集韻二書，可考見古今聲韻之沿革，南北方音之變遷。他若郭忠恕之佩觿間有涉及方言；莊季裕之雞肋編，亦載方言訓詁；惜不多耳。

明楊愼作古今諺二卷，古今風謠二卷，多載正德、嘉靖時諺語。萬歷間魏濬作方

·国学概论·
上海大华书局
一九三四年版

言據，紀四方言語之異，而求其可據者，凡二百餘條。他若李翊俗呼小錄等，所載不多。清乾隆時，杭世駿作續方言采十三經注疏、說文釋名諸書，以補揚雄方言之不足，前後類例，一依爾雅，特不標目。其所載皆三代及漢以前語，蒐羅古義，頗於訓詁有益。惟引證之範圍太狹，六朝以前之方言，多未載入耳。後沈齡爲作疏，程際盛爲作補正，徐乃昌又作續方言又補，程先甲又作廣續方言。至戴震之方言疏證，錢繹之方言箋疏，則皆爲楊雄之功臣。又梁章鉅有稱謂錄三十二卷，搜取古今人類之稱謂幾備，惟中多爲文言所用，非盡方俗語言耳。凡此皆研究古代方言之專書也。

其非專載方言，而有具體之材料，足供研究當時方言之援引者，唐、宋以後多有之。如梵譯佛經，儒釋兩家語錄，小說、詩歌、詞曲、戲劇，及一切史傳筆記等，皆是也。現存宋人平話四種，爲南宋時之語體小說，惜不甚純粹，常以語文羼雜耳。元曲今之留存者，除元曲選外，尚有日本印行之雜劇三十種。研究元代方言，可供參考。明、清以來之崑曲雜劇，多採入綴白裘、六也曲譜、集成曲譜三書中，其曲辭說白，多有各地方言。餘若京劇、彈詞、寶卷、唱本等，皆以方言撰之。故研究方言者，取之不竭也。明嘉靖時天池道人作南詞敍錄，（在讀曲叢刊中）解釋曲中常用方言字義，亦可考證也。至元以後之小說，則水滸傳多載元時山東之方言，西遊記多載明時兩淮之方言，紅樓夢、兒女英雄傳皆純粹清時之北京語，廣陵潮多引江北諺語，九尾龜半屬吳儂軟語，亦研究方言之藪澤也。

各省各縣之志書，亦間有列入方言一門者，惜收羅不備，且記載多無條例，無系統耳。余昔編定海縣志方言時，曾擬分列八類：曰注音字母表，識一地之正母閏母也；曰轉韻表，識讀音異於韻書切音者也；曰變音表，識語音因方俗而轉變者也；曰嫛婗錄，錄孩提牙牙學語時口脗也；曰謠歌錄，集農謠山歌也；曰諺語錄，集俗諺也；曰隱語錄，集市中切口謎語、歇後語等也；曰俗字考，考通俗字詞本音本字者也。苟各縣皆仿此爲之，則匯全國數千縣志書以爲研究資料，我國之語言學乃能成立矣。

至研究近代及現代方言者：則錢大昕有恆言錄，採取史傳，以證古今方言之不

·国学概论·
上海大华书局
一九三四年版

相遠；翟灝有通俗編，多本唐、宋以後傳記雜書，而訓釋俗語。戴震嘗作轉語二十章，其自述曰：『人之語言萬變而聲氣之微，有自然之節限。是故六書依聲託事，假借相禪，其用至博，操之至約。五方之言及小兒學語未清者，其展轉譌溷，必各如其位。昔人既作爾雅、方言、釋名，余以爲猶闕一卷書，剏爲是篇，用補其闕。疑於義者，以聲求之；疑於聲者，以義求之。』是書必有可觀，惜今已失傳。今日關於研究現代方言之書，自當首推章太炎之新方言。新方言凡十一篇：曰釋詞、釋言、釋親屬、釋形體、釋宮、釋器、釋天、釋地、釋植物、釋動物，末爲音表。惟是書中多采劉師培及黃侃之言，太炎餘杭人，劉儀徵人，黃蘄州人，所列方言，多限於其鄉土之一隅。且全書不過八百餘事，每字必尋求語根於爾雅、說文諸書，無本字者，不加采入。其審愼可謂至矣。然以中國之大，方言之多，戔戔數篇之書，實不過滄海之一粟耳。後太炎門徒沈堅、陳管侯又作廣新方言若干條，登載於獨立週報，略有補苴，但亦偏於泰州、蕪湖兩地，方法與章書完全相同，別無特點。此外吳文英有吳下方言考，范寅有越諺，孫錦標有南通方言疏證，似較詳細，然亦不過限於一偶。至外人編纂者，則有英華成語合璧字集 Aman'darinRemanizedDictionary專收羅北京語。日本人曾譯成和文，名曰支那語詞典。周銘三所編之國語詞典，卽以此書爲藍本。又南洋出版之 The Treglot Vocabulary，中載福建及廣東客家語。亦皆可供參考者也。總之，今日而談中國之方言學，實不過萌芽中之萌芽。所望各地學者，各採其本地之語言，而成有條例有系統之方言書，集腋成裘，將來或可蔚爲大觀，而有完善之中國方言學產生也。

第八章　考據學

考據學者，考歷代之名物、象數、典章、制度，確鑿而有據者也。其學至博至大，而至難精，古人有考一事，而聚訟至數十百家，積千載而不能晰者。學者非博極羣書，並具沈靜之態度，縝密之心思，犀利之目光，而運用以科學之方法，要不足以語於此。清代之考據家，如顧炎武、閻若璩、毛奇齡、朱彝尊、戴震、錢大昕、紀昀、阮元、孫詒讓、黃以周諸

·国学概论·
上海大华书局
一九三四年版

人，皆該貫六藝，斟酌百家，故其考據始有可信；若夫偏袒一家，得此失彼，依前人之成說，作附會之空談，是丹非素，入主出奴，毫無心得，是所謂一孔之論，安得謂之考據學乎？

歷代名物、象數、典章、制度，往往互有異同；大而朝廟章制，小而服物器具，甚至鳥、獸、草、木之名，度、量、衡、幣之數，莫不有因有革，有損有益。據後世之事，以釋上古之文，安知今之所無者，非古之所有乎？今之所有者，非古之所無乎？是不特研究經、史、文、哲諸學，皆有恃於考據之學；卽討論繪事，講究醫術，極至戲劇、雕塑等之小技，亦莫不與考據之學，息息相關。否則如後人繪關羽之像，手執線裝本之春秋，不知三國時之典籍，非簡册，卽卷軸，無線裝本也。古之方書，用藥有至數兩者，不知古代之權衡，與今不同，則執古方以殺人矣。至於戲劇中之武士，常繪臉譜，婦女率裝假足，塑像中之鬚髯大抵過腹，冠袍率皆衮冕，皆由優伶匠人，不解考據之學，致中國之藝術，不足以廁於世界之林，而爲歐美人所竊笑者也。然則考據之學，非各種學術之基礎與？

·国学概论·
上海大华书局
一九三四年版

張之洞輶軒語嘗論考據之重要，其言曰：『漢學所要者二：一曰音讀訓詁，一曰考據事實。音訓明，方知此字爲何語；考據確，方知此物爲何物，此事爲何事，此人爲何人，然後知聖賢此言是何意義。不然，空談肊說，望文生義，即或有理，亦所謂郢書燕說耳。譬如晉人與楚人語，不通其方言，豈能知其意中事？不問其姓氏里居，豈能斷其人之行誼如何耶？』觀張氏此言，是可知讀古人之典籍，不可不知考據之學矣。

不特此也，古籍傳說，每有傳聞異辭，事跡乖謬，不可盡信者，尤非考據之學，無以糾其謬而解其紛。顧炎武日知錄曰：『管子稱「三晉之君」其時未有三晉。輕重篇稱「魯、梁、秦、趙，」其時未有梁、趙。國語：「勾踐之伯，陳、蔡之君皆入朝」其時有蔡無陳。說苑：「勾踐聘魏」其時未有魏。又言：「仲尼見梁君，孟簡子相梁，」其時未有梁，魯亦無孟簡子。呂氏春秋：「顏闔見魯莊公，」顏闔，穆公時人，去莊公十一世。史記孔子世家：「使從者爲寧武子臣於衛，」孔子時寧氏已滅。扁鵲傳：「虢君出見扁鵲於中闕」其時虢亡已久。莊子見魯哀公，而其書有魏惠王，趙文王，魯哀公去趙文王一百七十歲。韓非子：「扁鵲見蔡桓侯，」桓侯與魯桓公同時，相去幾二百歲。越絕書：「晉鄭王，」晉鄭未嘗稱王。又言：「孔子奉雅琴見越王，」越滅吳，孔子已卒。列子：「晏平仲問養生於管夷吾，」鹽鐵論：「季桓子聽政，柳下惠忽然不見，」又言：「臧文仲治魯，勝其盜而自矜，子貢非之，」平仲之去管子，季桓子去柳下惠，子貢去臧文仲，各百餘歲。韓詩外傳：「孟嘗君請學於閔子，」閔子，孟嘗君相去幾二百歲。』凡此，皆按諸時代而知其誤謬者也。日知錄又曰：『墨子文王舉閎夭、泰顛於罝網之中，「授之政而西土服，」於傳未有此事，必太公之誤。呂氏春秋：「箕子窮於商，范蠡流於江，」范蠡未嘗流江，必伍員之誤。史記：「孫叔敖三得相而不喜，三去相而不悔，」孫叔敖未聞去相，必令尹子文之誤。淮南子：「吳起、張儀車裂支解，」張儀未嘗車裂，必蘇秦之誤。易林：「貞良得願，微子解囚，」微子未嘗被囚，必箕子之誤。晉潘岳太宰魯武公誄：「秦亡蹇叔，春者不相，」蹇叔之亡，不見於書，必百里奚之誤。後魏穆子容太公呂望碑：「大魏東苞碣石，西跨流沙，南極班超之柱，北窮竇憲之誌，」班超未嘗南征，必馬援之誤。後周庾信擬詠懷詩「麟窮季氏罝虎振周王圖」季氏未曾獲麟，必叔孫之誤。晉書夏統傳：「子路見夏南憤恚而忼愾」子路未嘗見夏南，蓋衛南子之誤。』凡此並以人名類似而致誤者也。綜斯諸謬，隋、唐以前載籍已然。若近世類書之不考原文，任情排比，其移甲爲乙，錯後置前，遺誤益宏。學者非參驗稽決，重加考訂，曷足以明故實之情僞，辨羣言之真妄者哉！

學者觀上所述，已知考據學之重要矣。今欲研究考據學，當知考據學之沿革，及運用之方法，與採取之資料，以下卽分節述之。

第一節　沿革

考據之學，當濫觴於東周文化隆盛之際。蓋是時中華民族，已有二千年之文字歷史，載籍漸繁，譌誤亦因之錯見，苟非考據，無以徵信也。論語爲政篇：「子張問：「十世可知也？」子曰：『殷因於夏禮，所損益可知也；周因於殷禮，所損益可知也其或繼

·国学概论·
上海大华书局
一九三四年版

周者，雖百世可知也。』此言上溯已往，下推未來，皆由今之制度可考而知也。又八佾篇：『子曰：「夏禮吾能言之，杞不足徵也；殷禮吾能言之，宋不足徵也。文獻不足故也。足，則吾能徵之矣。」』此歎文獻不足，考據之難也。又衞靈公篇：『子曰：「吾猶及見史之闕文也，有馬者借人乘之，今亡矣夫！」』此言古史殘闕，考據之不易也。又陽貨篇：『子曰：「小人何莫學夫詩……多識於鳥獸草木之名。」』此言三百篇可爲名物之考據也。是孔子已談考據之學矣。降至漢世，經暴秦焚坑，文獻淪湮，於是考據之事，益爲世所重視，而考據專家，亦應運而產生矣。今於漢以後，分各時期述之。

(甲)漢之考據學　漢世考據之學，當以班固爲始。其白虎通義四卷，徵引六經傳記而外，旁及纖緯諸書；若王度記、三正記、別名記、親屬記等，皆禮之逸篇，爲後人所未嘗目覩者。古義舊聞，多存乎是。洎乎後漢，則有應劭、蔡邕、鄭玄諸家。應劭有風俗通義十卷，以辨物類之名號，識時俗之嫌疑。蔡邕有獨斷二卷，考證古世典禮輿服，實爲考據家之淵藪。鄭玄除諸經箋注，皆有關於考據外，其餘如六藝論、駁五經異議等，亦考據之要籍也。

（乙）六朝之考據學　六朝考據之書，頗不多觀。除晉崔豹古今注三卷，於名物多所考證；北齊顏之推顏氏家訓七卷，間有涉於考據者外，其餘實不足數也。

（丙）唐之考據學　唐代之考據，除孔穎達、賈公彥等之諸經義疏，司馬貞之史記索隱，張守節之史記正義，顏師古之漢書注，李賢之後漢書注，李善之文選注等，鱗爪散見外，他若封演之聞見記，李涪之刊誤，蘇鶚之演義，李匡乂之資暇集，及五代邱光庭之兼明書，悉考據之專書也。

（丁）宋之考據學　空談性理之學，發揚於宋，而實事求是之考據學，亦興盛於宋。如宋祁有宋景文筆記三卷，沈括有夢谿筆談二十六卷，補二卷，續一卷，黃乾英有靖康緗素雜記十卷，吳曾有能改齋漫錄十八卷，姚寬有西溪叢語三卷，王觀國有學林十卷，洪邁有容齋隨筆、續筆、三筆、四筆各十六卷，五筆十卷，張淏有雲谷雜記四卷，孫奕有示兒編二十三卷，程大昌有考古編十卷，演繁露十六卷，續六卷，王楙有野容

·国学概论·
上海大华书局
一九三四年版

叢書三十卷，葉適有習學記言五十卷，陸游有老學菴筆記十卷，續二卷，趙與時有賓退錄十卷，王應麟有困學紀聞二十卷，皆考據之要書也。而諸書之中，以困學紀聞爲最精，清代翁元圻注之，閻若璩、全祖望、程瑤田、何焯、錢大昕、屠繼序箋之，萬希槐又爲集證，然猶有未盡者，其精博可概見矣。

（戊）明之考據學　歷代儒林，以有明爲最空疏。中葉以後，始漸知崇尚實學。其以博洽著者，首稱楊慎，而陳耀文起而與爭。然慎好僞說以售欺，耀文好蔓引以求勝。次則焦竑亦喜考證，而習與李贄遊，動輒牽綴佛書，傷於蕪雜。惟方以智崛起崇禎中，考據精核，迥出其上，風氣既開，清初顧炎武、閻若璩、朱彝尊等沿波而起，始一掃懸揣之空談矣。其關於考據之要籍，則有楊慎之譚苑醍醐九卷，丹鉛總錄二十七卷，陳耀文有正楊四卷，正楊慎之失也；張萱有疑耀七卷（本嫁名李贄）疑陳耀文之誤也；焦竑有筆乘六卷，胡應麟有少室山房筆叢正集二十二卷，續集十六卷，方以智有通雅五十二卷。諸書之中，自以方氏之書爲最精博。凡天文、地輿、身體、稱謂、姓名、官制、事制、禮儀、樂曲、器用、衣服、宮室、飲食、算數、植物、動物、金石、謠諺、聲韻、詁訓、方脈等，莫不原原本本，羅列詳考。雖其中千慮一失，或所不免，而窮源溯委，詞必有證，在明代考據家中，可謂卓然獨立者矣。

（已）清之考據學　中國之學術，至清代如萬派之朝宗，駕宋、明而陵漢、唐，固不獨考據之學爲然也。顧尤以考據之學爲獨勝。其考據之書，原不限於專著。如經子之注疏，史籍之輯訂，文藝之述作，函牘之往復，甚至一詩一詞之微，小說劇本之卑，亦有涉及考據者。（如王昶所選湖海詩傳中之詩，多有關於考據者。朱彝尊所選之歷代詞綜，亦援據精確。李汝珍之鏡花緣，述黑齒女之談話，涉及經典之考證。洪昇之長生殿傳奇，多根據唐人說部，非憑空捏撰者比。）至考據之專書，亦汗牛充棟，不勝枚舉。其著者，則有顧炎武日知錄三十二卷，閻若璩潛邱劄記六卷，萬斯同羣書疑辨十二卷，王懋竑白田雜著八卷，徐文靖管城碩記三十卷，胡鳴玉訂譌雜錄十卷，全祖望經史問答十卷，盧文弨鍾山札記四卷，龍城札記四卷，王鳴盛蛾術編一百卷，錢大昕十

·国学概论·
上海大华书局
一九三四年版

駕齋養新錄二十卷，餘錄三卷，王念孫讀書雜誌八十卷，王引之經義述聞三十二卷，趙翼陔餘叢考四十三卷，翟灝通俗編二十八卷，陳澧之東塾讀書記若干卷，黃以周之禮書通故若干卷及俞樾之曲園叢書是也。至於考據家之最著名者，則清初爲顧炎武、閻若璩，中葉爲錢大昕、戴震、朱彝尊、王氏父子，清末則爲俞樾、黃以周也。而歷來考據之審愼，罕有如顧亭林者，其日知錄自記云：『自少讀書，有所得輒記之。其有不合，時復改定。或古人先我而有者，則遂削之。積三十餘年，乃成一編。』夫以三十餘年之精力，乃成三十餘卷之書，其審愼爲何如。豈若後人朝操觚而夕付梓者比。故博贍通貫，絕鮮牴牾。厥後惟王氏父子，差可比擬。朱彝尊、錢大昕等，雖博或過之，而精核則迥不能企及矣。

（庚）近人之考據學　清代以前之考據學，可一言以蔽之曰：『援據眞正之典籍以證明故實者也。』洎乎清末，考據之事，已若水銀瀉地，無孔不入；考據之法，已若登峯造極，無以復加矣。故後人欲治考據之學，必須別闢途徑，方能陵駕清儒而上之。

·国学概论·
上海大华书局
一九三四年版

否則四庫之典籍已爲清儒鑽研殆徧，後人更何所憑藉乎？其新闢之途徑，約分六項：

（1）發掘古物　自古代之器物出土者日衆，於是有金石之學。其初不過供好古者之摩挲。厥後由金石之款識，以研究文學，再進而爲證明古代之制度風俗。及龜甲獸骨，發現於殷墟，於是書闕有間之商代制度，亦得由斯而證明，斯眞清儒所不及料者矣。以此爲考據之學者，則有吳大澂、孫詒讓、羅振玉、王國維等。

（2）搜求祕籍　中國頻經喪亂，典籍大半散佚。故往往有孤本祕籍，反流傳於東瀛、西歐者。且亦有他國之人，記述我國古世之事，其忠實之程度，有過於國人，如馬可孛羅遊記等，亦數數覯。故搜求遺佚之典籍及翻譯外人之著作，實有裨益於考據，爲古人所不知者也。近人爲此者，則有梁啓超、羅振玉、胡適、顧頡剛等。

（3）調查方俗　古代之制度風俗，往往遺留於窮鄉僻壤之風俗方言中，藉此而與古籍相印證，實足以辨其僞而明其誣。近人如顧頡剛最喜爲此。

（4）遊歷山川　古人欲求博學，謂必須行萬里路，讀萬卷書，誠以古人之成蹟，多遺留於遊釣之鄉，非目睹無以證實也。近人爲此者尙不多見。

（5）實驗事物　古人對於各種事物，往往僅憑記載，聚訟紛紜，莫知適從。今則一入博物院、植物園、動物館等處，各種物類，皆可親睹其形態，斯不難循名以責實矣。近人爲此者亦不多見。

（6）應用科學方法　此則本書前已屢言之，不復贅述。近人若羅振玉、王國維、章太炎、梁啓超、胡適、顧頡剛等之爲考據，莫不循此軌轍。而唐鉞之國故新探一書，尤純用科學方法者也。

第二節　方法

考據方法，當以近人王國維爲最周密。蓋王氏本長於考據之學；又解歐西文字，故能應用科學之方法也。王氏門人朱芳圃曾由其遺書推詳王氏考據之方法，分爲七項，今略述於左，以爲學者之法式。

·国学概论·
上海大华书局
一九三四年版

（甲）王氏自言其考證金石文字之方法曰：

自來釋古器者，欲求無一字之不識，無一義之不通，而穿鑿附會之說以生。穿鑿附會者非也；謂其字之不可識，義之不可通，而遂置之者亦非也。文無古今，未有不文從字順者。今日通行文字，人人能讀之能解之；詩、書彝器，亦古之通行文字，今日所以難讀者，由今人之知古代，不如知現代之深故也。苟考之史事制度與文物以知其時代之情狀，本之詩書以求其文之義例，考之古音以通其義之假借，參之彝器以驗其文字之變化；由此而之彼，即甲以推乙，則於字之不可識，義之不可通者，必間有獲焉。然後闕其不可知者，以俟後之君子，則庶乎其近之矣。（毛公鼎銘考釋序）

案此言，糾正先儒之遺失，示考據家以南鍼，語語精核，發前賢所未發。茲演其例如左：

（1）考之史事與制度文物以知其時代之情狀　例如河北易州出土之三

卣兵其一銘曰：『大祖日己，祖日丁，祖日乙，祖日庚，祖日丁，祖日巳，祖日己。』其二曰：『祖日己，大父日癸，大父日癸，中父日癸，父日癸，父日辛，父日己。』其三曰：『大兄日乙，兄日戊，兄日壬，兄日癸，兄日癸，兄日丙。』王氏跋之曰：『凡紀祖名八，父名六，兄名六。三器之文，蟬嫣相承，蓋一時所鑄。……所云大祖、大父、大兄，皆謂祖、父、兄行之最長者。大父即禮喪服經及爾雅釋親之世父。古「世」「大」同字，如世子稱大子，世室稱大室，則世父當稱大父，非後世所謂王父也。其器出易州，當爲殷時北方侯國之器，而其先君皆以日爲名，又三世兄弟之名，先後駢列，皆用殷制，蓋商之文化時已沾溉北土矣。』

（2）本之詩書以求其文之義例　例如毛公鼎銘曰：『命女口嗣雩參有嗣。』王氏考釋曰：『案參有嗣，即三有事。詩小雅云「擇三有事。」又云「三事大夫。」書康誥云：「陳時臬事。」又云「陳時臬司。」知「事」「嗣」二字古通用矣。三有嗣謂司徒、司馬、司空。牧誓云：「司徒、司馬、司空。」酒誥曰：「矧惟若疇圻父、薄違農父、

·国学概论·
上海大华书局
一九三四年版

若保宏父。」皆以此三司並言。蓋古之六卿，冢宰總百官，宗伯治禮，司寇治刑；惟司徒、司馬、司空，爲治民之官。故雖天子之官，亦云參有嗣也。』

(3)考之古音以通其義之假借　例如王氏北伯鼎跋考「奄」字即「鄘」字之假借曰：『余謂「奄」與「鄘」聲相近。書雒誥「無若火始燄燄」漢書梅福傳引作「毋若火始庸庸」。左文十八年傳閻職、史記齊太公世家說苑復恩篇均作庸職，「奄」之爲「鄘」，猶「燄」「閻」之爲「庸」矣。』

(4)參之彝器以驗其文字之變化　例如毛公鼎銘曰：『余非𩫏又昏。』王氏考釋曰：『案𩫏古文墉字。此字殷虛卜辭作作此鼎齊侯差甑作。召伯虎敦作拍尊蓋作。小篆之字及字皆由此變。說文𩫏部：「𩫏，度也。民所度居也。從回，象城郭之重，兩亭相對也。或但從口。」土部「𩫏古文墉。」又亯部「𩫖，用也。從亯從自；（古鼻字）自知香臭所食，讀若庸。同。」是許君謂𩫏字有二音之誼；（篆文爲郭，古文爲墉。）又分𩫏𩫖爲二字，其實本是一字。爲

之譌變，猶爲之譌變，其迹甚明。而由說文𩫏字之讀，又可知𩫏本古文墉字。小篆以爲城郭字，失之矣。』

右述諸法，或用其一，或兼用之；期於無遺無漏，不悖不惑而已。其考證殷虛書契，全用此法也。

（乙）王氏自言其考證禮制之方法曰：

吾儕當以事實決事實；而不當以後世之理論決事實。（再與林浩卿論洛誥書）

王氏以洛誥先燔燎而後祼爲周初禮。大宗伯以肆獻祼享先王，肆獻在祼前，因推知既灌迎牲爲後起之禮。與林氏往復論難，而列舉其事實如左：

（1）詩、書、周禮三經與左傳、國語有祼字，無灌字。

（2）祼字，周禮故書作果。

（3）祼從果聲，灌從雚聲，部類不同，故非一事。

（4）周禮諸書，祼兼用於神人。

（5）大宗伯以肆獻祼爲序，與司尊彝之先祼而後朝獻再獻之尊，次序互異。

林氏以祼字之義，謂灌地降神爲第一義；歆神爲第二義；用於賓客爲第三義。周中世以後，尚用第一義；不應周初作洛誥時，反用第二義，以難王氏之說。王氏列舉事實，謂果字最古，祼字次之。祼字音、形義三者皆不必與灌同，則不必釋爲灌地降神之祭；既非灌地降神之祭，則雖在殺牲燔燎之後，固無嫌也。遺書中用此方法以考證事實者甚衆，茲不贅舉。

（丙）王氏自言其考證古史之方法曰：

吾輩生於今日，幸於紙上之材料外，更得地下之新材料。由此種材料，吾輩固得據以補正紙上之材料，亦得證明古書之某部分全爲實錄，卽百家不雅馴之言，亦不無表示一面之事實。此二重證據法惟在今日始得爲之。雖古書之未得證明者，不能加以否定；而其已得證明者，不能不加以肯定，可斷言也。

·国学概论·
上海大华书局
一九三四年版

所謂紙上之材料，卽指典籍也。茲從時代先後述之。

(1)尚書

虞夏書中如：堯典、皋陶謨、禹貢、甘誓，商書中如：湯誓，文字稍平易簡潔，或係後世重編；然至少亦必爲周初人所作。至商書中之盤庚、高宗肜日、西伯戡黎、微子，周書中之牧誓、洪範、金縢、大浩、康誥、酒誥、梓材、召誥、洛誥、多士、無逸、君奭、多方、立政、顧命、康王之誥、呂刑、文侯之命、費誓、秦誓諸篇，皆當時所作也。

(2)詩

自周初迄春秋所作。商頌五篇，疑亦宗周時宋人所作也。

(3)易

卦辭爻辭周初作。十翼相傳爲孔子作，至少亦七十子後學所述。

(4)五帝德及帝繫姓

太史公謂孔子所傳。帝繫姓一篇與世本同。此二篇後並入大戴禮。

·国学概论·
上海大华书局
一九三四年版

(5)春秋
魯國史孔子重修之。
(6)左氏傳國語
春秋後，戰國初作。至漢始行世。
(7)世本
今不傳，有重輯本。漢初人作。然多取古代材料。
(8)竹書紀年
戰國時魏人作。今書非原本。
(9)戰國策及周、秦諸子。
(10)史記
所謂地下之材料，卽指鐘鼎及甲骨也。僅有二種：
(1)甲骨文字

殷時物，自盤庚遷殷後，迄帝乙時。

(2)金文

殷周二代之彝器款識。

案王氏晚年，感於近世古史家泥古（如崔述、章太炎輩）疑古（如胡適、顧頡剛輩）之弊，而於古史材料未曾有充分之處理，故撰古史新證一書以教後學。惜僅成數章而止。右段卽節錄其總論也。所謂二重證據法，實爲今日治古史之不二法門，學者幸留意焉。

(丁)王氏治學，善用演繹、歸納、比較之法，其所作明堂廟寢通考，尤可爲此法之代表，今節錄如左：

室者，宮室之始也。後世彌文，而擴其外而爲堂，擴其旁爲房，或更擴堂之左右而爲箱、爲夾、爲个。

穴居野處者，其情狀余不敢知。其既爲宮室也，必使一家之人，所居之室相距至近，而後情足以相親焉，功足以相助焉。然欲諸室相接，非四阿之屋不可。四阿者，四棟也。爲四棟之屋，使其堂各向東西南北於外，則四堂後之四室，亦自向東西南北而湊於中庭矣。此置室最近之法，最利於用，而亦足以爲觀美，明堂、辟雍、宗廟、大小寢之制，皆不外由此而擴大之，緣飾之者也。

明堂之制，本有四屋。四堂相背於外，其左右各有个，故亦可謂之十二堂。堂後四室相對於內，中央有太室，是爲五室。太室之上，爲圓屋以覆之，而出於四屋之上，是爲重屋。其中除太室爲明堂、宗廟特制外，餘皆與尋常宫室無異。

明堂之制，既爲古代宫室之通制，故宗廟宫室亦如之，古宗廟之有太室，即足證其制與明堂無異。

明堂之制，既爲古代宫室之通制，故宗廟同之，然則路寢如何？鄭玄於毛詩箋考工記及玉藻注，均謂：明堂、宗廟、路寢同制。以余觀之，路寢無太室，自與明堂宗廟異。至於四屋相對，則爲一切宫室之通制。余意寧從明堂、宗廟、燕寢之制，以推定路

·国学概论·
上海大华书局
一九三四年版

寢之制亦有東西南北四屋，似較妥也。

至燕寢之四屋相對，則有可言者焉。古之燕寢，有東宮，有西宮，有南宮，有北宮。其南宮之室謂之適室，北宮之室謂之下室，東西宮之室謂之側室。四宮相背於外，四室相對於內，與明堂、宗廟同制。其所異者，惟無太室耳。

案古制之聚訟不決者，無過明堂。此制起原最古，秦時已失其傳；自漢以後，岐説甚多，離眞愈遠，蓋曶闇不彰者二千餘年矣。王氏彙集羣説，考其抵牾之由，分析之，比較之，遂假定一室四屋爲古代一切宮室之通制。由是而爲明堂、爲宗廟、爲太寢、爲燕寢，皆不過此制之擴大之緣飾而已。全篇文近萬言，最可見其考證之方法，原書具在，學者可細讀之。

（戊）治域外史最感困難者，無過於人名地名之古今異譯，前後互殊；甚至一書之中，亦參差不齊。學者如墮五里霧中，莫名究竟。王氏校勘蒙古史料，於人名地名，時有創獲，蓋由於對音最爲精審也。茲刺取書中數例，列表如左，以爲學者一隅反三之

·国学概论·
上海大华书局
一九三四年版

劬。

對音表

唐書	金史	元祕史	親征錄	拉施特書	蒙韃備錄	馬哥波羅遊記	元史
裴羅將軍城				八拉沙衮			八里沙
	婆速火						孛思忽兒
		撏辭出列	三哈初來		撒姆哈準		
	忒里虎	迭兒格	帖木哥				
			迭夷				特
		王京	完顏				
	白古帶 必里哥		別勒古台				
黨項					唐古		
						阿爾貢	汪古
	和火者						火忽

（己）王氏考訂，最善用互相參校之法。紛歧之史實，殘存之古籍，一經考校，無不綱舉目張。茲鈎稽校松江本急就篇一文，作表如左：

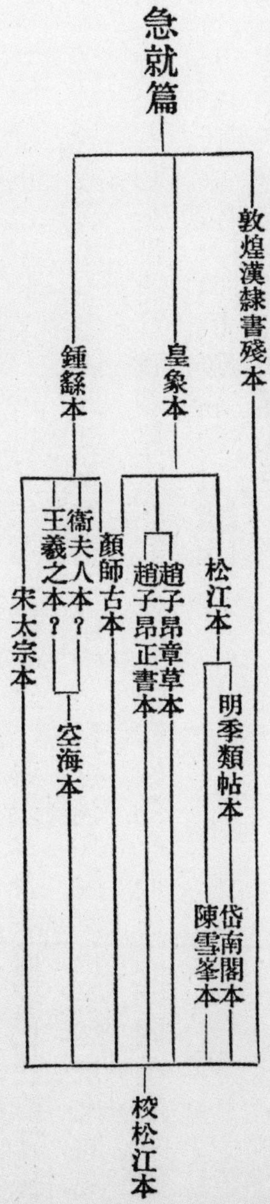

（庚）王氏校勘古籍，方法極謹嚴，態度極忠實；故其評論前賢之得失，多中肯綮。茲節錄其二文於左：

（1）朱謀㙔水經注箋跋

朱氏之書，自明以來，毀譽參半。馮定遠云：『朱鬱儀校水經，精審之至，然直以俗本爲據；意所不安，惟小注云，宋板作某字耳。何尤乎不學之小生。』余案定還此言，頗中朱書之病。朱書底本，實用吳琯古今逸史本，而以宋本黃省曾刊本校注於下。清趙、全、戴三家始并朱氏所引之宋本而亦疑之。余以宋刊殘本校朱本，始知朱氏實見宋本。……疑朱氏既以宋本校吳本，其自己所訂正者，亦書於其上；歷年既久，乃不能自別，於是誤以己所訂正之字爲宋本字，或以宋本之字爲己所訂正之字，此一說也。又或以己所訂正之字託諸宋本，以宋本之字攘爲己所訂正之字，此又一說也。又朱箋中校改之字，與宋本合者，或署己說，或署孫汝澄說，或署李克家說，此又不脫明人標榜之習。疑後一說爲信矣。然朱氏此箋，實大有功於酈書，又實親見宋本，其方法之誤，當校勘學萌芽之時，固不能免。觀於戴氏之校大典，固無庸深責朱氏矣。

（2）聚珍本戴校水經注跋

東原學問才力，固自橫絕一世，然自視過高，騖名亦甚。……其治酈書也亦然。黃、胡、全、趙諸家之說，戴氏雖盡取之，而氣矜之隆，雅不欲稱述諸氏，是刊官書

·国学概论·
上海大华书局
一九三四年版

體例宜然。然其自刊之本，亦同官本，則不可解也。又戴書簡嚴，例不稱引他說；然於序錄中亦不著一語，則尤不可解也。以視東潛之祖述謝山，謝山之於東潛稱道不絕口者，其雅量高致，固有間矣。由此氣矜之過，不獨厚誣大典本，抹摋諸家本，如張石舟之所譏；且有私改大典假托他本之跡。……蓋戴校既託諸大典本，復慮後人據大典以駁之也，乃私改大典本以實其說。……此漢人私改蘭臺漆書之故智，不謂東原乃復爲之。……凡此等學問上可忌可恥之事，東原胥爲之而不顧，則皆由氣矜之一念誤之。至於掩他人之書以爲己有，則實非其本意，而其跡則與之相等。平生尙論古人，雅不欲因學問之事傷及其人之品格；然東原此書方法之錯誤，實與其性格相關。故縱論及之，以爲學者戒。當知學問之事，無往而不當用其忠實也。

右述七項，不過就其顯著者言之。非謂王氏考據方法盡於是，更非謂一切考據方法盡於是也。學者於誦讀古籍時，觸類旁通可也。

第三節　資料

考據之事，決非倉猝可辦，學者必積數十載之學力，博覽四庫之書，方足以語於此。然一人之心力有限，不特不能徧讀羣書；卽能徧讀，亦苦不能盡記。然則吾人對於考據之事，其將望洋而興歎耶？曰：是又不然。徧讀羣書之事，不特今日之學子所萬不能企及；卽古之勤學之士，亦何能爲也。然則古人之爲考據學將如何？曰：是有捷徑在焉。捷徑奈何？曰：由易購備之叢書，與易檢查之類書、辭書以入門而已。惟學者既由類書、辭書而得一事一物之淵源，要不可不檢點原書以覆核之。否則不特數典而忘祖；且類書、辭書輾轉引用，譌誤錯見，往往難以憑信，若恃此以爲鐵證，未有不貽笑於大方者也。今卽略舉可供學者參考之類書、辭書及叢書，以爲學者治考據學之捷徑。

（甲）類書

類書者，依事物之分類而編次者也。此種書籍頗多，不勝枚舉，今惟舉其要者而

·国学概论·
上海大华书局
一九三四年版

已。類書之考查一般事物者，有唐歐陽詢之藝文類聚，虞世南之北堂書鈔，徐堅等之初學記，唐白居易及宋孔傳之白孔六帖。凡唐人所輯之類書，其中引用經籍，往往今已亡佚，或其版本較今爲善，故多屬有用。至宋以後之類書，則宋李昉等之太平御覽，王欽若等之册府元龜，宋祝穆及元富大用、祝淵等之事文類聚，宋王應麟之玉海，清康熙時敕撰之淵鑑類函及子史精華等，皆大抵精博者也。其考查歷代政制及文物者，則有唐杜佑之通典，元馬端臨之文獻通考，宋鄭樵之通志。及清代敕撰之續通典、續通考、續通志、清通典、清通考、清通志。以上九書，亦合刻而稱之曰九通。其考查古代之禮儀者，則有清秦蕙田之五禮通考，黃以周之禮書通故。秦書博洽而黃書精核，故二者必兼備也。其考查一切事物之起原者，則有宋高承之事物紀原，清陳元龍之格致鏡原。其彙集歷代或一代之說部書而分類編次者，則有宋李昉等之太平廣記，清潘永因之宋稗類鈔，近人徐珂之清稗類鈔。其述事物而兼列圖象者，則有明章潢之圖書編，清代敕撰之圖書集成。要之類書之中，當以圖書集成一書爲最完備云。

·国学概论·
上海大华书局
一九三四年版

（乙）辭書

辭書者，或依辭語末字之音韻而編次，或依辭語首字之偏旁或筆畫而編次，於初學之檢查，最爲便利者也。此種書籍，古已有之，至清代而始盛，近世各國，更有以編輯辭典爲終身事業者矣。此種書籍頗多，今惟舉其重要而著名者。其考查一切辭語者，則有清聖祖勅撰之佩文韻府及駢字類編。韻府齊末一字，類編齊首一字，二書合用，頗便檢查。至商務印書館出版之辭源，雖不甚精博，且略有錯誤，然頗便考查。亦有用之書也。至辭源之續編，今亦已告成矣。其考查姓氏及歷代之人物者，則有唐林寶之元和姓纂，溯氏族之起源也。明凌迪知之萬姓統譜，紀歷代之人物也。商務印書館出版之人名大辭典，亦屬此類，而繁富則過之，惟猶有極著名之人而遺漏者。唐陸龜蒙之小名錄，紀古人之別字也。明徐寅之同姓名錄，紀古世姓名皆相同之人，俾學者不至誤混，頗有益於考據。其考查歷代帝王之年號者，則有李兆洛之歷代紀元編。其考查歷代之地名者，則有歷代地理志韻編今釋。其考查現代中外之地名者，則有中華書局出版之中外地名辭典。至商務印書館所編之古今地名大辭典，則廣採我國古今之地名而詳釋之，較上列二書更爲繁富云。其考查文學名辭者，則有民智書局出版之文藝辭典。考查哲學名辭者，則有商務印書館出版之哲學辭典。考查教育名辭者，則有商務印書館出版之教育大辭書，及中華書局出版之教育辭典。考查一切新名詞者，則有商務印書館出版之新文化辭書。考查各地之諺語者，則有中華書局出版中華諺海、國語成語大全及商務印書館出版之民諺。以上諸書，自文藝辭典以下，皆與考據學有多少之關係者也。他若商務印書館出版之動物大辭典、植物大辭典、醫學大辭典，中華書局出版之理化辭典、博物辭典、數學辭典，廣益書局出版之數學大辭典，與丁福保所編之佛學小辭典、佛學大辭典等，雖或屬自然科學，或涉技術方外，似與考據學無關。然佛學醫學，本爲國學之一支；而自然之情態，與疇人之事略，要亦爲研究國學者所不可不知，故非無裨於考據也。

（丙）叢書

·国学概论·
上海大华书局
一九三四年版

叢書者，彙刻衆書於一部者也。其編刻經史子集四部者，則有明程榮、何元中清王謨所輯之漢魏叢書，清鮑廷博所輯之知不足齋叢書，伍崇耀所輯之粵雅堂叢書等。其專刻清代經學書者，則有清經解、續清經解等。專刻子書者，則有二十二子等。專刻集部者，則有漢魏百三家集、全唐詩等。以上所舉，皆最著名而版本較善者，學者得此，極便考查。其他甚多，不勝枚舉。學者一檢彙刻書目、續彙刻書目二書，卽可知之，不復繁稱博引。至最近出版而最易購備之叢書，則爲商務印書館出版之四部叢刊及中華書局出版之四部備要二書耳。

第九章　目錄學

目錄學者，記載書之名稱、卷册、著者、時代、版本、概略，依書籍之性質，分類而列之，并評定內容之優劣，考訂著者之眞僞；使學者知某書當讀某書不當讀，且何種人應閱覽何種書，研究何種學術，應參考何種書者也。故學者能研究目錄學，則爲學易而成功倍否則東翻西閱，隨得隨棄，雖終身從事於學，罕有學成之日矣。然則目錄學者，實爲研究各種學術入門之學也。

個人之研究學術，固有需於目錄學之知識；卽國家或團體之建設圖書館，亦何嘗不以目錄學爲第一要事。蓋目錄者，圖書之鎖鑰也。閱覽者與書籍之間，嘗以目錄爲連鎖之機關。夫圖書館之圖籍，爲數至夥，閱者苟欲檢查一書，勢不能在箱架中逐一翻尋；自必恃目錄爲引導，而後可一索卽得也。故目錄對於圖書館之用途，卽在解決下列諸問題，（1）館中有某人所著之書否？（2）館中有某書否？（3）館中有某種類之某書否？（4）館中有某種類之書否？（5）館中有對於某問題之參考書否？（6）某書位置於何處？（7）某書之內容大概如何？使圖書館而無目錄，卽不啻將其寶藏，埋沒於地下也。

目錄學對於學者之研究及圖書館之設備，既重要若是；然則我國之目錄書籍，其體例如何，爲讀者不可不先知者也。我國目錄學書籍，大抵分爲兩種如下：

(一)無解題者　例如歷代正史之藝文志、經籍志，鄭樵通志、續通志、清通志之藝文略，及宋尤袤遂初堂書目等，僅列書名、卷數、著者時代、姓名等而已。

(二)有解題者　明胡應麟經義會通謂始於唐之李肇。今案漢書藝文志錄七略，書名不過一卷，而劉氏七略別錄至二十卷，此非有解題而何？隋書經籍志曰：『劉向別錄，劉歆七略，剖析條流，各有其序，推尋事迹，自是以後，不能辨其流別，但記書名而已。』其文甚明，應麟誤也。今所傳者，以崇文總目爲古，晁公武、趙希弁、陳振孫並準爲撰述之式。

今分述我國歷代目錄學之沿革，及其分類之方法。

第一節　沿革

我國目錄之學，由來久矣！禮記經解篇曰：『溫柔敦厚，詩教也；疏通知遠，書教也；廣博易良，樂教也；潔淨精微，易教也；恭儉莊敬，禮教也；屬辭比事，春秋教也。』此數語已開目錄學之先河。至於目錄二字名稱之成立，則以鄭玄三禮目錄爲嚆夫。而目錄學之成立，則遠在西京，特無目錄之名稱耳。

西漢末年，劉更生撰別錄於前，其子子駿成七略於後，班孟堅氏遂採以入漢書，而爲藝文一志。七略之目：一曰輯略，二曰六藝略，三曰諸子略，四曰詩賦略，五曰兵書略，六曰術數略，七曰方技略。厥後國史之作，多仿班氏，而有目錄之志。如隋書、舊唐書皆有經籍志，新唐書、宋史、明史皆有藝文志是也。正史之無目錄之志者，清人往往補之。如侯康、姚振宋、顧櫰三皆補後漢書藝文志，侯康、姚振宋又補三國藝文志，丁國鈞補晉書藝文志，吳士鑑補晉書經籍志，錢大昕補元史藝文志是也。正史之外，通史亦間列目錄一門。如馬端臨文獻通考中有經籍考，清敕撰續文獻通考及清文獻通考因之。鄭樵通志有藝文略，敕撰之續通志及清通志亦因之。以上雖非目錄學之專書，然爲研究目錄學者所不可不閱也。

目錄專書，除漢之別錄七略以外，魏祕書郎鄭默始制中經，祕書監荀勗又因中

·国学概论·
上海大华书局
一九三四年版

經更著新簿，合爲四部：一曰甲部，二曰乙部，三曰丙部，四曰丁部，合二萬九千九百四十五卷，盛以縹囊，書用湘素，實爲四庫制之權輿。六朝宋元嘉八年，祕書監謝靈運，造四庫書目，凡六萬四千五百八十二卷。元徽元年，祕書丞王儉又造目錄，凡萬五千七百四卷。儉又別撰七志。齊永明中，祕書丞王亮、謝朏又造四部書目，凡萬八千十一卷。梁初祕書監任昉部集，凡二萬三千一百六卷。普通中處士阮孝緒采宋、齊以來王公之家，凡有書記，參校官簿，更爲七錄。以上諸書，今皆亡佚，惟梁阮孝緒七錄序目尚見於廣宏明集及續古文苑所引而已。

宋太宗太平興國三年，於左升龍門東北建崇文院。端拱元年，詔分昭文、史館、集賢三館之書萬餘卷，別爲書庫，名曰祕閣，以別貯禁中之籍。仁宗景祐元年，以三館及祕閣所藏，或謬濫不全，命張觀、李淑、宋祁等詳定其存廢，譌謬者刪去，差漏者補寫。因詔王堯臣、王洙、歐陽修等校正條目，討論撰次，定著三萬六千六百六十九卷，分類編目，總成六十六卷，於慶歷元年上之，賜名曰崇文總目，此北宋官書之目錄也。至私家目錄學之著作，則晁公武有郡齋讀書志二十卷。趙希弁續輯之。今雖殘佚，而梗概仍存，終爲研究目錄學者所取資也。

靖康之難，館閣之儲，蕩焉靡存。南宋高宗，移蹕臨安，乃建祕書省於國史院，搜訪遺闕，屢頒獻書之賞。於是四方民間所藏，稍稍復出。孝宗淳熙四年，詔祕書少監陳騤等輯目，凡四萬四千八百八十六卷。寧宗嘉定十三年，詔張攀等續書目，又得一萬四千九百四十三卷，自後日有所增，計自前後庫藏，爲書九千八百十九部，十一萬九千九百七十二卷。此南宋官書之目錄也。私家目錄，則尤袤有遂初堂書目一卷，高似孫有子略四卷、目錄一卷，陳振孫有直齋書錄解題二十二卷。陳氏嘗仕於莆田，傳錄夾漈鄭氏、方氏、林氏、吳氏舊書，至五萬一千一百八十餘卷，且仿讀書志作解題，極其精詳。以歷代典籍，分爲五十三類。各詳其卷帙多少，撰人名氏，而品題其得失，實目錄學中最有價值之書。凡古書之不傳於今者，藉是得以求其崖略；其傳於今者，藉是得以辨其真僞，核其異同，洵研究目錄學者之所必資而不可廢者也。

明永樂間，自南京取來之典籍，收貯左順門北廊，未有完整書目。正統間，移貯文淵閣東閣，凡四萬三千二百餘册。詔楊士奇等編爲文淵閣書目四卷。此明代官書之目錄也。至私家目錄學之著述，則焦竑有國史經籍志，葉盛有菉竹堂書目，錢謙益有絳雲樓書目，范氏有天一閣書目，毛氏有汲古閣書目等。他若朱睦㮮之授經圖二十卷，則首敍授經世系，次諸儒列傳，次諸儒著述歷代經解名目卷數，凡一千七百九十八部，二萬一千七十一卷。蓋專述六經傳注之目錄者也。

清代官書，自以四庫全書爲總匯，實集古今學術之大成，爲一朝之盛業，古所未有也。初，朱筠請校錄永樂大典。乾隆三十八年，始命紀昀、陸夢熊、陸費墀等纂輯大典內之散簡零編；並蒐訪天下遺籍，不下萬餘種，賜名四庫全書。四十八年，第一部始告成功，藏置文淵閣。閣建於文華殿後，專貯四庫全書。凡三萬六千册。册面依春夏秋冬四色：經部用青色絹，史部用赤色絹，子部用白色絹，集部用黑色絹，分別裝潢，以法四序，且便檢閱。四十九年春，第二部全書繕竣，命送往盛京文溯閣。第三第四部，陸續亦

·国学概论·
上海大华书局
一九三四年版

竣，分貯御園文源閣，熱河文津閣。五十年，復命繕寫全書三部，分貯揚州文匯閣，鎭江文宗閣及杭州文瀾閣。降旨謂：『江浙人文最盛，士子有願讀中祕書者，許其領觀傳寫，以廣文治。』又命于敏中、王際華於全書中擇其尤精者，別爲四庫薈要，凡一萬二千册，分繕二部，一貯大內摛藻堂，一貯御園味腴書屋。計全書七部，薈要二部，前後凡十餘年，始一律告成。今則四庫全書，文源一部，旣與圓明園同燬；文匯、文宗，亦歸兵燹；文瀾餘燼鈔補未完；文津移藏北平圖書館；文溯運存古物陳列所；惟文淵一閣，巍然獨存而已。其薈要貯大內者，亦已在若存若亡之列，不可復問矣。當四庫全書繕校之際，又命紀昀等將各書原委，撮舉大凡，并詳著書人世次爵里，俾可一覽了然。謂之提要。彙集提要萬餘篇，編爲四庫全書總目提要二百卷。以經、史、子、集提綱列目，經部分十類，史部分十五類，子部分十四類，集部分五類。或流別繁碎者，又各析爲子目，使條理分明。所錄諸書，各以時代爲先後。四部之首，各冠以總序，撮述其源流正變，以挈綱領。四十四類之首，又各冠以小序，詳述其分併改隸，以析條目。如其義有未盡，例有未

·国学概论·
上海大华书局
一九三四年版

該，則或於子目之末，或於本條之下，附註案語，以明通變之由至各書之提要，除考證書名、卷帙、姓氏、爵里等以外，則以考訂異同別白得失爲主。其長者一篇提要，往往至千言。洵古來目錄學之淵藪也。後又因提要卷帙太繁，繙閱不易，復命另編簡明目錄二十卷。而四庫以外之書，胡虔又有四庫全書附存目錄。阮元亦於浙撫任內，購得四庫未收古書，進呈內府，每進一書，必仿四庫提要之式，奏進提要一篇。前後凡百數篇，彙爲四庫未收書目提要五卷。皆足以補四庫全書總目提要之未備者也。清時官書目錄，又有天祿琳琅書目十卷。其書亦以經、史、子、集爲類，而每類之中，宋、金、元、明刊本，及影寫宋本，各以時代爲次，或一書而兩刻皆工緻，則兩本並存，猶尤袤遂初堂書目例也；一版而兩印皆精好，亦兩本並存，猶漢祕書有副例也。每書又各有題解，詳其鋟梓年月，及收藏家題識印記，並一一考其時代、爵里，以著授受之源流。蓋四庫提要研究典籍之內容，而天祿書目研究典籍之版本，相得而益彰者也。至於清代私家之目錄，亦復不鮮。如錢曾有述古堂書目及讀書敏求記，黃虞稷有千頃堂書目，尤侗有明藝文志，張之洞有書目答問等。而周中孚之鄭堂讀書志，體例仿四庫提要評論書籍，不斤斤於版本字句間，必暢言著述者之得失，與書之本身價值。其考古書之真僞，尤多邃密之論。治目錄學者，以此書配四庫提要，可稱珠聯璧合，大快人意矣。他若朱彝尊之經義考，專記經部書籍，謝啓昆之小學考，專記小學書籍，姚際恆之古今僞書考，專考僞撰書籍，又目錄學中之專科也。又如顧修之彙刻書目，羅振玉之續彙刻書目，則爲叢書之目錄；周亮貞、李之鼎合撰之書目舉要，則爲目錄書之書目；張之洞之輶軒語，梁啓超之國學入門書目及其讀法（見東方雜誌二十卷八號），胡適之一個最低限度之國學書目（見東方雜誌二十卷四號），李笠之國學用書撰要（見東方雜誌二十一卷九十兩號），則爲初學者之書目。學者可各本其所需而披覽者也。

總之，我國目錄之學，遠肇秦漢，目錄學者代有其人。歷代祕府藏書，多經當代鴻儒，校讎編訂，蔚爲大觀。個人私藏，亦多編印目錄。可謂盛矣！然綜觀歷代目錄書之體例，要不無得失可言，茲分述於後；

(1)古今目錄,偏重於校讐辨證,凡書籍之內容,版本之先後,無不詳加考定,反覆討論。

(2)重視書名之異同,輕視著者之姓名;故目錄必以書名爲冠,不以著者姓名居首。

(3)編目與分類,混合爲一。故祇有分類目錄,而無其他目錄。檢書者必先知總類,分類,然後可得。於檢查上,殊屬不便。

(4)各類書籍,無一定之排列方法。有一類中有數百種書籍者,甚難檢尋。

(5)目錄上不列書碼,無從知藏書之位置。卽有注明第幾室第幾架者,亦冗長可厭,且無一定之程序。

(6)既非卡片制度,目錄格式,至不一律。

(7)從來編目錄者,祇以分類列目爲事,而不研究目錄編制之方法。不知書籍之鎖鑰,在目錄而不在分類也。

·国学概论·
上海大华书局
一九三四年版

（8）昔人編目之宗旨，多在乎珍藏，而不在乎利用；故卷帙必求其繁重，考據務求其詳博，而檢閱便利與否，置不問也。

由右列八事觀之，我國舊有目錄學之長處，固宜保存而不廢；而其短處，不可不以近代圖書目錄學救濟之也。

第二節　分類

赫胥黎（Huxley）曰：『吾人所以將事物分類者，所以集同類，別異族，以求事物於形質上有區別，而便於辨識與記憶也。』人之一生，凡耳聞、目覩、接觸、思想之事事物物，何啻恆河沙數；苟無分類之方法以區別之，則將名物顛倒，綱紀錯亂，學者無從學，教者無從教，思想因是錯亂，綱紀因是頽廢。然則分類之法，關於人生日用，其重要可知矣。

事物分類，既重要若是；書籍亦何獨不然。古來典籍，卷帙浩如煙海，繁如列星；苟

·国学概论·
上海大华书局
一九三四年版

不分類，學者將何以檢閱哉！書籍分類之方法，雖有多種；然以科學爲標準，則較爲適宜。蓋書籍之分類，以便於檢閱者之參考爲主。如治史者必欲聚史書於一隅，以便參考；治清史者，尤必欲聚清史於一偶，以便參考。故書籍之分類，當以實用爲主也。

以科學爲標準之分類方法，有論理的、與人爲的兩種。論理的以科學之本身爲單位，人爲的以閱者之實用爲依歸。書籍之分類，若盡以科學之系統爲主，勢不可能。蓋於實際之用途容有未便。故不得不稍偏於人爲的方面也。中西古今書籍分類之方法，雖優劣詳略，相去懸殊，然其注重於實用，若合符節焉。今分我國古代書籍分類法、歐美各國書籍分類法、我國近時書籍分類法三項述之：

（甲）我國古代書籍分類法　周禮曰：『太史掌建邦之六典、八法、八則，小史掌邦國之志。內史掌王八枋之法。外史掌四方之志、三皇五帝之書。御史掌邦國都鄙及萬民之治令。太卜掌三易。大師教六詩。宗伯掌五禮。大司樂掌六代之樂。』是知姬周典籍之掌於王官者，類例昭然，非茫無秩次比也。特以文久而滅，節族久而絕，舉凡楚史，倚相所讀三墳、五典、八索、九丘，迄今百無一存，遂致文獻無徵，學者靡得而詳。今言古籍之分類，當自孔子始。孔子生際晚周，覩典籍之放紛，懼覽者之迷眩，乃述周易、删詩、書，定禮、樂，修春秋。由是六籍乃布於民間，官學得聞於私室，後之稽古者咸取則焉。中更秦亂，簡冊散亡，傳說紕繆，遂使羣言蹐駁，眞僞紛爭。漢成帝使陳農求遺書於天下，詔劉向校經傳諸子詩賦，任宏校兵書，尹咸校術數，李柱國校方技。每一書就，向輒條其篇目，撮其指意，錄而奏之。向卒，哀帝使其子歆卒父業，歆遂總羣書而奏七略。七略分類之方法，已見前沿革節矣。東漢班固、傅毅等典掌祕府，咸依劉略而分書類。及魏鄭默、荀勗等，乃合而爲四部。四部之目：一曰甲部，紀六藝、小學等書；二曰乙部，有古諸子家、近世子家、兵家、術數。三曰丙部，有史記、舊事、皇覽簿、雜事。四曰丁部，有詩賦、圖贊、汲冢書。此魏時書籍分類之法也。晉李充依勗舊簿，校覈羣書，但以甲乙爲次，總沒衆篇之名。自爾因循，無所變革。及宋王儉既造目錄，又別撰七志：一曰經典志，紀六藝、小學、史記、雜傳；二曰諸子志，紀今古諸子；三曰文翰志，紀詩賦；四曰軍書志，紀兵書；五

·国学概论·
上海大华书局
一九三四年版

曰陰陽志，紀陰陽圖緯；六曰術藝志，紀方技；七曰圖譜志，紀地域及圖書。其道佛附見，合爲八條。此宋時書籍分類之法也。齊王亮、謝朏、梁任昉、殷鈞之造目錄，仍合爲四部，又文德殿目錄、術數之書，更爲一部，祖暅撰其名，故梁又有五部目錄。而阮孝緒又更爲七錄。一曰經典錄，紀六藝；二曰紀傳錄，紀史傳；三曰子兵錄，紀子書、兵書；四曰文集錄，紀詩賦；五曰技術錄，記數術；六曰佛錄；七曰道錄。此齊、梁時書籍分類之法也。迨唐史官撰隋書經籍志，仍用四分之例，改經史子集之稱。首部爲經，其類十；次爲史，其類十三；再次爲子，其類十四；再次爲集，其類三。宋、明迄清，因仍其例。此唐以後書籍分類之法也。總之，歷代分類，雖名稱有變革，子目有增損，次序有更易，然要不外乎四部與七略相與循環，無甚出入也。故二千年來，目錄之學進步極鮮，此不得不慨歎我國民族保守性之太篤也。今依陳鐘凡之說述之：

七略漢志	荀勗四部	王儉七志	阮孝緒七錄	隋志	唐志	宋志	明志	清四庫書目
一 輯略	漢志以後並闕							

二六藝略	易	書	詩	禮	樂	春秋	論語	孝經	小學				右六藝凡九種	三諸子略
一甲部	六藝								小學					二乙部
一經典志	六藝					史記	雜傳		小學					二諸子志
一經典錄	六藝								(闕)					三子兵錄
一經類	易	書	詩	禮	樂	春秋	論語	孝經	小學	圖緯			右經類十種	三子類
一甲部經錄	同上	同上	同上	同上	同上	同上	同上	同上	同上	讖緯	經解		右經錄十一種	三丙部子錄
一經類	同上	同上	同上	同上	同上	同上	同上	同上	同上	(闕)	同上		右經類十種	三子類
一經類	同上	同上	同上	同上	同上	同上	併入四書類	同上	同上	(闕)	諸經	四書	右經類十種	三子類
一經部	同上	同上	同上	同上	同上	同上	同上	同上	同上	(闕)	五經總義	同上	右經部十種	三子部

·国学概论·
上海大华书局
一九三四年版

儒家	道家	陰陽家	法家	名家	墨家	縱橫家	雜家	農家	小說家	右諸子凡十種					
古諸子		近世諸子								兵書	兵家		術數		
今古諸子															
子書															
儒家	道家	（陰陽家闕）	法家	名家	墨家	縱橫家	雜家	農家	小說家	兵家	天文	曆數	五行	醫方	右子類十四種
同上	同上		同上	同上	同上	同上	同上	同上	同上	兵書	同上	同上	同上	醫術	雜藝術
同上	同上		同上	同上	同上	同上	同上	同上	同上	兵家	同上	同上	同上	同上	同上
同上	（列後）		同上	同上	同上	同上	同上	同上	同上	同上	同上	同上	同上	（併入藝術）	藝術
同上	（列後）		同上	（皆併入雜家）			同上	同上	同上	同上	天文算法	（併入天算）	術數	醫家	同上

	九 詩賦略 屈原以下賦 孫卿以下賦 陸賈以下賦 雜賦 歌詩 右詩賦凡五種
	四 丁部 詩賦 圖讚 汲冢書
	三 文翰志 同上
	四 文集錄 同上
	四 集類 楚辭 別集 總集 右集類凡三種
類書 明堂經脈 右子錄十七種	四 丁部 集錄 同上 同上 同上 右集錄凡三種
同上 蓍龜 右子類十七種	四 集類 同上 同上 同上 文史 右集類凡四種
同上 道家 释家 右子類十六種	四 集類 (闕) 同上 同上 同上 右集類凡三種
同上 同上 同上 譜錄 右子部十四種	四 集部 楚辭 同上 同上 詩文評 詞曲 右集部凡五種

·国学概论·
上海大华书局
一九三四年版

五兵書略 兵權謀 兵形勢 陰陽 兵技巧 右兵書凡四種	(併入乙部)	九軍書志	(併入子兵錄)	(併入子類)	同上	同上	同上	同上
六數術略 天文 五行 歷數 蓍龜 雜占 形法 右數術凡六種	(併入乙部)	六術數志 方技	五技術錄 術數	(併入子類)	同上	同上	同上	同上
七方技略 醫經 經方								

房中 神仙 右方技 凡四種					
					二丙部
	五陰陽 陰陽志 陰陽圖緯	七圖譜志 地域及圖書 附道 附佛			
			六道錄	七佛錄	二紀傳
	(併入經類) (併入經類)	(併入史類)			二史類
					二乙部 史錄
					二史類
					二史類
					二史部

·国学概论·
上海大华书局
一九三四年版

史傳																
正史	古史	雜史				起居注	舊事	職官	儀注	刑法	雜傳		地理	譜系	簿錄	右史類十二種
同上	編年	同上	雜傳記		偽史	同上	故事	同上	同上	同上	傳記		同上	譜牒	目錄	右史錄十四種
同上	同上		別史	霸史	史抄		同上	同上	同上	同上	同上		同上	同上	同上	右史類十三種
同上（附入正史）				同上	同上	起居注	同上	同上	同上	同上	同上		同上	同上	同上	右史類十二種
同上	編年	雜史	同上		同上	政書		同上（併入政書）			同上	詔令奏議 載記	同上	（闕）	同上	紀事本末 時令 史評 右史部十五種

觀右表所列，古來編次書籍目錄無過七略四部二者，其間同異可得而言焉。七略以六藝爲王官之典籍，諸夏學術之淵源，弁冕羣略，特示推崇。歷代因仍置諸甲部。此其相同者一。諸子雖有蔽短，核其要歸亦六經之支別流裔，故次六藝而列諸子。荀勗因之，列之乙部。後世則謂甲經乙子，詎爲確然。乃次列史部，子退居三，秩次雖更，名例未改。此其相同者二。劉、班於詩外，別著詩賦略，阮氏於春秋外，別著紀傳錄，皆以附庸蔚爲大國，勢應別立封疆也。隋志史類、集類之稱，肇基於此。溯其遠原，非同創獲。此其相同者三。是故七略之與四部，部次雖開合有異，立意則先後從同。特以漢廷校書，必選專家，乃使步兵校尉任宏校兵書，太史令尹咸校數術，侍醫李柱國校方技，蓋以專門之業，非文士所能明，故兵書、數術、方技，特分三略。持較諸子，學實同貫。（禮家之司馬法，道家之太公兵書，可歸之於兵；雜占家之神農教田相土耕種，可歸之於農。）章學誠乃謂：『立言明道，守法傳藝，虛理實事，義不同科，必求恢廓四部之稱，仍復七略之舊。此貴古賤今之見未足以言變通也。（道藝不同，其爲子家則一。若以虛實爲

·国学概论·

上海大华书局

一九三四年版

別，五行何必非虛；墨家之技巧，農家之技藝，何嘗不實。）至仙道之書，原附方技；雖可併入子部，未當命以道家。王志附於篇末。（隋志同）阮氏歸諸外篇，至唐志則總道家、道書、釋氏爲一類，分合無當，厥弊維均。此其可議者一。佛經乃釋氏之書，域外之敎。其譯名奧僻，恆異諸夏之典言；卷帙浩繁，將捋七略之著錄。豈可納之子部，使宗敎與學術之封域不分，此唐志以下之巨疵也。蓋隋志以前，兼收譯篇；唐書而後，僅錄漢籍。遂不審其統緒，妄爲牽合如此。此其可議者二。又中土學術，本於疇人。當其世守舊業，各尊所聞，條貫釐然，各循統紀。及學在私門，弟子各就所尙，隨情挹取，或一人學賅數家，或一家學岐數派。即使一人專明一家之學，亦復多乖舊術，獨闢故知。將非家法所能賅，且戾王官之陳迹。故劉略列管子於道家，而隋志改從法家；鄧析著錄名家，而其學近於申韓；申韓學貴刑名，而其旨歸宗黃老。是非裁篇互著，未足見諸家學術之全。此其可議者三。至孝經、論語，並儒家言，而七略附之於經。謚法已見經解，隋志復著之於史。此並章氏所謂『家法不明，部次不精』者；劉、班已不能免，更何論於隋、唐以下者哉！總之，我國古學雖論家法，視遠西方術之科分類別者，已大不侔。矧自文集盛而家學衰，典故窮而類分起，學術之涂，已樊然淆亂，若治絲而益紛，乃不得不立集部之名，以爲羣流匯歸之地。此四部分類之所以最不足取，而不可不亟起而改革之也。

（乙）歐美各國書籍分類法　我國古籍分類方法，既如前述矣，試游目而矚歐美各國所以部次其典籍者將何如？歐洲圖書分類之歷史，遠自希臘之亞里斯多德，而極盛於近代。圖書館已爲專門之業務，而分類法亦僂指而難窮。如美國有哈瑞士（Horis），及伯肯士（Perkins），斯密士（Smith）等；英國有愛德華（Edwards）及桑納霞（Sonnenschai）等；意國有波納幾（Bonnaggi）德國有哈德維（Hartivig），法國有布拉納（Brunet）等。顧推行較廣，而爲一般人所贊賞者，厥爲四法：

（1）杜威氏（Dewey）分類法　亦謂之十進分類法。卽將全世界學科分爲九類，每類以一百位之數目字爲標記。至於百科全書，普通雜誌等，則另歸一類，以0爲標記，故共成十類。今錄其總目於左：

000總類
100哲學
200宗教
300社會學
400語學
500理學
600技術
700美術
800文學
900歷史

每類之中，仍分九項，以一十位之數爲標記。其屬於是項之普通圖籍，亦自成一科，以十位之0爲標記。是以每類分爲十項，每項分爲十目，共成爲一千目。各目之中，如分科尚多，則再用小數以表明之，故愈分愈微，至無窮盡。其各項之分目，視各科學術之繁簡，而定數目之多少。其運旣極簡便。標記亦極整齊，且極便於記憶。

此種分類法，旣各類皆有一號數爲標記，故稍知其大綱者，一見號數，即可知其書之內容。且各項書籍，旣有號數，因而有一定之次序。故號數相近之書籍，必屬於種類相似之書籍，亦必置於相近之地位也，例如512爲代數學之號數，513爲

·国学概论·
上海大华书局
一九三四年版

幾何學之號數，511爲算術之號數。其次序卽爲511 512 513也。凡欲研究自然科學者，卽可於500號之書架得之；研究數學者，卽可於510號之書架得之；研究代數者，卽可於512號之書架得之。便於參考，爲何如乎？

（2）卡特氏（Cutter）分類法　亦謂之進展分類法。以二十六字母，爲二十六項科目之標記。每科目另以兩字代表其分項。各分項亦如是。則二十六科，每科加一字，成爲六百七十六科。若用三字，則成爲一萬七千五百七十六科。加以原有一字母與二字母者，則成爲一萬八千二百七十八科。若更加字，則可進展至數十百倍。故其包含亦極廣博。且除以字母代表科目之外，又以11—99代表各著名國家；以01—09代表上古、中古等各時期，故地方時期與科目，畫分頗爲清楚。例如歷史之字母爲F，地理之字母爲G，文學之字母爲Y，英國之數碼爲45，故F 45爲英國歷史，G 45爲英國地理，Y 45爲英國文學也。

如欲將各國書籍，分置一處，衹須將字母數碼互易先後卽可得之。例如前列

·国学概论·
上海大华书局
一九三四年版

三個類碼，改爲 **45F　45G　45Y**，則英國之歷史，地理，文學諸書，皆合置於一處矣。故是法用意頗善，且思想周密。惟全用字母，艱於書寫及記憶，在中國尤難普及。且字母之分配，難以平均，記憶上頗爲困難；字母之次序不易瞭然，檢查上亦費手續也。玆錄其二十六類之大綱於左：

A	總記	**I**	社會學
B	哲學	**J**	政府及政治
C	耶教	**K**	法律
D	教會史	**L**	普通科學
E	傳記	**M**	自然科學
F	歷史	**N**	植物學
G	地理	**O**	動物學
H	社會科	**P**	人類學

Q	醫藥	V	遊藝
R	應用科學	W	美術
S	工程學建築學	X	語言
T	製造工藝	Y	文學
U	海陸軍	Z	圖書學

（3）布郎氏（**Brown**）分類法　亦謂之調和分類法，卽兼用字母及數碼者也。布郎氏於一八九八年著書目分類法一書，以應英國圖書館界之需求。其分類法大要如左：

A　總部	物質與原力	
B—D　物質的科學		
E—F　生物的科學	生命	
G—H　人類學與醫學		

I	經濟生物學	
J—K	哲學與宗教	心靈
L	社會與法政	
M	語言與文學	記載
N	文體	
O—W	歷史與地理	
X	傳記	

每門類之下，復分若干項。每門以一字母爲標記。某門之某項，則繫以三位數碼，以表明之。如歷史之標記爲0，英國歷史之標記則爲0123是也。於應用及記憶上，尚稱便利。惟較諸杜威氏及卡特氏之分類法稍遜。故採用者不多耳。

（4）美國國會圖書館分類法　此法亦撮合杜威氏及卡特氏二法而成，與二氏之法爲現行三大分類法，最適用於規模宏壯之圖書館。蓋美國國會圖書館，

·国学概论·
上海大华书局
一九三四年版

為全國圖書總匯之所，擁有二百餘萬冊之書籍，非有大規模之分類法，不適用也。

其法先以各種學術分為二十門，每門復分若干項。每門每項，以一個或二個字母為標記。每門每項之下，復分為若干節。每節以一位至四位數碼為標記。每節之下，又用小數，分為無限之小節，故其包含之廣闊，伸縮之活動，無與倫比也。

此法之各項分類，皆依科學之次序，便於記憶。又其分類無限制，不若杜威氏法以十進而受拘束。是確為此法之一大優點。但分類太細密，項目太繁重，頗不適用於一般之圖書館。我國北洋大學圖書館雖仿行之，然所藏之書，不及彼館百分之一二，未免受割雞而用牛刀之譏矣。

今將此法之總綱二十門，列表於下：

A 總記
B 哲學宗教
C 歷史——輔助科目
D 各國歷史地理
E—F 美國歷史地理
G 地理——人類學

·国学概论·
上海大华书局
一九三四年版

H	社會科學	Q	科學
J	政治學	R	醫藥
K	法律	S	農業
L	教育	T	專門科
M	音樂	U	陸軍學
N	美術	V	海軍學
P	語言文字	Z	書目學圖書館學

每門之下，復加一字母，分爲若干項。例如H爲社會科學，HA爲統計，HB爲經濟原理，HF爲商業，HG爲理財學等是也。

每項之下，復以數碼分爲若干節。例如HG爲理財學，HG 1—157爲普通理財學，HG201—1490爲錢幣，HG1501—3540爲銀行，HG8011—9970爲保險等是也。

每節復依所有數碼，再分爲各科。不足，則於整數下復加小數以續之。例如HG 201爲錢幣雜志，HG 227爲錢幣法，HG 230爲錢幣與商業，HG 230.5爲錢幣與利息等是也。

上述各法，對於歐西各種科學之分類，固無間然。然我國之古書，常有一種特性；若全襲歐美分類之法，往往有無從安插之苦。故不得不稍加變更，以適應我國固有書籍之特性也。下卽述我國近時書籍之分類法，以供研究目錄學者之參考。

(丙)我國近時書籍分類法　近時各省圖書館，鑒於七略四部之舊式分類，不合科學方法；且新出版之書籍日多，亦非舊分類法所能包容。於是各憑己意，從事分類。略述於左：

(1)北京通俗圖書館　分經學、歷史、傳記、地理、教育、法政、軍事、實業、算學、經濟、理科、宗教、醫藥、小說、雜誌、文牘、講演、詞曲、戲劇、圖書、體育、報告、雜書等類。

(2)江蘇天上市普通圖書館　分經、史、子、集、文學、理學、法學、醫學、教育、實業、

·国学概论·
上海大华书局
一九三四年版

叢書、雜志日報等類。

(3)江蘇松江通俗圖書館　分新舊二部。舊部依經、史、子、集、叢、編次；新部依各科學編次。

(4)廣東圖書館　舊書分經、史、子、集。新書分行政、教育、經濟、軍政、格致、法政等。

(5)廣西普通圖書館　分初編、上編。初編以科學書當之，分十八類。上編以經、史、子、集當之，分四類。

(6)美國國會圖書館　館中有中國文書籍六萬餘卷，新舊俱備。江亢虎曾爲編目法以A、B、C、D代表經史子集，除仍各部舊有分類外，復添各項科學，如教育、物理、化學等。其位置大抵在史、子兩部之中。又仿美國國會圖書館分類法，每類以數碼爲標記。

(7)清華學校圖書館　館中中文書籍。分爲新舊兩類。舊籍仍分經、史、子、集、叢書五部，各部之分類，亦依四庫舊目，惟每部冠以經、史、子、集、叢等字，每類附以三位數碼，以爲標記，例如經000爲羣經類，經420爲儀禮類，子900爲小說類，集900爲詩文評類等，是也。

新籍則仿杜威氏十進分類法而稍變通之，其總綱如左：

000	總記	500	科學
100	哲學	600	實業
200	宗教	700	美術
300	法政	800	文學語言
400	兵事	900	歷史地理

（8）武昌文華大學圖書館　仿杜威氏十進分類法，以中外古今圖書，分爲十類，其總綱如左：

000	經部	100	哲學宗教

·国学概论·
上海大华书局
一九三四年版

200　社會教育	600　工藝
300　政治法律經濟	700　美術
400　醫學	800　文學語言
500　科學	900　歷史

(9)杜定友世界圖書分類法　上述八種分類之法，多屬一時草創之作，簡陋苟率，自不能免，未足爲學者之楷式也。我國圖書館專家杜定友氏感七略四部之分類法，不適用於今日；歐、美圖書之分類法，又不密合於我國；而近時各處圖書館之分類法，亦終鮮條理。於是以杜威氏十進分類法爲基礎，別創世界圖書分類法。（著有圖書分類法一書，上海圖書館協會出版）雖未爲盡美盡善，然在今日之圖書分類法中，要當首屈一指。不特分類精細，可概括中西一切圖籍；且條理周密，頗便於記憶。故上海民立中學圖書館、商務印書館東方圖書館、上海總商會圖書館等，多仿用之。今錄其十位以上之分類表於左，以爲未覩是書者之參考。

000 總記

010 圖書學書目學

020 中國經籍

030 普通類書

040 論文彙刊

050 普通雜誌

060 普通學會

070 新聞學報紙

080 叢書、特別文庫善本

090 年鑑

100 哲理科學

110 外國哲學家

120 中國哲學家

130 形而上學

140 哲論

150 心理學

160 論理學

170 倫理學

180 占卜雜技

190 宗敎

200 教育科學

210 行政

220 管理

230 科目課程

·国学概论·
上海大华书局
一九三四年版

240 教授法
250 教員
260 初等教育
270 中等教育
280 高等教育
290 特殊教育
300 社會科學
310 統計學
320 政治學
330 經濟學
340 法律
350 行政及政府
360 會社機關
370 理財學
380 軍事學
390 社會學
400 藝術
410 建築
420 中國字畫
430 雕刻
440 圖畫、圖案
450 裝飾手工
460 印刷、刻板
470 攝影術

480 音樂
490 游藝
500 自然科學
510 數學
520 天文學
530 物理學
540 化學
550 地質學
560 理科
570 生物學
580 植物學
590 動物學

600 應用科學
610 醫藥學
620 工程學
630 農業
640 化學工藝
650 交通轉運
660 商業
670 製造工業
680 機械貿易
690 家政及其他科學
700 語言學
710 普通與比較的

·国学概论·
上海大华书局
一九三四年版

720 中國
730 英國
740 法國
750 德國
760 日本
770 俄國
780 美國
790 其他小國
800 文學
810 萬國
820 中國
830 英國
840 法國
850 德國
860 日本
870 俄國
880 美國
890 其他小國
900 史地
910 萬國
920 中國
930 英國
940 法國
950 德國

960	日本	980	美國
970	俄國	990	其他小國

此分類法中之各類各科，每利用各種號碼，以代表一定之意義，謂之助記符號。此種助記符號，非但便於記憶，且能使整齊可觀。今錄其四種助記表於左而說明之。

（a）以文類分之助記表

1. 哲學等
2. 表册等
3. 辭典等
4. 論文等
5. 雜誌等
6. 會社等
7. 學習等
8. 叢書等
9. 歷史雜類等

此表以文章形式分類，蓋各類各科之總部，以文章形式分之，最爲便利。例如200爲教育科學，則用上表之助記符號，加入其第三位，卽附以各種意義。故201爲教育哲學，205爲教育雜誌，208爲教育叢書等。又如500爲自然科學，故501爲科學原理，503爲科學辭典，509爲科學史等是也。

(b)以國籍分之助記表

1. 萬國
2. 中國
3. 英國
4. 法國
5. 德國
6. 日本
7. 俄國
8. 美國
9. 其他小國

此表以國籍分類，於語言、文學、歷史、地理等科，用之最多。因有此助記表。故各類各科，如可以國籍分者，均歸一律，較他法之先後無次序者，便利良多。例如此表以2爲中國之符號，故720爲中國語言學，820爲中國文學，920爲中國

·国学概论·
上海大华书局
一九三四年版

歷史等。又如旣知中國爲2，文學爲800，各科歷史爲9，則中國文學史之數碼，必爲620.9，可無容復疑矣。如此，一見號數，卽可知其書之內容，於管理及檢閱上，皆極便利也。

(c)以時代分之助記表

1. 上古或上古
2. 漢或中古
3. 唐或近古
4. 宋或十八世紀
5. 元或十九世紀
6. 明或二十世紀
7. 清
8. 民國
9.

此表用於歷史方面最多，如920爲中國歷史，則927爲清朝史，928爲民國史。又如120爲中國哲學，則126爲明代理學等。又如561·2爲中國古物，則561·23爲唐代古物，是也。

(d)以科學分之助記表

1. 哲理科學	6. 應用科學
2. 教育科學	7. 語言學
3. 社會科學	8. 文學
4. 美術	9. 歷史地理
5. 自然科學	

此表以用於教育科學者爲最多。例如249爲各科教授法，卽知249·1爲哲學教授法，249·7爲語言學教授法，249·9爲歷史教授法，249·37爲英文教授法等是也。

總之，杜定友氏之法，其長處卽在條理之秩然不紊，一方觀數碼卽可知書之內容；而他方某書當爲何種數碼，亦一索卽得也。原書中尙有其他助記方法，因限於篇幅，不復贅及。

·国学概论·
上海大华书局
一九三四年版

第十章 方法與工具之關係

本書既於第二編述十五種之方法，又於第三編述九種之工具，學者對於研究國學，不患無技術與利器矣。然九種工具陳列之次序，亦爲學者所不可不知，今試略述之。吾人無論研究何種學術，首貴識其字，而字有形、音、義三要素，故先之以文字、音韻、訓詁三種學科。積字成句，積句成章，故次以章句學。顧書籍之版本不善，則所識者爲譌字，所讀者爲破句，故次以版本學。既得善本之書籍，於是解剖其文法，故次以文法學。人類之文化，不獨發爲文章，紀於載籍，抑多流傳於方言諺語之中，故次以言語學。無論文字語言章句版本，皆有恃於考據，而後可渙釋於心，徵信於人，故次以考據學。以上八種工具，暨經哲史文等種種學術，皆前人遺留之成績，其成績之所附麗，多在載籍之中，故以目錄學殿焉。

學者既明工具陳列之次序矣。然對於方法與工具之關係，要亦不可不知。蓋必知何種工具，當用何種方法；或何種方法，當恃何種工具；而後國學之癥結，可迎刃而解；國學之鑛藏，可隨掘而得。否則雖有此利器，而不知利用；或雖有此利器與技術，而不知適宜配合，亦何濟於事之進行乎？此譬若匠人之治木也，雖有斧、鑿、鋸、鑤種種利器，亦兼有高明之技術；然苟顚倒錯亂，或剖木而用斧，或斬木而用鋸，或鑿孔而用鑤，或平木而用鑿，不特不能成事，抑將有僨事之虞矣。然則方法與工具之關係至鉅，爲學者所必不可不明晰者。故即以此章爲本書之殿，附列一表於後，以表示種種之關係，俾學者詳察焉。

·国学概论·
上海大华书局
一九三四年版

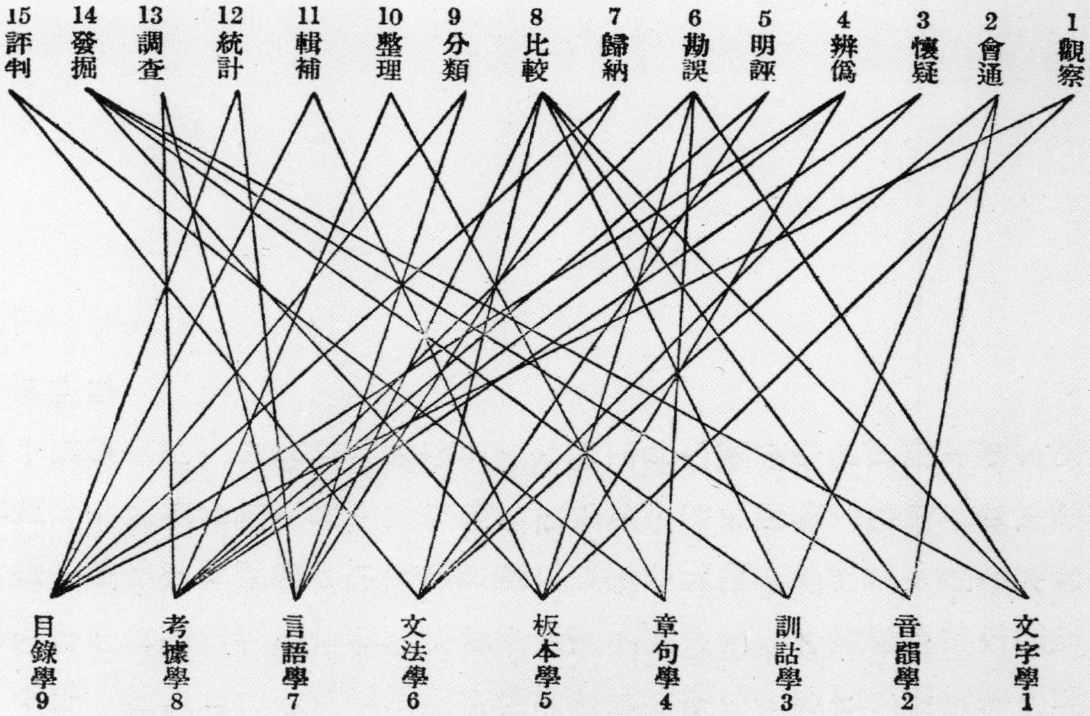
15 評判
14 發掘
13 調查
12 統計
11 輯補
10 整理
9 分類
8 比較
7 歸納
6 勘誤
5 明評
4 辨僞
3 懷疑
2 會通
1 觀察
目錄學 9
考據學 8
言語學 7
文法學 6
板本學 5
章句學 4
訓詁學 3
音韻學 2
文字學 1

今舉一例以爲前表之說明。例如勘誤爲考據學之主要方法，然文字之勘誤，有恃於文字學；句讀之勘誤，有恃於章句學；而宋、元以來之善本，實爲勘誤之最要資料，故與版本學亦至有關係。乃用直線系屬之，以表示其關係。雖然，是不過表示其直接關係者耳。至其他各種工具學科，與勘誤方法，要未嘗無間接之關係，特爲事至繁，不能一一以線係屬之也。其他各種方法與各種工具之關係，學者可循系屬之線自察之，不復列舉。

·国学概论·
上海大华书局
一九三四年版

國學概論跋

是書剏稿於十五年夏，以授效實中學勵志級暨戊辰級諸生。十六年夏，方授至第三編文法學章，戊辰級因轉學星散，勵志級亦高中畢業而去。十六年秋，修改一過，重授正志級。至十七年夏，續編言語學一章，授至文法學章，而暑假期屆。余亦離效實而赴杭服務，稿復閣置。洎十七年十二月，余復返甬，仍供職於效實，乃繼編考據學、目錄學及方法與工具之關係等三章，第三編於是竣工，而是書亦可告一結束矣。

余編纂是書之原定計劃，第一編緒論，第二編研究方法，第三編研究工具，皆通論也。四編以下，則爲分論。原定第四編爲經學概論；第五編爲哲學概論，復分上中下三部：上爲諸子哲學，中爲佛教哲學，下爲性理哲學；第六編爲史學概論；第七編爲文學概論；第八編爲其他學術概論，如陰陽五行等之神祕學術，書畫賞鑒等之美藝學術，農工醫兵等之應用學術，及數理博物等之自然學術，凡爲我國所固有者，皆包括於是編；第九編則爲結論，述國學發達之歷程，國學未來之發展，而以中西學術之溝通殿焉。然因限於時間，未許計劃實現。顧學者苟能於方法工具兩編研習有得，則進而自究各種學術，當鮮阻閡，故即以第三編告終，亦未嘗不可也。

是書隨編隨授，未能一一删潤。重複矛盾，在所難免。文句之枯澀，次序之顛倒，猶其餘事。每一檢校，深滋媿汗。姑俟異日教授他級時，隨時增損，庶可稍減予愆云爾。

一七，一二，一五馬瀛跋於寧波效實中學

·国学概论·
上海大华书局
一九三四年版

增補附錄小言

國學概論出書四閱月，大華書局朱君以初版售罄告，謂各省學校有采爲教本者，宜付再版。因憶曩年教授此書時，書中引用故實間有僻見者，亦有習聞而學生不知其詳者，時時請益。十七年夏，離甬赴杭，友人爲我代庖，亦或以故實不得其解爲病。返校重授，即以故實解釋識於書眉，授課之際，揭示黑板。惟耗費時間，太不經濟耳。今既再版，即選錄書末，庶教者讀者兩獲便利。此故實略解所以增補也。學生讀本科之目的有三：一、以此爲管鑰，思深入堂奧，進而研究我國固有學術；二、藉書中所有方法及工具，解決國學中種種問題，爲文發表之；其三、則目的較小，思得國學常識，以爲升學酬世之用。余編是書，即以此三者爲標準；試驗出題，亦本斯旨。歷授七級，積題頗多。竊謂啟發初學，容有一助。因亦擇要附錄於後，名曰習題彙錄，俾自修者得以演習焉。至全書改訂，且俟異日云。

中華民國二十四年一月馬瀛識於鄞縣通志館

·国学概论·

上海大华书局
一九三四年版

附錄一　故實略解

標題下所注數字爲本書頁數及行數，如一，七爲第一頁第七行。空行不計。

文學子游子夏

一，七　孔門四科，見論語。德行：顏淵、閔子騫、冉伯牛、仲弓；言語：宰我、子貢；政事：冉有，季路；文學：子游、子夏。

朱熹學說多自佛學來

五，八　所著四書註中，如『虛靈不昧』，『活潑潑地』，『放之則彌六合，卷之則退藏於密』等，多襲用釋典之語及意。

四庫門類舉例

一五，七　易類如子夏易傳。書類如尚書正義。詩類如詩序。禮類如周禮注疏、儀禮注疏、禮記正義。春秋類如春秋左傳正義、春秋公羊傳注疏、春秋穀梁傳注疏。孝經類如古文孝經孔氏傳。五經總義類如陸德明經典釋文。四書類如論語集註、孟子集註、大學章句、中庸章句。樂類如陳暘樂書。小學類如爾雅注疏。正史類如二十四史。編年類如資治通鑑。紀事本末類如通鑑紀事本末。別史類如逸周書。雜史類如國語。詔令奏議類如兩漢詔令。傳記類如名臣言行錄。史鈔類如南北史識小錄。載記類如吳越春秋。時令類如歲時廣記。地理類如太平寰宇記。職官類如唐六典。政書類如通典。目錄類如崇文總目。史評類如史通。儒家類如孔子家語。兵家類如孫子。法家類如管子。農家類如齊民要術。醫家類如內經。天文算法類如周髀算經。術數類如太玄經。藝術類如書譜。譜錄類如錢錄。雜家類如呂氏春秋。類書類如藝文類聚。小說家類如西京雜記。釋家類如法苑珠林。道家類如老子。楚詞類如楚詞章句。別集類如揚子雲集。總集類如文選。詩文評類如文心雕龍。詞曲類如詞綜。

·国学概论·
上海大华书局
一九三四年版

論語所記各事

二六，七 政治如『為政以德，譬如北辰，而衆星拱之』。哲學如『吾道一以貫之』。倫理如『入則孝，出則弟』。宗教如『季路問事鬼神』。飲食如『飲酒無量，不及亂』，『食不厭精，膾不厭細』。衣服如『必有寢衣，長一身有半』。言動如『子不語怪、力、亂、神』。『子釣而不綱，弋不射宿』。疾病如『子疾病，子路請禱』。

名學因明及論理學

二八，一〇 今將我國名學、印度因明學、希臘論理學推論之式，並列於左，以資學者參考。

墨子小取篇是而不然例

盜人，人也。
多盜，非多人也；惡多盜，非惡多人也。
無盜，非無人也；欲無盜，非欲無人也。
愛盜，非愛人也。
殺盜人，非殺人也。

因明學五分論式

宗（所主張之命題）	此山有火，
因（所主張命題之理由）	因有煙故。
喻（所主張命題之例證）	有煙之所有火，如竈是。
合（對於宗之譬喻）	此山有煙，
結（結論）	故有火。

論理學推論式

小前提	中國地大物博，人民聰秀。
大前提	凡地大物博而人民聰秀者，皆大有為之國也。
結論	故中國者，大有為之國也。

天元四元借根方及代數

二八，一一 天元本於古之九章算術中之方程。借天元一代未知之數。其天元之〇一即代數學中之x也。已知數則位於一上之〇中。宋秦九韶數學九章及元李冶之測圓海鏡，皆以天元演算者也。四元為元朱世傑所發明，所著四元玉鑑一書，即推廣其用者也。天元用一未知數，四元則可用四未知數，式如一|〇|一其下之一為天元，上之一為物元，右之一為地元，左之一為人元。天地人物四元，即代數中之x y z w四未知數也。其中之〇以

位已知數。借根方明末傳入中國，清康熙時敕編之數理精蘊，已載其法。我國天元至明失傳，及借根方傳入以後，始知古人所謂天元與借根方之理相同，而後天元始闡明。今列一題，以天元借根方及代數並演之，以資學者參考。

題 今有雞兔同籠，共頭十五，共足四十，問雞兔各若干？

天元式

立天元〇丨為雞頭，以共頭減雞頭，得卌卜為兔頭。以二乘雞頭，得〇‖為雞足。以四乘兔頭，得丄〇卌為兔足。併之得丄〇卝為共足，與共足四十相消，得川〇卝，以下除上，得十，為雞數。

借根方式

借一根為雞頭，以共頭減雞頭，得十五減一根為兔頭。以二乘雞頭，得二根為雞足。以四乘兔頭得六十減四根為兔足。雞兔足相加，得六十減二根為共足。與共足四十相消，得二十減工根。以二根除二十，得十為雞數。

代數式

x＝雞頭

$15-x$＝兔頭

$2x$＝雞足

$60-4x$＝兔足

$\therefore 60-2x=40$

$2x=20$

$x=10$……雞數

宋元明清學案 三六，一 宋元學案為黃宗羲原本，全祖望修，王梓材增補，慈谿馮氏刻本，道州何氏重刻馮本。明儒學案亦黃宗羲撰，慈谿鄭氏補刻本。清儒學案即清朝學案小識，唐鑑撰。上列三書，上海書肆彙刻之，名曰宋元明清學案。

佛學大綱 佛典汎論 三六，二 佛學大綱，謝蒙撰；佛典汎論，呂澂撰。

十八家詩鈔 三六，五 曾國藩選魏曹植、晉阮籍、陶潛、六朝宋謝靈運、鮑照、齊謝朓、唐李白、杜甫、王維、孟浩然、韓愈、白居易、李商隱、杜牧、宋蘇軾、黃庭堅、陸游、金元好問諸家之詩為此書。

古文學家　今文學家　四三，一　今文學之初祖凡八家：詩魯申公、齊轅固生、燕韓太傅，書濟南伏生，禮魯高堂生，易菑川田生，春秋齊魯胡母生，趙董仲舒。東漢立十四博士：詩齊、魯、韓，書歐陽、大、小夏侯，禮大、小戴，易施、孟、梁丘、京，春秋嚴、顏，皆今文學家。古文之學，詩毛氏，書古文尚書，禮周禮，易費氏，春秋左氏，皆未立學官。東漢末年，古文學盛而今文學遂微。

甸　四三，五　十六井曰邱，四邱曰甸。

井　四三，五　九百畝曰井。

癡符橫眩　四四，四　顏氏家訓：『世人無才思，自謂清華，流布醜拙，亦以衆矣。江南號爲詅癡符。』按鬻物誇號於市曰詅，詅癡符，謂以癡誇眩於人也。

八儒三墨　四四，一一　陶潛聖賢羣輔錄：二子沒後，散於天下，設於中國，成百氏之源，爲綱紀之儒。居環堵之室，蓽門圭竇，甕牖繩樞，併日而食，以道自居者，有道之儒，子思氏之所行也。衣冠中，動作順，大讓如慢，小讓如僞者，子張氏之所行也。顏氏傳詩爲道，爲諷諫之儒。孟氏傳書爲道，爲疏通致遠之儒。漆雕氏傳禮爲道，爲恭儉莊敬之儒。仲梁氏傳樂爲道，以和陰陽，爲移風易俗之儒。樂正氏傳春秋爲道，爲屬辭比事之儒。公孫氏傳易爲道，爲潔淨精微之儒。不累於俗，不飾於物，不爭於名，此宋鈃、尹文之墨。裘褐爲衣，跂蹻爲服，日夜不休，以自苦爲極者，相里勤、五侯子之墨。俱稱經而倍譎不同，相謂別墨，此苦獲、己齒、鄧陵子之墨。

安定徂徠明復　四五，六　胡瑗，字翼之，泰州人，學者稱安定先生。石介，字守道，兗州人，魯人號徂徠先生。孫復字明復，平陽人。

·国学概论·
上海大华书局
一九三四年版

濂洛 四五，六　濂謂周敦頤。敦頤字茂叔，居道州營道縣濂溪上。洛謂二程，程顥、程頤，洛陽人也。

象山 四五，七　陸九淵嘗居貴溪之象山，故稱象山先生。

金華永嘉 四五，八　金華學派以呂祖謙、唐仲友、陳亮為三大師。永嘉學派以許景衡、周行己為最著，出程頤門下。南宋時有鄭敷文、薛季宣、陳傅良、葉適等。

康節橫渠 四五，九　邵雍字堯夫，謚康節，著皇極經世書。張載，大梁人，徙居鳳翔郿縣之橫渠鎮，著東西二銘。

姚江 四五，一〇　王守仁，餘姚人，嘗築室陽明洞中，故稱陽明先生，其學派曰姚江。

智者大師 四七，一　智者大師即隋僧智顗，字德安，荆州陳氏子。

皇娥白帝歌 四九，四　拾遺記少昊篇：少昊之母曰皇娥，白帝之子即太白之精。與皇娥並坐，撫桐峯梓瑟，皇娥倚瑟而清歌曰：『天清地曠浩茫茫。萬象迴薄化無方。浛天蕩蕩望滄滄。乘桴輕漾著日旁。當其何所至窮桑。心知和樂悅未央。』

五子歌 四九，四　書五子之歌：太康尸位，厥弟五人，述大禹之戒而作歌。其一曰：『皇祖有訓，民可近，不可下。民惟邦本，本固邦寧。予視愚夫愚婦，一能勝予。一人三失，怨豈在明，不見是圖。予臨兆民，懍乎若朽索之馭六馬。為上者奈何不敬』？其二曰：『訓有之，內作色荒，外作禽荒，甘酒、嗜音，峻宇雕牆，有一於此，未或不亡』。其三曰：『惟彼陶唐，有此冀方。今失厥道，亂其紀綱，乃底滅亡』。其四曰：『明明我祖，萬邦之君，有典有則，貽厥子孫。關石和鈞，王府則有。荒墜厥緒，覆宗絕祀』。其五曰：『嗚呼曷歸！予懷之悲！萬姓仇予，予將疇依？鬱陶乎予心，顏厚有忸怩。弗慎厥德，雖悔可追』？

喜起歌 四九，四　書益稷：帝乃歌曰：『股肱喜哉！元首起哉！百工熙哉』！皐陶乃賡歌曰：『元首明哉！股肱良哉！庶事康哉』！又歌曰：『元首叢脞哉！股肱惰哉！萬事墮哉』！

卿雲歌　四九，五　歌曰：『卿雲爛兮，糺縵縵兮。日月光華，旦復旦兮』。

詩一言至九言句　四九，六　詩一言句如緇衣之『敝』字及『還』字。二言句如『祈父』，『肇禋』。三言句如『山有榛，隰有苓』。四言句甚多，不舉。五言句如『一之日觱發，二之日栗烈』。六言句如『迨天之未陰雨』，『曰予未有室家』。七言句如『自今以始歲其有』，『君子有穀貽孫子』。八言句如『我不敢傚我友自逸』，『胡瞻爾庭有縣貆兮』。九言句如『泂酌彼行潦挹彼注茲。』

聲病　四九，七　聲謂平、上、去、入四聲。病謂平頭、上尾、蜂腰、鶴膝、大韻、小韻、正紐、旁紐八病。

徐庾　五〇，二　謂陳徐陵、北周庾信。

初唐四傑　五〇，二　謂王勃、楊炯、盧照鄰、駱賓王。

清代漢學家兼駢文家　五〇，六　如毛奇齡、洪亮吉、汪中、孫星衍等。

姚察父子　五〇，一一　姚察，字伯審，隋時武康人。勅成梁陳二史，未畢而卒，誡其子思廉續成之。思廉本名簡。唐太宗時官至弘文館學士。與魏徵同撰梁陳二史。

高劉宋方唐歸　五一，三　高啓、劉基、宋濂、方孝孺、唐順之、歸有光。

侯魏汪姜方劉　五一，三　侯方域、魏禧、汪琬、姜宸英、方苞、劉大櫆。

姬傳海峯　五一，四　姬傳，姚鼐字；海峯，劉大櫆字。

惲子居張臯文　五一，五　子居，惲敬字，臯文，張惠言字。

十五國風　五一，一一　詩以周南、召南、邶、鄘、衛、王、鄭、齊、魏、唐、秦、陳、檜、曹、豳爲十五國風。

二雅三頌　五一，一一　二雅：小雅、大雅，三頌：周頌、商頌、魯頌。

·国学概论·
上海大华书局
一九三四年版

元輕白俗　五二，九　元謂元稹，白謂白居易。

文學革命　五三，六　胡適提倡文學革命，最早見於民國五年十月致陳獨秀書，謂須從八事入手：(一)不用典，(二)不用陳套語，(三)不講對仗，(四)不避俗字俗語，(五)須講求文法之結構，(六)不作無病呻吟，(七)不摹倣古人，(八)須言之有物。後卽本此意作文學改良芻議一文。同時陳獨秀有文學革命論，錢玄同有致陳獨秀論文學改革書。至民國七年四月，胡適又著建設的文學革命論一文，主張以語體文代文言文，所謂『國語的文學與文學的國語』是也。

顧亭林閻百詩　五四，四　亭林，顧炎武字；百詩，閻若璩字。

連山歸藏　五四，一〇　連山、歸藏在古三墳中。其書分爲山墳、氣墳、形墳。以連山爲伏羲之易，歸藏爲神農之易，乾坤爲黃帝之易。各衍爲六十四卦，而繫之以傳。甚至以燧人氏爲有巢氏子，伏羲氏爲燧人氏子，荒謬不可究詰。按三墳之名，雖見於左傳；然周秦以來，經傳子史從未一引其說。且漢代至唐咸不著錄，獨宋晁公武讀書志以爲張商英得於比陽民舍。蓋北宋人所僞作也。

柏梁詩　五九，七　三秦記：漢武元封三年，集羣臣於柏梁臺，作詩云：『日月星辰和四時(漢武帝)驂駕駟馬從梁來(梁孝王)郡國士馬羽林材(大司馬)總領天下誠難治(丞相石慶)和撫四夷不易哉(大將軍衞青)刀筆之吏臣執之(御史大夫倪寬)撞鐘伐鼓聲中詩(太常周建德)宗室廣大日益滋(宗正劉安國)周衞交戟禁不時(衞尉路博德)總領從官柏梁臺(光祿勳徐自爲)平理清讞決嫌疑(廷尉杜周)修飾輿馬待駕來(太僕公孫賀)郡國吏功差次之(大鴻臚壺充國)乘輿御物主治之(少府王溫舒)陳粟萬石揚以箕(大司農張成)徼道宮下隨討治(執金吾中尉豹)三輔盜賊天下危(左馮翊盛宣)盜阻南山爲民災(右扶風李成信)外家公主不可治(京兆尹)椒房率更領其材(詹事陳掌)蠻夷朝賀常舍其(典屬國)杜柎櫨欂相支持(大匠)枇杷橘栗桃李梅(大官令)走狗逐兔張罘罳(上林令)齧妃女脣甘如飴(郭舍人)迫窘詰屈幾窮哉(東方朔)』按梁孝王薨於景帝之世。又光祿勳、大鴻臚、大司農、執金吾、京兆尹、左馮翊，右扶風，皆武帝太初元年所更名，不應預書於元封之時。其爲後人擬作無疑也。

楊愼 六一，七 明楊愼字用修，一字升庵，新都人。記誦之博，著作之富，爲明學者冠。惟喜造僞書以炫博。嘗僞撰夏禹岣嶁碑，妄補石鼓文缺字。又撰雜事祕辛，敍漢桓帝選梁商女爲后事。其文淫豔類傳奇。

豐坊 六一，七 明豐坊字存禮，晚號人翁，自稱南禺外史，鄞人。博學工文，又善書。家有藏書萬卷，號萬卷樓。嘗僞撰魯詩世學三十一卷。首列子貢詩傳，詭云石本。又以正音託之豐稷，續音託之豐慶，補音託之豐耘，正說託之豐熙，詭稱祖父所傳。

梅頤僞古文尚書 六二，一 秦火以後，尚書僅存伏勝口傳二十九篇。及魯恭王壞孔子舊宅，孔安國於壁中得古文尚書，比伏生多二十五篇，後遂散軼。至東晉豫章內史梅頤（頤一作賾）始得而奏之。實頤采集諸書而僞撰也。

羣志 六六，一 羣志謂諸史中經籍志及藝文志也。淸張壽榮嘗合刻漢書藝文志、隋書經籍志、舊唐書經籍志、新唐書藝文志、宋史藝文志、盧文弨補宋史藝文志、補遼金元藝文志、金門詔補三史藝文志、錢大昕補元史藝文志及明史藝文志而爲八史經籍志，坊間有通行本，頗便檢查。

管子記毛嬙西施 七二，八 見管子小稱篇。

月令有太尉官名 七二，一〇 太尉爲秦所設官名，周初無此稱。

管子經濟思想 七三，三 管子中輕重、海王、山國軌、山權數、山至數、地數、國蓄、國準諸篇，皆言國家經濟，卽今所謂財政學。

韓非子勸攻韓存韓 七四，一 韓非子第一篇名初見秦，第二篇名存韓。

管子駁兼愛寢兵 七四，七 見管子立政篇。

列子西方聖人之語 七四，九 列子仲尼：孔子曰：『西方之人，有聖者焉。不治而不亂，不言而自信，不化而自行，蕩蕩乎民莫能名焉』。

·国学概论·
上海大华书局
一九三四年版

湘君歌 七八，七 湘君爲屈原九歌中之一篇。注謂湘君爲堯之長女，舜之正妃。舜死於蒼梧，二妃死於江湘之間，俗謂之湘君，黃陵有廟。

神女賦 七八，七 文選宋玉有高唐賦及神女賦，述楚懷王襄王夢見巫山神女事。

孟子斥雲漢 七八，一〇 孟子萬章：故說詩者不以文害辭，不以辭害志；以意逆志，是爲得之。如以辭而已矣，雲漢之詩曰：『周餘黎民，靡有孑遺』，信斯言也，是周無遺民也。 雲漢，詩大雅篇名。

孟子斥武成 七九，一 孟子盡心：盡信書，則不如無書。吾於武成，取二三策而已矣。仁人無敵於天下，以至仁伐至不仁，而何其血之流杵！ 武成，書篇名，載周武王伐紂事。

辛癸 七九，四 商紂名受辛，夏桀名履癸。

勳華 七九，四 放勳，唐堯；重華，虞舜。

師曠軒轅並世 七九，七 列子湯問：焦螟集於蚊睫，師曠俯耳弗聞其聲；惟黃帝與容成子居空峒之上，砰然聞之若雷霆。

公明方朔同時 七九，七 公明卽魏管輅，方朔卽漢東方朔，此語見唐劉知幾史通採擇篇。

堯有八眉 七九，七 尙書大傳：『堯八眉，舜四瞳子』。按謂堯眉如八字也，後人誤以爲堯有八眉。

夔唯一足 七九，七 韓非子：『哀公問於孔子曰：「吾聞夔一足，信乎」？曰：「夔無他異，獨通於聲」。堯曰：夔而一足矣！使爲樂正，非一足也』。 蓋堯謂以夔一人已可正樂，後人謬傳爲夔僅有一腳也。

曾參殺人 七九，七 戰國策：有與曾子同名族者而殺人。人告曾子母，母織自若。有頃，又告，尙織自若。頃之，又告，母懼，投杼而走。

不疑盜嫂 七九，七 漢書直不疑傳：或毀不疑曰：『不疑狀貌甚美，然毋奈其盜嫂何也』！不疑聞曰：『我乃無兄』。然終不自明也。

蘇甘設言劉向立傳 八〇，一 戰國策：蘇秦答燕易王，稱有婦人將殺夫，令妾進其藥酒。妾佯醉而覆之。又：甘茂謂蘇代曰：『貧人女與富人女會績，曰：「無以買燭，而子之光有餘，子可分我餘光，無損子明」』。按此蓋戰國遊說之士假託，乃劉向作列女傳，竟爲二婦人立傳。

莊騷詭語嵇康合篇 八〇，一 莊子有漁父篇，記漁父與孔子問答語。楚辭亦有漁父篇，記屈原與漁父問答語。本皆屬寓言。嵇康作高士傳，乃竟合二人而爲一人，且爲之立傳。

杜陵誤伏勝爲服虔 八〇，四 伏勝，西漢初人；服虔，東漢末人。杜甫詩有『諸生老服虔』句，其意本指伏勝，乃竟誤作服虔。

劍南 八〇，四 劍南，謂陸游。

仲文 八〇，四 仲文，謂殷仲文。

九齡 八〇，五 九齡，謂張九齡。

容齋 八〇，五 容齋，指宋洪邁所作容齋隨筆。

三家爲己亥之誤 八一，五 家語：子夏返衛，見讀史志者云：『晉師伐秦，三家渡河』。子夏曰：『非也，己亥耳』。問之晉使，果曰：『己亥耳』。

何邵公 八一，六 卽注春秋公羊傳之何休。

·国学概论·
上海大华书局
一九三四年版

彤日　八二，八　彤，字書音融，古謂祭之明日又祭爲彤。其實無此彤字，乃易字之譌也。其讀若融者，蓋因字體與彤字相近，隨讀若彤音相近之融耳。

魯魚帝虎　八四，一　抱朴子：『書三寫，魯爲魚，帝爲虎』。按魯脫其下半卽爲魚字，帝虎二字草書極相似，故易誤也。

婁空　八七，八　說文：『婁，空也；从毋，从中女，婁空之意也』。段玉裁注：『凡中空曰婁，今俗語尙如此。凡一實一虛層見疊出者曰婁。从毋猶从無，無者，空也。从中女，謂離卦，離，中虛也。』

離婁　麗廔　八七，九　離婁，古之明目人，孟子：『離婁之明。』麗廔見說文，牖壁窗戶之疏孔也。文選作麗樓，玉篇作廲廔。

王氏父子　八九，八　謂王念孫及其子引之。

鄭朱　八九，八　謂鄭玄及朱熹。

書大誥　九一，六　尙書大誥篇爲周公所作。當武王崩時，三監及淮夷叛。周公相成王，將黜殷，作此以誥誡之，故盛陳文王武王之勳烈也。僞孔安國傳既不知寧字爲文字之誤，乃曲解寧王之誼，謂安天下之王，指文王言。又以敉寧二字相連，皆作安解。不知『予翼以敉文武圖功』句，乃周公謂予輔佐成王，以安文王武王之靈，而謀立功也。

賁无色也　九二，一　韓康伯易注曲解无色之誼，謂飾貴合衆，無定色也。不知无乃亓字之譌。亓卽其字也。

覸　九四，二　覸，麤去聲，雜也。覸以俠甒，謂祭黍稷之時，雜以兩甒醴酒也。

程　九五，一　程，地名，在岐州左右，後以爲國。此指周言。

黑格爾正反調論　一二三，七　黑格爾哲學名曰汎理論，有專名表示之。曰正，曰反，曰調。有正焉，正而遇反，由反而至於調，又爲正。正而又遇反，反又至調。人世現象，皆由此正、反、調三者順序之無窮演進也。

洪範五行傳 一二四，四　洪範五行傳本在伏勝尚書大傳中，漢劉向許商各爲作注。

五帝五神星精 一二五，三　五帝：太昊木，炎帝火，少昊金，顓頊水，黃帝土。五神：句芒木，祝融火，蓐收金，玄冥水，后土土。星精：青龍木，朱雀火，白虎金，玄武水。

史記儒林傳人名 一三一，五　申培公，申姓，培名，公，尊稱。轅固生，轅姓，固名，生，尊稱。韓太傅，韓嬰爲常山王太傅。伏生，名勝。高堂生，字伯。田生，名何。胡母生，姓胡母，字子都。

自秦迄隋書經五厄 一五七，五　秦始皇下焚書之令，一厄也。漢建藏書之策，置校書之官，新莽伏誅，並從焚燼，二厄也。光武求文雅，和帝數幸書林，及孝獻西徙，圖書縑帛，取爲帷囊，三厄也。魏文更集經典，藏在祕書三閣，至劉石憑陵，從而失墜，四厄也。劉裕收圖籍四千卷，齊梁之間，王儉撰七志，阮孝緒爲七錄，書已三萬餘卷，及周師入，悉焚之，五厄也。見隋書牛弘傳牛弘上表文。

長孫 一七一，五　長孫姓出自拓拔氏，北魏孝文帝以爲皇枝之長，改爲長孫氏。見魏書。

宇文 一七一，五　宇文氏，其先爲鮮卑君長，有名普回者獲得玉璽，有文曰皇帝，以爲天授。其俗謂天子曰宇，因以爲氏，見周書。

響搨 一七六，六　響搨亦作嚮搨，唐人遇古人墨蹟紙色沈暗者，穴牖如盎大，懸紙與法書映而取之，謂之嚮搨。

汲冢竹簡之發見 一七六，七　晉武帝太康二年，汲郡人不準盜發魏安釐王冢（或言魏襄王冢），得竹書數十車，皆竹簡素絲編，簡長二尺四寸，以墨書，一簡四十字。初發冢者燒策照取寶物。及官收之，多燼簡斷札。文既殘缺，不復詮次。武帝以其書付祕書校綴次第，尋考指歸，而以今文寫之。共得書十六種，七十五篇。當時衞恆、束晳、王接、摯虞、荀勗、郭璞等皆研究之。

·国学概论·
上海大华书局
一九三四年版

孔賈啖趙 一八五，五 謂孔穎達、賈公彥、啖助、趙匡，皆唐代人。啖趙二氏皆抨擊三傳者。

洛閩 一八五、六 洛，謂程顥、程頤；閩，謂朱熹。

吳王壽夢欲立季札 二〇四，一二 史記吳太伯世家：壽夢有子四人：長曰諸樊，次曰餘祭，次曰餘昧，次曰季札。季札賢而壽夢欲立之。

宋宣公立弟和 二〇五，一 史記宋微子世家：宣公有太子與夷。宣公病，讓其弟和曰：『父死子繼，兄終弟及，天下通義也。我其立和』。宣公卒，弟和立，是爲穆公。

商周間多鹿 二〇六，五 三百篇中如『麀鹿攸伏』『呦呦鹿鳴』等句，皆言及鹿。石鼓文中亦屢言之。皆足爲商周間多鹿之證。

湯之盤銘 二〇六，九 湯之盤銘曰：『苟日新，日日新，又日新』。

武王銘辭 二〇六，九 武王踐阼篇有席、几、鑑、盥盤、楹、杖、帶、履、觴豆、戶、牖、劍、弓、矛諸銘辭。

呂薛 二〇七，三 宋呂大防有考古圖十卷，續圖五卷，釋音五卷。宋薛尙功有鐘鼎彝器款識二十卷。

款識 二〇七，六 鐘鼎彝器上所鑄文字，謂之款識。識，音志。款在內而凹，識在外而凸。

射字 二一三，六 說文矢部：『䠶，弓弩發矢於身而中於遠也。从矢，从身。射，篆文䠶。从寸，寸，法度也，亦手也』。按鐘鼎中之靜敦及石鼓文，射字皆象手執弓矢之形，非从身从寸也。

對字 二一三，六 說文丵部：『對，譍無方也。从丵口，从寸。對从士，漢文帝以爲責對而面言，多非誠對，故去其口以从士也。』按鐘鼎中之虢叔鐘、貉子卣等，對字左下皆作如士字形，然非士字，亦未有从口者。

對轉例 二三四，一一　古音陰陽兩聲對轉之例，如窴字从眞得聲，是眞部轉爲至部也。又如江南一帶呼虹爲吼，是東部轉爲侯部也。

諧聲例 二三五，二　如說文一部：『元，从一，兀聲』。元字今雖屬元韻，兀字今雖屬月韻，然古同部。故江永第五部兼收元韻月韻之字。又如說文一部：『丕，从一，不聲』。丕字今雖屬支韻，不字今雖屬物韻，然古同部。故顧炎武第二部兼收支韻物韻之字。

重文例 二三五，三　如祟字古文作䋎，則祟與䋎古爲同部。祺字古文作禥，則祺與禥古爲同部。又如鬃字或作髳，祀字或作禩，則鬃與髳，祀與禩，皆爲同部。

異文例 二三五，五　如尙書鄭玄注踐，讀爲翦，則踐與翦爲同部。

音讀例 二三五，六　如中庸鄭玄注示讀如寘諸河干之寘，則示與寘爲同部。

琰韻 二四二，表中　淸代嘉慶以後，因琰字避仁宗諱，改爲儉韻。

五音 二五五，二　音韻學中，名稱極爲複雜，讀者不可不知。如宮、商、角、徵、羽五音，有代表上聲、陽平、陰平、去聲、入聲者，本文所述是也。有代表開、齊、合、撮四呼者，如以商、角爲開口呼，宮爲合口呼，徵爲齊齒呼，羽爲撮口呼，即相傳『欲知宮，舌居中；欲知商，口大張；欲知角，舌後縮；欲知徵，舌抵齒；欲知羽，脣上取』五句口訣是也。有代表七音者，如鄭樵通志七音略以宮爲喉音，商爲齒音，角爲牙音，徵爲舌音，羽爲脣音，又以半徵半商爲半舌半齒音者是也。有代表音調者，如諸史律曆志以濁徵、濁羽、濁變宮，宮、商、角、變徵，徵、羽九音代表後世曲調中之合、四、一、上、尺、工、凡、六、五九音是也。

·国学概论·
上海大华书局
一九三四年版

陰陽　二五五，三　聲之陰陽，亦有數解。如本文及詞曲中皆以陰聲爲清音，陽聲爲濁音。古音學中則以帶有鼻音者爲陽聲，不帶鼻音者爲陰聲，如本書二三三頁所列韻目表是也。國音學中則以北方語音中之平聲，發音時起訖無高低者爲陰平，突高而驟止者爲陽平，與本文所謂陰平陽平絕殊。學者不可不細別之。

四等　二六一，三　四等之說，亦有二種：一爲宋元人之四等說，卽本文所述是也。康熙字典卷首之表亦卽此。一爲明淸人之四等說，則謂開、齊、合、撮四呼爲四等。

康熙字典卷首所列各表　二六八，四　各表乃雜采宋元明諸音韻書而成。自證鄉談法起至貼韻法止，採貫珠集及玉鑰匙諸書。西江月以下至變形十八部亦同。等韻切音指南以下，採元劉鑑切韻指南諸書。

詩之用卬　二九〇，六　詩匏有苦葉：『招招舟子，人涉卬否。人涉卬否，卬須我友』。卬，卽我也。

左傳之用燴　二九〇，六　左傳襄公二十六年：『王師夷燴』。燴，音尖，杜注謂吳楚之間火滅曰燴。

公羊之用得來　二九〇，六　公羊傳隱公五年：『春，公觀魚於棠。公曷爲遠而觀魚？登來之也』。注：『登，讀言得。得來之者，齊人語也。齊人名求得爲得來。作登來者，其言大而急，由口授也』。

天子曰崩以下十一句　二九〇，八　皆見禮記曲禮篇。

中有五借　二九一，二　(一)借爲庸，成也。禮記：因名山升中於天。(二)借爲躬，身也。禮記：文子其中退然如不勝衣。(三)借爲伯仲之仲，經典多有之。(四)借爲充，滿也。漢書匈奴傳：令其量中。(五)借爲忠。魏呂君碑：『君以中勇』。

桓有三同　二九一，二　(一)同洹。卽詩桓桓，威武貌。(二)同宣。曹宣公亦作曹桓公。(三)同亘。方言：褒也。

·国学概论·
上海大华书局
一九三四年版

繇有八通

二九一，二　(一)與徭通。漢書文帝紀：省繇役以便民。(二)與陶通。皋陶漢書古今人表作咎繇。(三)與謠通。漢書李尋傳：人民繇俗。(四)與由通。易坤卦：其所繇來者漸矣。(五)與猷通。爾雅訓繇爲道，卽借爲猷也。(六)與猶通。爾雅訓繇爲喜，卽借爲猶也。(七)與悠通。漢書韋賢傳：『犬馬繇繇』，卽借爲悠悠也。(八)與游通。漢書敘傳：『陸子優繇』。優繇卽優游也。

離有十六義

二九一，二　(一)散也。(二)判也。(三)兩也。(四)遇也。(五)獵也。(六)歷也。(七)陳也。(八)黃離，流離，鳥名。(九)纖離，馬名。(十)江離，草名。(十一)雒離，木名。(十二)卦名。(十三)姓。(十四)水名。(十五)鍾離，地名。(十六)東離，國名。

辟有三十七義

二九一，二　(一)天也。(二)大也。(三)君也。(四)法也。(五)刑也。(六)夫也。(七)傭僕也。(八)明也。(九)召也。(十)親身之棺。(十一)辟辟，黠貌。(十二)星名。(十三)姓。(十四)與僻通，邪也。(十五)傾也。(十六)偏也。(十七)幽也。(十八)不誠實也。(十九)空也。(二十)與闢通，開也。(二十一)除也。(二十二)退也。(二十三)鞭辟，策勵也。(二十四)與擗通，拊胸也。(二十五)與躄通，足疾。(二十六)與避通，遜也。(二十七)霹靂亦作辟歷。(二十八)睥睨亦作辟睨，斜視也。(二十九)與譬通，喻也。(三十)與擘通，碎也。(三十一)裂也。(三十二)與弭通。(三十三)與紕通，帶之緣飾。(三十四)與繴通，績麻。(三十五)與劈通，半也。(三十六)與璧通。(三十七)與屏通，棄也。

衰有四音

二九一，二　(一)雙佳切；卽衰敗之衰。(二)初危切；卽等衰之衰。亦作差。(三)倉回切；卽斬衰之衰。亦作縗。(四)蘇倭切；蓑衣之蓑，詩亦作衰。

率有五音

二九一，三　(一)音色，遵也；領也。(二)所類切；與將帥之帥通。(三)音類，計數之名。(四)音律，比例之第一率、第二率，圓周之密率，皆讀此音。(五)音刷，量名。史記：其罰百率。

賁有七音 二九一，三 (一)音臂，飾也。(二)音班，文章也。(三)音奔，虎賁，勇士。(四)父吻切，與憤通，又與濆通。奮起也。(五)方問切；覆敗也。(六)音六，賁渾，地名。(七)音肥，姓。

差有八音 二九一，三 (一)音叉，不相値也。(二)楚宜切；參差，不齊。(三)音釵，使也。(四)音磋，米汁也。(五)釵去聲，使也。(六)叉去聲，奇異也。通作詫。(七)古與嗟通。(八)側下切，與鱃通。左傳：庾公差，字子魚。

敦有九音 二九一，三 (一)音墩，厚也，怒也，直也，勉也。(二)音堆，孤獨貌。又治也。(三)音團，結聚貌。(四)徒渾切，陳列也。(五)音雕，敦弓，卽雕弓。(六)音對，盛黍稷器。(七)音道，覆也。(八)杜本切；渾敦，不開通貌。(九)音準，布帛幅廣也。

苴有十四音 二九一，三 (一)千余切，麻子。(二)子魚切，履中草。(三)音蕉，芭蕉，司馬相如子虛賦作巴苴。(四)音槎，水中浮草。(五)音租，藉祭之茅。(六)子豫切，藉也。(七)音斜，苴咩城在雲南。(八)音鮓，土苴，糞草。(九)音巴，巴蜀，史記張儀傳亦作苴蜀。(十)與苞通，後漢書徐廣傳引譙周語。益州天苴。(十一)五音集韻苴音子與切。(十二)才野切，慢也。伺也。(十三)茲野切，義與上同。(十四)遷謝切，與査通，斜逆也。按明徐應秋玉芝堂談薈有敦字十二音、苴字十四音、離字十五義、委蛇十二變之語。

蒙者蒙也比者比也剝者剝也 二九七，六 蒙者之蒙、比者之比、剝者之剝皆卦名。蒙也，謂蒙昧也。比也，謂比附也。剝也，謂滅盡也。

徹者徹也 二九七，七 徹者之徹，古稅法名。徹也，謂通行也。

冕而親迎親之也親之也者親之也 二九七，八 上親之也句，謂親近之也。下親之也句，謂以爲親人也。

·国学概论·
上海大华书局
一九三四年版

易易也變易也不易也佼易立節 二九九，四 第一易字，指易經言。易也之易，音異，謂簡易也。變易也，謂易道變化無窮。不易也，謂易道自古常存。佼，同交；佼易立節，謂卦畫交互以明事端。

風風也 二九九，五 第一風，卽十五國風之風。風也之風，作化民解。

古數碼六字 三〇〇，四 古算法，用籌縱橫排之以計數。所謂『一縱十橫，百立千僵，五不單行，六不積𠫤』是也。故五以五籌列之；作≡或Ⅲ，六則以五爲一，下再列一，故作⊥或T也。宋以後珠算 以上珠之一作五數，卽仿古之籌算也。

集就也 三〇五，八 詩小旻：『我龜既厭，不我告猶。謀夫孔多，是用不集。發言盈廷，誰敢執其咎？如匪行邁謀，是用不得於道』。毛傳蓋以就改集，卽讀若就。俾可與猶、咎、道諸字叶韻也。

鞏固也 三〇五，八 詩瞻卬：『不自我先，不自我後。藐藐昊天，無不克鞏』。毛傳卽讀鞏爲固，俾與後叶韻也。後古讀若戶，故可與固叶。

讀 三一八，二 漢儒始言句讀，何休公羊傳序云：『援引他經，失其句讀』是也。亦作句投，見馬融長笛賦。又作句度，見皇甫湜與李生書。

破音 三二三，八 破音之法，大抵本義或最通行之義不破，引伸之義或假借之義則破之。如行字，行走之義不破；行列之義雖亦平聲，則破之。品行之義，亦破去聲。

竹彈之謠 三九四，一〇 吳越春秋：『弓生於彈，彈起於孝子不忍見父母爲禽獸所食，故作彈以守之。故歌曰：「斷竹，續竹。飛土，逐肉」。』竹，謂彈弓；土，謂彈丸；肉，謂禽獸也。

元首之詩 三九四，一〇 卽賡起歌，見四十九頁略解。

附录一　故实略解

洛汭之歌 三九四，一〇　卽五子之歌，見四十九頁略解。

行露之章 三九四，一一　詩行露：『誰謂雀無角？何以穿我屋？誰謂汝無家？何以速我獄』？

孟子之舍 四一三，三　孟子滕文公：『舍皆取諸其宮中而用之』。舍爲當時俗語，猶今言弗也。

子夜讀曲之儂 四一三，三　子夜歌、讀曲歌，皆六朝時南方民間俗曲之名。宋郭茂倩樂府詩集所載頗多。儂爲女子自稱。

顧況之囝 四一三，三　唐顧況有囝詩，哀閩也。囝，音蹇，閩人稱父曰郎罷，稱子曰囝。其詩曰：『囝生閩方，閩吏得之，乃絕其陽。爲臧爲獲，致金滿屋。爲髡爲鉗，如視草木。天道無知，我罹其毒。神道無知，彼受其福。郎罷別囝，吾悔生汝。及汝既生，人勸不舉。不從人言，果獲是苦。囝別郎罷，心摧血下。隔地絕天，及至黃泉，不得在郎罷前。』

傳奇之顚不剌 四一三，四　顚不剌，蒙古語，美好也。元雜劇及西廂記多用之。

矜爲光棍 四一八，一一　矜，與鰥通，無妻也。俗稱無妻者曰光棍，卽鰥之反語。

耿爲耳扑 四一九，一　說文：耿，耳著頰也，謂耳連頰之處也。吳語謂以手批頰曰打耳扑，亦作打耳光。扑與光，皆耿字之變音。

亞腰爲呼腰 四一九，一　說文：亞，醜也，象人局背之形。浙人謂曲背曰呼腰，亦作呵腰。呼，呵，皆亞之變音。

和門爲歡門 四一九，一　古稱軍門曰和門，亦省曰和。戰國策云：『與秦交和而舍』，卽此意也。後世和門音轉如歡門。凡結綵爲門，皆謂之歡門。東京夢華錄：『凡京師酒店門首，皆縛綵樓歡門』是也。今僧徒作佛事，中懸歡門，兩旁掛幡卽此。

衣服開曰傢 四一九，九　衣服兩旁開處曰叉子，俗作衩子，當作此字。

楬曰楬刺 四二一，三　楬，乞瞎切，止樂器。俗謂阻礙曰楬刺，亦曰楬。當作此字。今作軋，或作猰。

·国学概论·
上海大华书局
一九三四年版

紇曰紇怛 四二一，四　紇，音核，絲之下者。俗謂頭上腫起曰疙瘩。疙，當作紇。

釜曰釜盧 四二一，五　釜盧皆器名。今俗作胡盧，壺盧，葫蘆。

以手斂胥曰侈 四二二，九　吳語謂呵指入聲，取攫曰呵侈侈，作此字。實卽乂之變音也。

以口受食曰嘗 四二二，一。　吳語謂請客進食曰用飯。用本當作嘗。說文：嘗，用也。从自，鼻知香臭所食也。

梵語六合釋 四二三，二　六合釋者：(一)帶數釋，以數字連名字別成一名詞也。例如「四海」、「三寶」、「十方」。(二)有財釋，以特點稱其人物也。例如「蒼頭」、「方丈」、「近視」。(三)限定釋，表示各種地位也。例如「雪花」、「園丁」、「車夫」。(四)重複法，用疊字增加語氣也。例如「一一」、「風風雨雨」、「行行且止」。(五)連置釋，分爲二種：(甲)並立法，二字並立而爲一詞也。例如「谿谷」、「典章」、「制度」。(乙)對立法，二字對立而爲一詞也。例如「長短」、「輕重」、「尊卑」。

隱語諧語 四二八，九　漢書東方朔傳：舍人因曰：『臣願復問朔隱語，不知亦當榜』。卽妄爲諧語曰：『令狐鼬，老柏塗。伊優亞，狋吽牙。何謂也』？

射覆語 四二八，一〇　射覆語，卽謎語，燈虎之類。

了語危語 四二八，一〇　晉書顧愷之傳：爲殷仲堪參軍，桓靈寶時同在仲堪坐，共作了語。愷之先曰：『火燒平原無遺燎』。桓曰：『白布纏棺樹旒旐』。仲堪曰：『投魚深泉放飛鳥』。復作危語。桓曰：『矛頭淅米劍頭炊』。仲堪曰：『百歲老翁攀枯枝』。有一參軍云：『盲人騎瞎馬，臨深池』。仲堪眇目，驚曰：『此大過人』。

反切語 四二八，一〇　顧炎武音論：南北朝人作反語，多是雙反。韻家謂之正紐、倒紐。史之所載，如晉孝武帝作清暑殿，有識者以清暑反爲楚聲。楚聲爲清，聲楚爲暑也。

千字文語 四二八，一〇　以梁周興嗣千字文編成者。如牡丹亭傳奇石道姑之語。

鳥語　四二八，一〇　如『婆婆餅焦』、『行不得哥哥』之類。

鈴語　四二八，一一　如唐明皇行至劍閣，聞馱鈴聲，似「三郎郎當」之類。

時日曷喪予及女偕亡　四三六，九　此爲夏民詛桀語，見書湯誓。孟子亦引之。

麥麴鞠窮河魚腹疾　四三六，一〇　左傳宣公十二年：『楚子伐蕭，還無社與司馬卯言，號申叔展。叔展曰：「有麥麴乎」？曰：「無」。「有山鞠窮乎」？曰：「無」。「河魚腹疾奈何」？曰：「目於眢井而拯之」。「若爲茅絰，哭井則已」。明日，蕭潰。申叔視其井，則茅絰存焉。號而出之』。按還無社，蕭大夫；司馬卯、申叔展，皆楚大夫。無社素識叔展，故因卯而呼之。麥麴、鞠窮，皆禦溼之物，卽今藥中所用之酒麴及芎藭也。叔展欲使無社逃匿於泥水中，無社不解，故曰無。叔展又謂無禦溼之物將病腹，無社意始解。告以欲入廢井而避難，使叔展視井而救己。叔展乃教以結茅爲絰以表井。須俟聞哭聲，始應以爲信，然後出之也。

伍舉東方朔　四三八，一一　伍舉，春秋時楚大夫。史記楚世家：『楚莊王卽位三年，不出號令，日夜爲樂。令國中曰：「有敢諫者，死無赦」。伍舉入諫。莊王左抱鄭姬，右抱越女，坐鍾鼓之間。伍舉曰：「願有進隱」。曰：「有鳥在於阜，三年不蜚不鳴，是何鳥也？」莊王曰：「三年不蜚，蜚將沖天；三年不鳴，鳴將驚人。舉退矣！吾知之矣！」』按滑稽列傳又以此爲淳于髡對齊威王語。東方朔隱語，見漢書東方朔傳。

黃絹幼婦　四三九，四　魏武嘗過曹娥碑下，楊修從碑背見題「黃絹幼婦外孫齏臼」八字。修曰：『黃絹，色絲也，於字爲絕；幼婦，少女也，於字爲妙；外孫，女之子也，於字爲好；齏臼，受辛也，於字爲辭：所謂「絕妙好辭」也』。見世說新語。

論語中之斯適彼哉其諸

四四一，一〇　論語里仁：『子游曰：「事君數斯辱矣！朋友數斯疏矣！」』此斯字作則解。公冶長『子謂子賤，君子哉若人！魯無君子者，斯焉取斯？』此斯字作此解。　論語里仁：『君子之於天下也，無適也；無莫也。義之與比。』釋文：『適莫，猶厚薄也。』　論語憲問：『或問子產。子曰：「惠人也。」問子西。子曰：「彼哉！彼哉！」』　論語里仁：『子禽問於子貢曰：「夫子至於是邦也，必聞其政。求之與？抑與之與？」子貢曰：「夫子溫、良、恭、儉、讓以得之。夫子之求之也，其諸異乎人之求之與？」』

Samkong　四五五，六　似卽「上江」譯音。

Mon-Khmer Family　四五五，一一　南亞系或譯懵克系。

Miao-Yao Group　四五五，一二　苗猺族。

Miakia Group　四五六，一　民家族。

Wa-Palaung Group　四五六，二　花撲喇族。

Shan or Tai Family　四五六，三　撣（或譯禪）或泰（或譯歹）系。泰有黑泰、白泰之分，雲南稱擺夷。

Tibetan-Burman Family　四五六，四　西藏、緬甸系。

Tibetan Group　四五六，五　西藏族。

Sifan Group　四五六，六　西番族。

Lolo Group　四五六，七　猓玀（或作玀玀）族。

Burmese　四五六，八　緬甸族。

·国学概论·
上海大华书局
一九三四年版

Kachin 四五六，九 戞眞族。

Mongolian 四五六，一〇 蒙古系。

Kalmuch 四五六，一一 高加索山西系。

No-gai-Turki 四五六，一二 纏回系。

Manchu 四五七，一 滿洲系。

Zazaq-Turki 四五七，二 哈薩克回系

戀 四五九，六 音埋。今作變。

姝 四五九，六 音樞。今作趣。

釙 四五九，六 音悄。今作俏。

儽 四五九，七 音瑰。今吳語大塊頭作塊。

憡 四五九，七 音策。今變音爲徹。

郢書燕說 四七二，三 韓非子：『郢人有遺燕相國書者，火不明，因謂持燭者曰：「舉燭」云。而過書「舉燭。」「舉燭，」非書意也。燕相受書而說之曰：「舉燭者，尙明也。尙明也者，舉賢而任之。」燕相白王，大說。國以治。治則治矣，非書意也。今世學者，多似此類。』

句兵 四八三，一 句兵，戈戟之屬，兵刃端之有鉤者。

雩參有𤔲 四八三，九 雩卽粵，參卽三，𤔲卽司。

明堂 四八九，八 明堂，明政教之堂也。古祀上帝、祭先祖、朝諸侯、養老、尊賢，凡關於大典禮者，皆於此行之。古明堂之制，經典聚訟紛紜。據禮記明堂位之說，爲堂於廣場中，設斧扆爲天子之位，外建四門。據月令之說，則中建太室，四方建青陽、明堂、總章、玄堂，各三室，中一室爲太廟，兩旁則謂之左右个。明堂專指南面之堂而言。據考工記之說，則謂明堂平列五室，卽古寢廟之制。據大戴禮記之說，謂明堂九室、三十六戶、七十二牖，以茅蓋屋，上圓下方，外圜以水曰辟雍，卽古之太學也。

辟雍宗廟大小寢 四九〇，三 辟雍，古天子所設大學也。其制已見前引大戴禮記。宗廟，古天子諸侯祀其先人之所。周制，天子七廟，諸侯五，大夫三，士一，見王制。大寢，卽路寢，亦曰正寢，古天子諸侯治事之所也。小寢，卽燕寢，亦曰內寢，古天子諸侯燕居之所也。

急就篇 四九三，二 急就篇亦名急就章，漢元帝時黃門令史游所作，自始至終，無複字，本爲童蒙識字之用。吳皇象、晉鍾繇、王羲之等皆書之。唐顏師古、宋王應麟皆爲之注。

水經注 四九三，一〇 水經一書，舊題漢桑欽撰。後魏酈道元爲之注。明以來惟朱謀㙔校本盛行於世。至淸，黃宗羲、趙一淸、全祖望等皆校之。戴震復據明永樂大典所收本校之，卽所謂戴校水經注，四庫全書所著錄卽戴校本，戴震亦自刊行之。

朱鬱儀 四九三，一一 卽朱謀㙔。

馮定遠 四九三，一一 馮班，字定遠。

黃胡全趙 四九四，一二 謂黃宗羲、胡渭、全祖望、趙一淸。

東潛謝山 四九五，二 趙一淸，字誠夫，學於全祖望，有東潛文鈔。謝山，祖望字。

·国学概论·
上海大华书局
一九三四年版

附录一　故实略解

私改蘭臺漆書　四九五，五　見板本學章論雕板。

六典　五一二，九　一、治典；二、教典；三、禮典，四、政典；五、刑典；六、事典。

八法　五一二，九　一、官屬；二官職；三、官聯；四、官常；五、官成；六、官法；七、官刑；八、官計。

八則　五一二，九　一、祭祀；二、法則；三、廢置；四、祿位；五、賦貢；六、禮俗；七、刑賞；八、田役。

八枋之法　五一二，一〇　一、爵；二、祿；三、廢；四、置；五、殺；六、生；七、予；八、奪。

三易　五一二，一一　連山、歸藏、周易。

五禮　五一三，一一　吉、凶、軍、賓、嘉。

六詩　五一二，一一　風、賦、比、興、雅、頌。

六代之樂　五一三，一一　黄帝雲門、大卷，堯大咸，舜大韶，禹大夏，湯大濩，周武王大武。

三墳五典八索九丘　五一三，一　伏羲、神農、黄帝之書曰三墳；少昊、顓頊、帝嚳、堯、舜之書曰五典；八卦之說曰八索；九州之志曰九丘。見尚書序。

疇人　五二二，六　疇人，世傳一家之術者也。史記曆書：『周室微，陪臣執政，史記不時，君不告朔，故疇人子弟分散。』

王官　五二二，九　王官，王朝之官也。古時學術皆掌於王官，士即以官爲師。故漢書藝文志敘諸子，謂儒家出於司徒之官，道家出於史官，陰陽家出於羲和之官，法家出於理官，名家出於禮官，墨家出於清廟之官，縱横家出於行人之官，雜家出於議官，農家出於農稷之官，小說家出於稗官。

·国学概论·

上海大华书局
一九三四年版

附錄二　習題彙錄

題下括弧中所列數字，爲解答之編章次第，如（一，一）爲第一編第一章

1 國學之名，起於何時？何以又稱之爲國故，古學，中學？（一，一）

2 試述司馬談六家及班固九流十家之名。（一，二）

3 漢書藝文志中以何類之書爲最多？（一，二）

4 四庫全書經部分若干類？何名？（一，二）

5 東西學術亦有共同之點，能略舉其例否？（一，四）

6 漢代經師治學，確有訓釋之體例者，何人？何書？（二）

7 經學中今文學家與古文學家如何起原？（二，二）

8 漢代今文學初祖八家能列舉否？（二，二）

9 試舉八儒三墨派別之名稱。（二，二）

10 宋代理學程朱與象山各毗於何家？（二，二）

11 程朱學派出於何人？王陽明服膺宋儒何人？（二，二）

·国学概论·
上海大华书局
一九三四年版

12 佛經之分大小二乘何意？何以名之爲乘？（二，二）

13 試舉中土流傳佛教十宗之名。（二，二）

14 詞文何時開其先聲？至何時而臻極盛？何時而寖息？（二，二）

15 詩歌自一言至九言，皆起原於何書？五七言古詩濫觴於何時？五律七律各起於何時？（二，二）

16 駢文何時集大成？何時而有四六之名？至何時漸衰？（二，二）

17 試舉散文唐宋八大家及桐城陽湖兩派著名諸家之名。（二，二）

18 歷代語體文因受何種影響而驟盛？試各舉其例。（二，二）

19 清代辨僞之巨著四種，試言其書名及著者。（二，四）

20 試將辨僞之方法彙集而列爲表。（二，四）

21 試舉確已考定全部皆僞之書十種。（二，四）

22 下列莊子盜跖篇中一段文字，試作一短文，從時代，籍貫，及孔子平日修養、態度上，證明其誣。（二，五）

孔子與柳下季爲友。柳下季之弟曰盜跖，盜跖從卒九千人，橫行天下。……孔子謂柳下季曰：『……今先生，世之才士也，弟爲盜跖，爲天下害，丘竊爲先生羞之，丘請爲先生往說之。』……往見盜跖，……盜跖大怒，兩展其足，按劍瞋目，聲如乳虎。……孔子再拜趨走，出門，上車，執轡三失，目芒然無見，色若死灰，據軾低頭，不能出氣。

按柳下季，姓展，名獲，字季禽，居柳下，謚惠，魯僖公時人，至孔子生時，年當已八十餘，見左傳。跖，秦之大盜，見莊子釋文。

23 下列墨子辭過篇一段文字，中有誤字、缺字、衍文、假借字、多加偏旁字，及顛倒句，從前後文句及字形、字音、字義等勘正之。(二一，六)

□古之民，未知爲宮室，時就陵阜而居，穴而處下，潤溼湯民，故聖主作爲宮室。爲宮室之法曰：『高足以辟潤溼，上足以待雪霜□露，邊足以圉風寒，牆足以別男女之禮，謹此則止。』費財勞□不加利者□爲也。……

上古之民，未知衣服，時衣被帶茭，冬則不輕而溫，夏□□輕而清，聖王以爲不中人之情，故作誨婦人，治絲麻，捆布絹，以爲民衣。爲衣服之法□：『夏則絺綌輕且凊冬則練帛輕且韞，謹此則止。』故聖人爲衣□，適身體和肌膚而足矣。□榮耳目而觀愚民也。……

上古之民，未知爲飲□，時素食而分處，故聖人作誨男□耕稼樹藝，以爲民食。其爲□食也，足以增氣充虛彊體適腹而已矣。故其用財節，其自養儉，民富□治。……

上古之民，未知爲舟口，時任重不移，遠道不至，故聖人作爲舟車，以便民之事。其口舟車也，完全固輕利，可以口重致口，其爲用財少而爲利多，是以民樂而利之。故法令不急行，民不勞而上足用，故口歸之。……

注意 口爲缺字，其餘應改正處，均以●標之。改正後即注於原文之旁，其顚倒者可以∫標之。

24 吾人校勘古籍，可爲證據者，約有八端，試列擧之。(二，六)

25 論語一書中，關於第一人稱之單數：有用『我』者，有用『吾』者，有『我』『吾』在一節中並用者：試將下列各例應用歸納方法，證明其格(Case)之不同及相當於英文何字，幷歸納爲數條原則。(二，七)

a 單用『吾』字者：吾十有五而志於學。吾與回言。夏禮吾能言之。吾不與祭如不祭。吾未嘗不得見也。吾黨之小子。是吾憂也。吾未嘗無誨焉。吾亦爲之。從吾所好。始吾於人也……今吾於人也。甚矣，吾衰也；吾不復夢見周公。雖不吾以；吾其與聞之。以吾一日長乎爾，毋吾以也。居則曰：『不吾知也。』

b 單用『我』字者：苟有用我者。知我者其天乎！不義而富且貴，於我如浮雲。何有於我哉！竊比於我老彭。由也好勇過我。我未見好仁者……我未見力不足者。孟孫問孝於我，我對曰：『無違。』

·国学概论·
上海大华书局
一九三四年版

c『吾』『我』二字在一節中並用者：我不欲人之加諸我也，吾亦欲無加諸人。　善爲我辭焉。　如有復我者，則吾必在汶上矣。　太宰知我乎？吾少也賤，故多能。　吾有知乎哉？無知也。有鄙夫問於我，空空如也，我叩其兩端而竭焉。『……日月逝矣！歲不我與。』孔子曰：『諾！吾將仕矣』。

26 論語常用『己』字，試將下列諸例應用歸納及比較方法，說明其意義及用法（如數 Number 格 Case 等）并相當於英文何字。（二，七）

無友不如己者。不患人之不己知。不患莫己知。不患人之不己知也。君子求諸己。其行己也恭。克己復禮。爲仁由己，而由人乎哉！己所不欲，勿施於人。己欲立而立人，己欲達而達人。未信，則以爲厲己也……未信，則以爲謗己也。修己以敬……修己以安人……修己以安百姓。

27 秦漢以前書籍，『曷』『盍』『闔』『蓋』『害』五字，多相通假。其意義有作『何』解者，有作『何不』解者，迥不相同。試應用比較方法，將下列各組之例，歸納於『何』或『何不』二例之下。（二，七）

a 春秋公羊傳：曷爲先言王而後言正月，王正月也。　書：時日曷喪。　詩：中心好之，曷飲食之。　書：曷虐朕民。

b 論語：盍各言爾志。　莊子：盍不爲行。　王褒聖主得賢臣頌：盍令不行。　張衡東京賦：盍亦覽東京之事以自寤乎。

c管子：闔不起爲寡人壽乎。 管子：闔不亦問是已。

d莊子：技蓋至此乎。 戰國策：勢位富貴，蓋可忽乎哉。

e詩：害澣害否。

28試用歸納方法，將下列各題，以漢以前之書作例證。（二，七）

a「斯」字之意義及用法。

b代名詞「吾」字與「我」字之區別。

c任何名詞之作動詞用，或作副詞用，關於此字須有十個以上之例證。

29演繹的分類與歸納的分類，有何區別？（二，九）

30試舉我國周秦時學者與近時歐美各國之學者，其學術或行義相近似者各一人，比較其異同得失而評論之。（二，十五）

31應用辨僞方法，作『尙書禹貢篇辨僞』。

32應用統計方法，作『孔子弟子籍貫之統計』。

33應用圖表式整理方法，繪一『楚漢戰爭地圖』。

·国学概论·
上海大华书局
一九三四年版

附录二 习题汇录

34 應用歸納方法，作『水滸演義中「廝」字解。』

35 應用比較方法，作『莊子齊物論辨證法與黑格爾哲學正反調辨證法之比較』

36 應用比較方法，作『莊子至樂篇生物進化學說與達爾文進化學說之異同』。

37 應用分類及統計方法，作『中國歷代婦女文學作品之統計』。

38 應用筆畫索引式整理方法，作『漢書藝文志書目索引』。

39 應用歸納方法，作『三百篇叶韻不分四聲考』。

40 應用比較方法，作『墨子辭過篇宮室衣服飲食舟車男女五大問題與孫中山先生民生主義衣食住行四大問題之比較。』

41 應用調查方法，作『我的故鄉風俗之調查』。

42 應用客觀的評判方法，作『用客觀的眼光評判老子無爲主義。』

43 應用辨僞及明誣方法，作『從尚書堯典舜典論語孟子及史記五帝本紀證明傳說中的堯舜之放大並推斷各書時代之先後。』

44 應用歸納及比較方法，以英文相當之字證明「我」「汝」「彼」「其」「之」「所」「何」「誰」諸代名詞之用法。

45 應用歸納及統計方法，作『從我國姓氏之郡望證明漢族文化導源於西北。』

46 應用辨僞方法，作『列子辨僞。』

47 應用歸納及分類方法，作『語體文中「呢」字之各種用法。』

48 應用歸納及客觀的評判方法，作『從元無名氏桃花女雜劇推證舊式結婚種種儀制及習俗。』

49 易緯乾鑿度以爲八卦各爲何字？（三，一）

50 殷墟文字出世以後，最早研究者何人？最近作大規模之研究者何二人？（三，一）

51 從殷墟文字之研究，可糾正何種學術？何種事實？（三，一）

52 甲骨文字有否一定寫法？試舉四字爲例。（三，一）

53 關於鐘鼎古文，鑑別精確，考據詳明者，爲何代何人何書？（三，一）

54 籀文何人所作？當時有若干字？今在何書尚有若干字可以考見？（三，一）

55 說文所錄之古文，由何處而來？（三，一）

56 石鼓何時出土？其數若干？據近人馬衡所考證，當爲何時之物？（三，一）

57 秦時關於小篆之書三種，何名？何人所作？（三，一）

58 清儒解釋說文之書，其最著名者有何數書？最近彙集說文注解之書何名？（三，一）

59 秦代六種刻石何名？其文字爲何種書體？（三，一）

·国学概论·
上海大华书局
一九三四年版

60 隸書何人所作？何以謂之隸書？亦謂之左書？（三，一）
61 試舉秦書八體及王莽六書之名。（三，一）
62 草書亦曰何書？章草今草何別？（三，一）
63 試述八分書命名之意。諸說中以何說爲較可信？（三，一）
64 正書以何二人爲祖？其作品何名？（三，一）
65 試舉隸書從古文籀文及小篆變化而來者各一字。（三，一）
66 試述隸書從秦至魏字體逐漸變遷之過程。（三，一）
67 何謂等韻學？（三，二）
68 四聲起於何時？當時研究四聲最著名者何人？（三，二）
69 七音之說有二，試分別舉出之。（三，二）
70 試舉唐代守溫三十六字母。（三，二）
71 何人始將四聲用科學方法實驗？其實驗之書何名？（三，二）
72 三十六字母以何國字母爲藍本？三十六字母以前尚有何種字母？（三，二）
73 何謂攝？共分若干類？（三，二）

·国学概论·
上海大华书局
一九三四年版

74 何謂四門二呼？(三，二)

75 試將下列二組之字，各注明屬於何聲。(三，二)

a 急錦金禁

b 鍾腫種燭

76 試將下列八字，各注呼法於旁。(三，二)

迂朋弟蒲圓天友盤

77 試將下列十六字，各注字母於旁。(三，二)

必粉官開平滅龍藍起懼多派談一黑越

78 試將前題所列十六字各注七音及清濁於旁。(三，二)

79 反切之法起源何時？至何時何人始施諸實用？(三，二)

80 試舉本字求反語及反語求字音之法。(三，二)

81 試將下列各反語切成字音。(三，二)

者焉　奈何　何不　之於　不律　終葵　不可　目少

82 試述注音符號製定及頒行之經過。(三，二)

83 試書注音符號四十字。（三，二）

84 反與切何別？何以又謂之翻？（三，二）

85 訓詁之學，始於何代？以何代爲極盛？何代而寖微？（三，三）

86 訓詁之書，以何書爲最古？漢代遺留於今者有四書，何名？清代訓詁書以何書爲最翔實？（三，三）

87 爾雅相傳何人所作？何人所增益？共若干篇？其體例若何？（三，三）

88 三蒼係集何人何書而成？（三，三）

89 後人仿爾雅體例而作之書，自漢至明，計有七種，能列舉其撰者及書名否？（三，三）

90 宋以前以部首分字之書凡三種，能列舉其撰者，書名及分部之數否？（三，三）

91 下列訓詁，有形訓、義訓、聲訓之別，試各標出之。（三，三）

a 春，蠢也，物蠢動而生也。（釋名）

b 雧，羣鳥在木上也。（說文）

c 戶，護也。（說文）

d 覺，告也。（釋名）

e 天，顛也。（說文）

f 亼，三合也。（說文）

g 述，謂述其義也。（鄭玄禮記注）

h 善父母爲孝，善兄弟爲友。（爾雅）

i 洚水者，洪水也。（孟子）

j 反正爲乏。（左傳）

k 叵，不可也。（說文）

l 憶，意也，恆在意中也。（釋名）

92 下列各式訓詁，依漢代訓詁學義例，何者應用讀如讀若？何者應用讀爲讀曰？（二，三）

a 訓詁之字，與本字音義形俱不異者。

b 訓詁之字，與本字義異而音形不異者。

c 訓詁之字，與本字音義俱異而形不異者。

d 訓詁之字，與本字音形義俱異惟衹注本字之音而不注其義者。

e 訓詁之字，爲方俗之音，以此譬古音者。

f 以訓詁之今字，釋本字之古字者。

·国学概论·
上海大华书局
一九三四年版

93 試將下列孟子一章，加古標點符號，又別加新標點符號。(三，四)

注意　作古標點符號時，凡句、讀、頓、段、私名、破音、叶韻等符號均須加之。

齊宣王問曰人皆謂我毀明堂毀諸已乎孟子對曰夫明堂者王者之堂也王欲行王政則勿毀之矣王曰王政可得聞與對曰昔者文王之治岐也耕者九一仕者世祿關市譏而不征澤梁無禁罪人不孥老而無妻曰鰥老而無夫曰寡老而無子曰獨幼而無父曰孤此四者天下之窮民而無告者文王發政施仁必先斯四者詩云哿矣富人哀此煢獨王曰善哉言乎曰王如善之則何爲不行王曰寡人有疾寡人好貨對曰昔者公劉好貨詩云乃積乃倉乃裹餱糧于橐于囊思戢用光弓矢斯張干戈戚揚爰方啟行故居者有積倉行者有裹囊也然後可以爰方啟行王如好貨與百姓同之於王何有王曰寡人有疾寡人好色對曰昔者太王好色愛厥妃詩云古公亶父來朝走馬率西水滸至于岐下爰及姜女聿來胥宇當是時也內無怨女外無曠夫王如好色與百姓同之於王何有

94 西周以前，文字各著於何物？並各擧一例。(三，五)

95 紙墨筆各始於何時？其沿革若何？(三，五)

96 雕板始於何時？以何代爲最精？今所存最古之印刷品爲何物？(三，五)

97 試述宋元官私刻本之格式。(三，五)

·国学概论·
上海大华书局
一九三四年版

98 石經始於何時？至近世共刻幾次？今殘存者尚有何代之物？（三，五）

99 試釋下列諸名詞：（三，五）

一、簡　二、方　三、典　四、卷　五、帑　六、字範　七、活字　八、套板

九、巾廂本　十、麻沙本

100 活字板發明者何人？（三，五）

101 試將下列論語一節，逐詞（有一字爲一詞者，有二字以上爲一詞者）注明爲何種詞類。（三，六）

顏淵喟然歎曰仰之彌高鑽之彌堅瞻之在前忽焉在後夫子循循然善誘人博我以文約我以禮欲罷不能旣竭吾才如有所立卓爾雖欲從之末由也已

102 下列論語四句試依章士釗國文典分別爲何類之句？（三，六）

a 師摯之始關雎之亂洋洋乎盈耳哉

b 民可使由之不可使知之

c 由誨汝知之乎

d 伯夷叔齊何人也

103 下列各句，試依修辭格分爲各類：（三，六）

a 夫兵猶火也弗戢將自焚也

b 萬國衣冠拜冕旒

c 上德不德是以有德

d 白髮三千丈

e 是可忍孰不可忍也

f 民墜塗炭

g 天喪予天喪予

h 愛之能弗勞乎忠焉能弗誨乎

104 劉淇所謂助字，王引之所謂詞，曾國藩所謂虛字實字，各指何種詞類？（三，六）

105 試將曾國藩所謂虛實譬喻異詁三門各舉一例，說明爲文法上何種之變化。（三，六）

106 我國正式之文法書始於何時何人何書？（三，六）

107 最古論句讀法爲何時何人何書？（三，六）

108 的底地三字至何時始分化？并如何分化？（三，六）

109 代名詞人稱名詞之單複數及代名詞之領位至何時始分化？并如何分化？（三，六）

·国学概论·
上海大华书局
一九三四年版

110 動詞之主動被動至何時始分化？并如何分化？(三，六)

111 歷代典籍如春秋、公羊傳、淮南子、元雜劇、水滸傳、西遊記、紅樓夢、兒女英雄傳、廣陵潮、九尾龜等，各雜何種方言？(三，七)

112 語體文中所用『打』『巳』二字，有許多意義，試略述其所從來之本字。(三，七)

113 方言之構成，有加語尾，加類似語尾介詞、助詞、副詞及疊字者，試各舉二詞爲例。(三，七)

114 試舉方言三大類別及第三大類下四小類之名稱，並各略述其定義。(三，七)

115 試述造成方言之二大原因。(三，七)

116 周秦方言中，尙可分爲若干種？幷各舉一例。(三，七)

117 三國至南北朝，各國割據一方，何以語言反有統一之傾向？(三，七)

118 元代以後，以何地方言爲全國之標準？其故安在？(三，七)

119 滇黔桂三省，僻處西南，且與苗猺雜處，何以其近代之語言，反近於中原之音？(三，七)

120 我國近世之官話，約可分爲若干種？說此種官話者約有若干人？(三，七)

121 濱海語分何三類？其第一種屬於江浙二省者分何六種？(三，七)

122 非漢語之方言，分何六系？屬於何四大族？(三，七)

123 試用實例證明各時代與語之不同。（三，七）

124 民國十七年以前之國音及十七年以後之國音是否相同？各用何種方音？（三，七）

125 中國最古之方言典籍何名？其體例若何？（三，七）

126 非專載方言，而可作研究方言之資料者，唐宋以後，當推何種典籍？（三，七）

127 何謂考據學？吾人何以需要考據學？（三，八）

128 考據學濫觴於何代？至何代而始盛？何代而漸衰？何代而中興？何代爲最衰？何代而最盛？（三，八）

129 漢代考據學專書，以何人何書爲始？其書裨益於後人者如何？（三，八）

130 宋明清三代考據學專書，以何三人之何三書爲最精？（三，八）

131 清代考據學家最著名者，初年何人？中葉何人？末年何人？（三，八）

132 試述近人所闢之考據學六條途徑。（三，八）

133 試述王國維氏考證金石文字之四種方法。（三，八）

134 試述王國維氏考證古史之二重證據法。（三，八）

135 王國維氏對於今文尚書各篇，以何數篇爲後世重編？何數篇爲當時所作？（三，八）

·国学概论·
上海大华书局
一九三四年版

136 王國維氏證明明堂、辟雍、宗廟、路寢、燕寢有何異同？（三，八）
137 考據之學，應以何類書爲研究之捷徑？（三、八）
138 試舉論語中孔子言及考據者二條。（三，八）
139 試述目錄二字之由來，目錄學成立之時期，及最早評論六藝而爲目錄學先河之語。（三，九）
140 試述我國歷代目錄學，七分類與四分類經過之概略。（三，九）
141 除目錄專書以外，歷代之書目，大抵見於何書？（三，九）
142 我國歷代書籍，何以易於亡佚？（三，九）
143 試略述編纂四庫全書及其裝潢庋藏等之經過。（三，九）
144 四庫全書今尚存若干？其毀者毀於何時？存者藏於何處？（三，九）
145 試略述四庫全書總目提要之體例。（三，九）
146 清代目錄學專科，叢書目錄，目錄書之目錄，及最近爲初學者所定之書目，各有何書？（三，九）
147 試略論我國目錄學書之得失。（三，九）
148 劉歆七略所以分書籍爲六類者，其原因安在？（三，九）
149 試述杜威十進分類法之目及數碼。（三，九）

150 試述杜定友四種助記表之目及其用法。（三，九）

151 我國目錄學書分爲有解題及無解題二大類，試各舉二書爲例。（三，九）

152 吾人閱覽書籍，何以必須研究目錄學？又何以必須檢查目錄？（三，九）

·国学概论·

上海大华书局
一九三四年版

勘誤表

頁數	行數	原文	訂正	頁數	行數	原文	訂正
二	一	文學詁訓	文字詁訓	二	一二	岐異	歧異
一五	一	之以下	以下之	一五	八	小說類	小學類
一五	一一	記載類	載記類	一七	一一	擇要	撰要
一八	四	（丑地志	（丑）地志	二三	七	說文	說文、
二三	八七	文史通義	文史通義、	二四	四	既知	既知
三三	一〇	陳鐘凡	陳鍾凡	三三	一一	讀校法論文，	讀校法，論文
三五	六	陳鐘凡	陳鍾凡	三七	八	也許反對	也許反對，
三九	六	文學者	大學者——	三九	九	廿二史劄紀	廿二史劄記
四一	六	論類	倫類	四四	九	範圍篇	範圍章
四七	一	智者大師	智者大師	五〇	一	相如子雲	相如、子雲

·国学概论·
上海大华书局
一九三四年版

國學概論

頁	行	誤	正
五一	四	八家，歸、方、	八家、歸、方，
五二	三	寖廢	寖廢
五二	一一	宣和遺事	宣和遺事，
五四	一一	如莊子之庚桑楚	如莊子之庚桑楚
六四	一〇	周禮宗辨非	周禮辨非
六七	一〇	眞書	其書
七五	一〇	問故	問故，
七八	八	方志	方志
八一	一		第六章　勘誤
八六	一	羣書要治	羣書治要
八七	四	『鳩度』	『鳩度，』
九〇	七	高諺	高誘
九二	八	因草書之誤	因草書而誤
五一	六	陵繼輅	陸繼輅
五二	一一	仿於	昉於
五三	二	莊泉	莊曓
五四	一一	徐無鬼	徐無鬼
六六	一一	皆如是之，	皆如是，
六七	一〇	岐異	歧異
七六	四	繫辭文	繫辭傳
七九	七	師曠反	師曠及
八一	六	何劭公	何邵公
八六	八	愛民治國	愛民治國，
八八	九	子弟者	予拯溺者
九〇	一二	唐大周石刻	唐大周石刻
九三	七	復代之	復伐之

勘誤表

九四	七	以渝利欲	以諭利欲	九五	九	適被樂土	適彼樂土
九七	一〇 一一	吉无不利	吉无不利	九八	一	吉无不利	吉无不利
一〇〇	一	乘雷車	乘雷車，	一〇〇	六	左列	右列
一〇三	五	如吾人	知吾人	一〇三	一〇	ts dz	ch ch'
一〇四	九	古音直如持	古音直如特	一〇四	九	實維我持	實維我特
一〇六	二	尺子焉	天子焉	一〇八	五	考工記	考工記
一一〇	一	疑汝子夫子	疑汝於夫子	一一五	一一	本節	本章
一一六	二	先人之見	先入之見	一一九	一	不得傳	不得搏
一一九	一一	小法	大法	一二〇	一	氣母	氣母；
一二三	二 三	當詳別篇	更不勝舉	一二四	七	亘	亙
一二四	九 一〇	准	準	一二七	一二	論語率性	論衡率性
一二八	八	情本於陽	性本於陽	一二八	八	性生於陰	情生於陰
一四三	三	過渡，事物	過渡事物	一四三	六	而求其杪末	進而求其杪末

·国学概论·
上海大华书局
一九三四年版

一四三	七	似。是	自是	一五二	九	詩集傳	詩集傳、
一五六	五	謝无。量	謝无量	一六〇	三	藝文類聚	藝文類聚、
一六〇	三	初學記	初學記、	一六〇	四	山堂考索	山堂考索、
一六一	七	補表	補表	一六三	一〇	變化之續。	變化之蹟
一六六	三	漢書	漢書、	一六九	四	九千五。百	九千三百
一七〇	四	烈。女	列女	一七一	七	氏羌	氐羌、
一七五	一	迻繹。	迻譯	一七六	七	發見	發見，
一七七	三	古籒。	古籍	一七七	五	殷、商	殷商
一七八	五	文學	文字學	一八〇	四	春秋、穀梁傳	春秋穀梁傳
一八〇	五	春秋復。語	春秋後語	一八〇	八	國民圖書館	國民圖書館
一八一	九	鐘、鼎	鐘鼎	一八二	二三	小盧	ム盧
一八三	一	發掘古物	然發掘古物	一八三	一	雖。可	非可
一八三	一	但。必先有	必先有	一八五	五	越孔賈、啖趙，	越孔、賈、啖、趙，

一八六	一〇	疑古惑經	疑古、惑經	一八七	七	建安黃初	建安、黃初
一八七	九	孟、棨	孟棨	一八七	一二	探。擷	採擷
二〇〇	九	采。	釆	二〇一	九	僅觀說文	僅觀說文,
二〇四	一一	見前章第八節	見比較章第六節	二〇四	一二	攝政節。	攝政
二〇五	八	莫知其。	莫知有	二〇六	八	異窺橫革之交	異窺、橫革、之交,
二〇七	四	琱、戈鉤、帶	琱戈、鉤帶,	二一〇	三	張倉。	張蒼
二一二	九	頂。嶽。廟中	嶽頂廟中	二一二	九	撫。本	橅本
二一三	七	今。文不合	金文不合	二一三	一〇	徐錯。	徐鍇
二一五	七	元鼎年。元。	元鼎元年	二一八	一〇	戈扶。鼎	戈柣鼎
二一九	一	稟從木。	稟從禾	二一九	一	從釆。	從采
二三〇	五	江。	江永	二三五	一一	虔儇慧也,	虔、儇、慧也,
二三八	一	名曰	名曰	二三八	五	一百零六部。	一百零六韻
二六一	八	示兒切語	示兒切語	二六六	八	有呼、及、門	有呼及門

·国学概论·
上海大华书局
一九三四年版

國學概論

大

二六七	一二	合韻。	合口	二六八	二	之字讀歌字，	之字，讀歌字
二七七	六	定疑。	定泥	二八二	四	ㄟ。	ㄑ
二八三	六	ㄅ:。	ㄅ'	二八五	三	崴。	山咸
二八七	七	ü。	U	二八七	七	ii。	ü
二八八	一	止舉	攝止舉	二八八	八	澈。	徹
二九二	五	張楫。	張揖	二九二	九	張楫。	張揖
二九二	一一	史篇	史籀	二九四	一〇	遺帙。	遺佚
二九六	一	廣雅	廣雅、	二九六	一〇	綦輯。	纂輯
三〇二	九	而巳。	而也	三〇四	三	荀子詩曰:	荀子:詩曰:
三〇八	一〇	幽間。	幽閒	三一二	九	髮皃	髮皃，
三一四	八	章勘誤節。	編勘誤章	三一五	九	穀梁。	穀梁
三一七	八	、。字下	·字下	三一七	八	、有所絕止、。	·有所絕止·
三一七	九	則用、。字	則用·字	三一八	一〇	ㄴ。字下云ㄴ。	ㄥ字下云ㄥ

勘誤表

三一八	一二	乃正ㄴ。字也	乃正レ字也	三一九	一	即ㄴ。之變也	即レ之變也
三一九	二	讀若囱。	讀若囪	三二〇	一一八	抬。	擡
三二三	七	迯。二	邋二	三二三	七	如：。	如ミ
三二八	一	爲副句。	爲副詞	三二九	八	日。未學	曰末學
三三〇	一一	令。令	命令	三三五	一一	於元。	於玄
三三七	三	徐无。鬼	徐無鬼	三三八	五	周。姬。	姬周
三三九	一	尙。書。鄭。玄。注	鄭玄尙書注	三四一	一〇	石湼	石湼、
三四五	一二	蜀、北、	蜀北	三四六	九	石注。	石經
三四六	九	摹楊。	摹搨	三四六	一〇	之。隋	至隋
三四七	一	大隋永陀羅尼經	大隋永陀羅尼經	三四七	一	宋太平興國	宋太平興國
三四八	一一	唐明宗後帝，	唐明宗、後帝，	三四八	一一	晉高祖出帝，	晉高祖、出帝，
三四八	一二	漢高祖隱帝，	漢高祖、隱帝，	三四九	九	宏文院	宏文院
三五二	一二	閭。闔	閶闔	三五四	五	春秋、左氏、經傳，	春秋左氏經傳，

·国学概论·
上海大华书局
一九三四年版

國學概論

三五四	一〇	綠格墨印	綠格墨印，	三六一	二	無象。	無衆
三六三	一	能舉善	能舉善，	三六四	一二	夥頤！涉	夥頤！涉
三六七	五	貴戚友。	貴戚及	三六九	七	謂詞性論	謂爲詞性論
三六九	八	法書	法書，	三七一	一一	王伯申注。	王伯申著
三七六	七	麌。	麌	三七六	八	麈。	麈
三七七	一〇	抵捂。	抵牾	三八二	八	馬洴。	馬汧
三八六	二	官本書。	官文書	三八六	四	對八。稱代名詞	對稱代名詞
三九一	一〇	里。慢。慢。地	黑漫漫地	三九二	七	『火	『火』
三九二	八	廬』	『廬』	三九三	二	省略主語	省略有省略主語
四〇三	一一	登徒子	登徒子	四〇四	六	麋。鹿	麋鹿
四〇五	八	鍾曰	鍾曰	四〇九	二	紛岐。	紛歧
四一〇	六	印度、日耳曼語	印度日耳曼語	四一一	六	蹩。腳	躄腳
四一一	八	爲•雅俗	無雅俗	四一三	三	子夜讀曲	子夜、讀曲

勘誤表

四一五	一	皆謂。	皆爲	四一七	三	玁、狁,	玁狁,
四一九	一〇	茜	『茜』	四二二	六	賴菱。	賴蘘
四二八		前以。	前已	四三三	二	晉書五行志載	晉書五行志載
四三二	五	元和	元和	四三六	五	各剟各各,	各剟各,各
四三六	八	徑清。	徑情	四三六	一一	隱書者	隱書者、
四三七	九	落梅花;風諱低,	落梅花;風諱低	四三九	四	伍舉、曼倩	伍舉、曼倩
四三九	五	月後。	月復	四四〇	一	不讓。	不拜
四四〇	九	對於。	封於	四四〇	一二	某事。	某字
四四一	五	無聲音。	無聲者	四四二	四	其鑲伊黍	其饟伊黍
四四五	九	音辭篇	音辭篇	四四六	六	世語新語	世說新語
四四七	二	除削疏緩	『除削疏緩』	四五〇	六	爾雅正大	爾雅正大
四五一	四	爲高原別一種	高原別爲一種	四五一	一一	沈州	沅州
四五一	一一	禍、寧	禍寧	四五五	一二	Vao	Yao

·国学概论·
上海大华书局
一九三四年版

四五六	四	Tibeton	Tibetan	四五六	九	Kaohia	Kaochin
四六〇	一	甂、甎也,	甂甎也,	四六五	四	風。者	內者
四六五	九	青徐之。	青徐以	四六六	一二	劉盼遂	劉盼遂
四六六	六	張揖。	張揖	四六六	九	佩觿	佩觿,
四六七	二	續方言	續方言,	四六九	九	采。入	釆入
四七〇	一	偶。	隅	四七一	一〇	武士,常繪臉譜,	武士常繪臉譜,
四七三	三	墨子文王	墨子:「文王	四七三	六	「授之	授之
四七三	一〇	貞良得願	貞良得願,	四七五	四	殘闕	殘闕,
四七五	五	小人。	小子	四七五	九	纖。緯	讖緯
四七六	四	賈公產。	賈公彥	四七九	八	牴。悟	抵悟
四八〇	八	馬可。孛。羅	馬哥波羅	四八四	五	齊太公世家	齊太公世家、
四八四	八	作。此。鼎。	此鼎作	四八四	八	齊侯差甗	齊侯差甗
四八四	九	召伯虎敦	召伯虎敦	四八四	九	拍尊蓋	拍尊蓋

四八四	一二	二音之誼。	二音二誼
四八七	五	大誥。	大誥
四八七	一〇	卦辭	卦辭、
四八八	二	魯國史	魯國史、
四九〇	一〇	毛詩箋	毛詩箋、
四九八	八	萬姓統譜	萬姓統譜
四九九	一	古今	古今
五〇〇	一	編刻。	徧刻
五〇〇	一	何元中	何元中、
五〇三	一	嚆夫。	嚆矢
五〇三	一二	別錄	別錄、
五〇四	二	湘。素	緗素
五〇四	四	四部書目	四部書目,
五〇四	五	釆。	采
五〇五	八	莆田	莆田,
五〇五	八九	夾漈	夾漈
五〇九	一	四庫提要	四庫提要,
五一二	三	一偶。	一隅
五一四	七	十三。	十二
五二一	一二	略之舊	略之舊』
五二三	二	類分。起	類書起
五二四	九	其。運。	運用
五二六	一二	社會科	社會科學
五三〇	四	專門科	專門科學
五三四	七	分類法	分類法
五三六	九	圖、畫圖案	圖畫、圖案

·国学概论·

上海大华书局

一九三四年版

書名	國學概論
編者	馬瀛
出版者	上海公平路三十四號 大華書局
印刷者	上海三明印刷廠
出版日期	中華民國二十三年四月初版 中華民國二十三年四月出版
裝訂册數	平裝一册
定價	大洋二元
總發行所	上海公平路三十四號 大華書局
分發行所	全國世界書局
本書編號	150

大華

《国学概论选粹》选录六种典籍，均依据民国时期原版影印，书中有显为讹误者，为尊重原本面貌，影印时不加改动，望阅者知悉。

图书在版编目（CIP）数据

国学概论选粹. 6, 国学概论/杜泽逊主编. —青岛：青岛出版社，2023.1
ISBN 978-7-5736-0613-6

Ⅰ. ①国… Ⅱ. ①杜… Ⅲ. ①国学－概论 Ⅳ. ①Z126

中国版本图书馆CIP数据核字（2022）第236760号

GUOXUE GAILUN XUANCUI
书　　名　国学概论选粹
主　　编　杜泽逊
出版发行　青岛出版社
社　　址　青岛市崂山区海尔路182号（266061）
本社网址　http://www.qdpub.com
邮购电话　0532-68068091
策划编辑　刘　咏
责任编辑　吴清波　梁　娜
特约校对　朱子菡　李康康
封面设计　李开洋
装帧设计　青岛齐合传媒有限公司
印　　刷　青岛名扬数码印刷有限责任公司
出版日期　2023年1月第1版　2023年1月第1次印刷
开　　本　16开（889 mm × 1194 mm）
印　　张　150.75
字　　数　2000千
印　　数　1—3000
书　　号　ISBN 978-7-5736-0613-6
定　　价　698.00元（全六册）
编校印装质量、盗版监督服务电话　4006532017　0532-68068050